L'AI-JE BIEN DESCENDU ?

Du même auteur

Le sens de notre Nation, entretiens, avec Bernard Cazeneuve, Stock, 2022

Rien ne s'est passé comme prévu. Les cinq années qui ont fait Macron, Robert Laffont, 2017

Les ombres d'un président, Plon, 2015

Le sorcier de l'Élysée : l'histoire secrète de Jacques Pilhan, Plon, 2009 ; Tempus, 2011

Le rendez-vous manqué. Les fantastiques aventures du candidat Delors, avec Joseph Macé-Scaron, Grasset, 1995

Les politocrates. Vies, mœurs et coutumes de la vie politique française, avec Joseph Macé-Scaron, Grasset, 1993 ; Points Actuels, 1994

Politique circus, avec Hippolyte Romain, Calmann-Levy, 1991

Préface

« L'ai-je bien descendu ? » lançait Cécile Sorel d'une voix emphatique, en bas du grand escalier du Casino de Paris, au début des années trente. La réponse ne faisait aucun doute : elle était dans la question, elle se lisait dans le regard de ceux qu'avait ravis ce spectacle à nul autre pareil. Cécile Sorel avait plus d'une corde à son arc : cette grande coquette, avant d'être de la revue, avait brulé les planches du Théâtre-Français et allumé les sens, au passage, de quelques caïmans de la politique de son temps : Félix Faure, dont on connait la fin, Georges Clemenceau mais aussi Maurice Barrès dont elle fut, paraît-il, l'éphémère maitresse. Son compagnon officiel était un descendant de la comtesse de Ségur. Celui-ci était un peu dingue. On les surnommait tous les deux « la faux-cils et le marteau ». Cécile Sorel a fini dans les ordres. Il était temps.

De cette vie de mélanges entre strass de la scène littéraire et paillettes de la politique mondaine, ne reste qu'une question – « l'ai-je bien descendu ? » – qui annonçait un style autant qu'un caractère. Sans doute est-ce pour cela qu'elle est entrée au répertoire. On la reprend ici, tout en la détournant, pour cette raison principale. C'est devenu un slogan, « un cri de guerre » comme disait Léon Gambetta qui, en la matière, en connaissait un rayon. S'y conjuguent l'intention homicide et la revendication louangeuse, le double désir du coup fatal et de l'applaudissement un brin estomaqué. Ainsi, cette simple question, posée en bas de la rampe, est-elle devenue un genre. Combien sont-ils les écrivains – romanciers, essayistes, mémorialistes ou journalistes, peu importe, d'autant que ce sont parfois les mêmes – à se l'être posée à leur tour après avoir levé la plume que la célèbre comédienne portait, il est vrai, à un autre endroit de son anatomie ?

Plus facile à dire qu'à faire, on en conviendra. Descendre un escalier, rien de plus ordinaire. Descendre un adversaire, un concurrent, un médiocre ou bien tout simplement une tête à claques dont la fortune parait imméritée, en quelques mots, quelques lignes, voire quelques pages fielleuses, est un plaisir bien ordinaire et d'un piètre intérêt que l'actualité du moment, en ces temps de campagne présidentielle, ne fait que souligner. L'anthologie du coup de poignard dans le dos ou du coup de pied sous la table, quand bien même concernerait-elle le commerce particulier qu'entretiennent hommes de lettres et hommes de pouvoir, ne mérite pas l'effort d'une recension. Celle-ci serait sans régal. Or dans ce registre-là, n'est-ce pas l'ingrédient principal qui, avec lui, appelle le rire ou, à défaut ce curieux sentiment de satisfaction devant ce qu'on pourrait appeler une œuvre de justice. Descendre, en ce sens, c'est redresser un tort ou ce qui parait tel. Mais pas n'importe comment.

Pour que ce panthéon inversé mérite qu'on le visite – quitte d'ailleurs à ce que chacun puisse le contester à sa guise – il faut ce quelque chose qui excède le simple plaisir du trait. Déboulonner une statue, en dépit de ce que certains prétendent, n'a rien de scandaleux. Si on l'a érigée un jour en guise de célébration, pourquoi faudrait-il s'abstenir par principe de la faire tomber quand la célébration n'est plus ? Dans le genre qui nous retient, celui du déboulonnage littéraire, il n'y a rien qui appelle l'attention et, partant, l'admiration épatée sans que le style ne vienne magnifier l'exercice. Là est la clé, là est le seul critère qui vaille. « Salez et poivrez ferme », disait Léon Daudet qui, il est vrai, avait tendance à forcer sur l'épice.

Chacun sa cuisine, chacun ses goûts, chacun son palais plus ou moins délicat. Retenons simplement, puisqu'on en est encore aux amuse-bouche, que « l'ai-je bien descendu » est plus qu'une intention guidée par le désir de faire mal. Il y entre souvent – à quoi bon le nier – une pointe de méchanceté. Un coup de dents sans un peu de sang, cela n'existe pas. Mais l'essentiel qui élève le tout au rang des beaux-arts est ailleurs, en un mélange original de férocité gourmande et de précision dans le trait assassin. N'est-ce pas d'ailleurs pour cela que les écrivains pendant longtemps ont cédé à la tentation d'entrer à leur façon dans cette danse, sans doute avec la conviction que le gibier politique, qu'il soit à plumes ou à poil, se distingue de la simple volaille du seul fait de son statut particulier. Même en le criblant de gros plomb, on a de bonnes chances de tirer vers le haut.

Cette chasse-là est traditionnelle, comme on dit aujourd'hui quand on veut signifier qu'on la trouve cruelle. La belle affaire ! Elle exige surtout un coup d'œil et une science du mot juste que l'écrit sous toutes ses formes, bien plus en tous cas que l'image, est en mesure de sertir. Il appelle le lecteur. On veut dire par là qu'il le convoque avec pour ambition peut-être moins de le convaincre que de l'associer au rire ou à l'indignation qui le porte. Le ressort principal de l'assassinat littéraire, appliqué à la politique, est dans ce partage que Cécile Sorel – on y revient encore – appelait de ses vœux.

Comme dans tout spectacle, le juge est dans la salle. C'est lui qui bat des mains – ou pas. C'est lui qui devant le portrait tracé dans une page d'exception a – ou non – le souffle coupé devant pareil culot, qui le lit à nouveau pour être certain de n'en avoir pas perdu une seule miette et qui ne se demande pas s'il est ou non équitable puisque la question est ailleurs : non pas tant dans l'équilibre ou la nuance mais dans la justesse du tir, au cœur de la cible. Viser juste, ce n'est pas la même chose que chercher une prétendue vérité. C'est approcher, au-delà des apparences, de l'identité réelle, quitte à déformer un détail, à en grossir tel autre dans le but assumé de rechercher le grotesque ou bien, tout simplement, ce qui révèle les failles d'un caractère ou les limites d'une réputation.

Il entre dans tout cela, comme au spectacle, une part de jeu, variable sans doute selon les auteurs rassemblés dans ce livre mais toujours présente, chez le lecteur dont on veut croire qu'en parcourant ces pages consacrées à des hommes et des femmes qui eurent leur heure de gloire, il se léchera les babines, persuadé à son tour qu'en effet, tel ou tel a bien été descendu, dans les règles d'un art qu'il s'agit de goûter pour sa saveur acide. Que les amateurs d'histoire, la vraie, la sérieuse, que ceux qui recherchent équilibre et objectivité se rassurent : ce qu'ils ne trouveront pas ici où, à quelques exceptions près, tout appartient à la littérature, ils le trouveront ailleurs, sans grande difficulté. Simplement, tel n'est pas l'objectif de cette anthologie car tel n'était pas celui des principaux auteurs qui s'y trouvent rassemblés. Ni plus, ni moins.

Ces auteurs, précisément, qui sont-ils et qu'est-ce qui leur vaut de se retrouver ainsi alignés, au-delà du bon plaisir du maitre d'œuvre de cette recension ? Leur point commun, c'est l'objet de leur attention et la nature de leur regard. Plume à la main, tous ont exploré les ressorts du pouvoir et de ceux qui l'incarnent. Certains d'ailleurs n'y était pas étrangers, à commencer par le fondateur du genre : le cardinal de Retz, figure de la Fronde, mauvais esprit s'il en est, mémorialiste d'exception. Comme son contemporain Tallemant des Réaux, Retz est l'homme d'un siècle – le XVIIe – marqué par l'éclosion de la politique moderne. Jean Giono, bien après lui, n'a-t-il pas dressé pareil constat lorsqu'il s'est fait historien d'occasion dans son *Désastre de Pavie* dont François 1er était l'incarnation ? Les portraits que Retz dessine sont ceux des Grands de son temps : roi, reine, duc et duchesse. Plus tard, Saint-Simon, dans une veine comparable, perfectionnera le genre. Ces deux-là, à leur façon, dans un style qui leur est propre, ont fondé une tradition littéraire qui n'a cessé de s'enrichir.

Au fil des ans, les figures du pouvoir ont changé. Aux hommes de cour ont succédé les hommes d'assemblée. Le monarque est devenu républicain. De même a-t-on vu apparaitre, avec le développement de la presse et de l'édition, une nouvelle race d'écrivains, journalistes ou romanciers, tout autant engagés dans les luttes de pouvoir – on pense ici à Victor Hugo ou François Mauriac – mais plus soucieux que leurs glorieux prédécesseurs de livrer, à chaud, en temps réel, le fruit de leurs observations. Reste – et ce n'est pas un hasard – que dans l'art du portrait assassin, tous ont creusé une veine que d'autres avaient explorée avant eux. À la manière de… ? Pas toujours et c'est heureux, même s'il convient de noter la résurgence ô combien savoureuse, dans une période encore fraiche, de ces textes-pastiches inspirés par le style du vilain cardinal et surtout du petit duc : *La cour* gaulliste d'André Ribaud ou bien encore *La chronique du règne de Nicolas 1er* de Patrick Rambaud.

C'est que l'écrivain flingueur, quel que soit son statut, quelles que soient ses convictions, est d'abord un frondeur. Avant d'être des portraits, ses textes les plus vachards sont des autoportraits. Ils révèlent une forme de caractère. Ils peignent ce qui le définit le mieux : une position – d'autres diraient une situation – qui guide le regard et, partant, la plume. Dans ce jeu de miroir, l'écrivain est par nature l'anti-pouvoir face au pouvoir incarné. Il est l'antimoderne face à la modernité de son temps qu'exprime la politique et ceux qui la conduisent. Qu'il crache le feu tel Jules Barbey d'Aurevilly ou Céline, qu'il cogne comme un sourd comme Charles Péguy, qu'il découpe en lanières tel Jean Cau, qu'il fusille en rafales tel Jacques Laurent, qu'il verse l'acide à petites gouttes comme Françoise Giroud, au fond, c'est égal. Au-delà de l'arsenal choisi, c'est l'intention qui compte. Féroce, nécessairement féroce, par le rire ou bien l'indignation, à des degrés divers selon le tempérament de l'auteur et la date de publication de ses textes.

Charles de Rémusat, qui était bien élevé, ne frappe pas dans ses Mémoires comme Léon Daudet dans les siennes. La comtesse de Boigne, cette vipère de salon, garde des délicatesses auxquelles Henri Rochefort n'aura jamais songé. Jean François Revel, dans une époque plus récente, était d'une gourmandise trop subtile pour mordre à pleine dents dans les chairs comme aimait le faire Jean-Edern Hallier. Qu'on ne vienne donc pas dire que la spécialité littéraire qui tous les réunit serait l'œuvre exclusive des polémistes d'une droite extrême ou bien réactionnaire que sa longue marginalité menait aux pires excès.

L'attaque *ad hominem* est la rançon naturelle de l'art du portrait assassin. C'est un genre qui a pu choquer. On y reviendra plus loin en examinant son destin dans les années fades et policées dont nous sortons lentement. Convenons pour l'instant, afin de tordre le cou au canard, que si en effet les écrivains de la droite la plus radicale, dans ces exercices homicides, n'ont pas laissé leur part aux chiens, d'autres venus d'horizons opposés s'y sont également essayés – et avec quel talent !

Karl Marx, par exemple, pour ne citer que lui, dans ses textes de combats consacrés à la France du Second Empire et de la Commune. Pour conclure sur ce point qui touche au pedigree des auteurs, on retiendra surtout qu'au tableau d'honneur de la spécialité, chaque siècle, depuis qu'elle existe, a eu son maitre incontesté : Retz au XVIIe siècle, Saint Simon au XVIIIe puis à leur suite, Hugo au XIXe et Mauriac au XXe. Le nôtre est encore trop jeune pour trancher sur ce point qu'on renverra donc à des éditions ultérieures. En attendant, retenons ces quatre noms prestigieux. Y en a-t-il un seul qu'on puisse qualifier d'extrémiste ? Simplement, la passion aiguisait leur plume. On pourrait presque dire que leurs cibles étaient pour eux un prétexte, un peu comme l'est le punching-ball pour le boxeur émérite.

Le portrait assassin, en ce sens, a toujours quelque chose d'un exercice de style. Il vient comme un plaisir particulier que l'écrivain s'autorise, comme une manière de récréation. Il peut être en pied ou en buste. De face ou de profil. Il peut être une esquisse, ligne claire ou jeu d'ombres et de lumières. Il peut être posé ou en situation dans une plus large fresque. Il peut n'être que psychologique et se passer ainsi de tout détail physique. Il peut même n'être que le simple reflet d'un moment politique. Mais toujours, il se doit d'être bref, sec et coupant. C'est ce qui le rend saignant. Parfois, quelques lignes suffisent avec une chute qui tombe comme un couperet. Dans le genre, Françoise Giroud était passée maître. On n'est pas loin avec elle des bons mots et des formules destructrices dont Georges Clemenceau, par le verbe en ce qui le concerne, s'était fait une spécialité. D'autres, ce sont les plus nombreux, ont préféré tirer moins court. Non pas pour s'acharner mais parce que l'art de la découpe rejoint celui du portrait en cela qu'il suppose ce tour de main par quoi on reconnait le vrai professionnel, celui qui sait passer le couteau aux jointures, qui tranche, comme l'a écrit un jour Albert Thibaudet, ce grand gourmet de la vie politique, « là où se trouvent les articulations naturelles, dans l'aile ou la patte plutôt que dans la carcasse ».

Évidemment, ce genre de plat mérite d'être dressé avant d'être servi. Cela exige un service qu'ignore le spadassin, adepte du stylet. En littérature, le premier prend plusieurs pages alors que le second se contente de quelques lignes. Mais dans l'exercice qui nous importe ici, ce ne sont que des différences de formes et non pas d'ambition. Si on y réfléchit d'ailleurs un instant, même sur la forme, tous les auteurs qui s'y sont essayés gardent quelque chose de commun sans lequel cette recension perdrait sa raison d'être. Le portrait assassin se suffit à lui-même. C'est la clé de sa réussite. Il peut être enchâssé dans un livre de Mémoires (Chateaubriand, Tocqueville). Il peut arriver au détour d'un « bloc-notes » (François Mauriac) ou de « choses vues » (Victor Hugo), comme une goutte de « poison » (Sainte-Beuve) ou le détail d'un « paysage de campagne » (Philippe Alexandre). Ce peut être enfin, dans une époque plus récente, une chronique (Patrick Besson) ou un article dans les pages d'un quotidien (Raphaëlle Bacqué). Mais toujours, il se distingue de la biographie au long court.

Celle-ci aussi est parfois homicide mais, par nature, la charge y est démonstration et raisonnement articulé. Son charme est d'être un récit au long cours fait de rebondissements. Elle n'a donc pas la saveur très particulière du portrait que l'on dira encadré en ce sens qu'il a son existence propre et qui tient, pour l'essentiel, à la netteté du coup, à la violence de son impact et, reconnaissons-le, au plaisir qui saisit le lecteur quand l'auteur repose sa plume et lui demande : « L'ai-je bien descendu ? » La forme, c'est le fond qui remonte à la surface. C'est du moins ce qu'après Hugo prétendait Léon Gambetta que l'on croise ici à nouveau sans doute parce qu'il fut un des premiers à réfléchir à ce que pouvaient être, en démocratie, les rapports du style et de l'action publique. Ses réflexions, on les retrouve nécessairement quand on se penche sur les rapports du portrait littéraire et de la politique, lorsque la plume devient flèche, lorsque celle-ci doit se planter dans la cible, lorsque le gibier qu'il faut abattre se doit auparavant d'être fixé puis levé. L'écrivain assassin, on l'a écrit plus haut, est d'un naturel frondeur. Il est aussi nécessairement chasseur. Ses portraits sont autant de trophées. Quand on les expose, souvent la tête suffit.

Dans le choix du gibier, on n'ira pas jusqu'à dire qu'il est peu regardant mais le plaisir du trait est à ce point premier qu'avec lui, l'éclectisme est de mise. Il ne chasse pas qu'au gros. Avoir un monarque ou un président dans son viseur, bien sûr, l'enchante au plus haut point. Si le cerf est à trois bois, c'est que le chasseur, à sa façon, est également un vieux mâle. Le courir est un plaisir de roi, rare par définition, unique à sa façon.

Cela ne se refuse pas. Pour autant, il est aussi des lièvres ou même de simples bécasses qu'un fusil digne de ce nom ne saurait pas dédaigner. Non que ce chasseur-là soit viandard mais pour le dire autrement, avec lui, tout fait ventre sans que l'esthétique du coup gagnant ne s'efface jamais devant celle du butin qu'on expose. Dans les textes rassemblés dans ce livre, chaque auteur a sa spécialité, son gibier de préférence dont la taille au fond importe peu.

Selon quel critère la chasse est-elle ouverte pour les uns et fermée pour les autres ? On laissera au lecteur le soin de faire son opinion. La nôtre – mais ce n'est qu'hypothèse – est qu'il est des « époques », nécessairement intenses, qui ne sont pas simples « périodes », molles par définition, comme disait Charles Péguy après Joseph de Maistre. Le feu qui les brule coule également dans les veines et, partant, sous la plume de ceux qui les écrivent et qui, pour cela, rencontrent nécessairement les acteurs politiques du moment. Ce peut être la Fronde, la Révolution française, les deux grandes guerres du XXe siècle ou bien celle de la décolonisation. La liste n'est pas exhaustive. Mais à chaque fois, ce sont les mêmes qui trinquent, en priorité : les prétendus modérés, les hommes ou femmes de gouvernement plus que les batailleurs patentés, les malins, les habiles, les nuancés comme on les appelle aujourd'hui quand on veut dire qu'ils savent mieux que quiconque courir entre les lignes.

La règle bien sûr n'est pas absolue. Quelques monstres d'un bel acabit, voire quelques personnages d'exception se glissent aussi dans la liste. Au palmarès de Victor Hugo, Louis Napoléon Bonaparte côtoie Victor Cousin. À celui de Jules Michelet, Marat rejoint le duc d'Orléans. Dans un registre moins contrasté, de Gaulle subit le même traitement que ses ministres, sous la plume de Jacques Laurent dont on notera au passage qu'il est le seul auteur de cette anthologie à avoir été condamné pour « offense au chef de l'État », plaisir que Jean Edern Hallier, malgré des efforts méritoires, quelques années plus tard, ne n'a pas su obtenir de Valéry Giscard d'Estaing. Reste quand même la tendance qui n'est pas anodine. Dans le viseur de l'écrivain chasseur – ou assassin, comme on voudra – les grosses bêtes du métier politique n'ont pas, et de loin, le monopole de la mitraille littéraire. Ce privilège-là, d'autres de moindre importance, de Sieyès à Barre en passant par Thiers, Waldeck-Rousseau ou Edgar Faure, en ont eu en leur temps la primeur. Preuve s'il en est, une fois encore, que dans cet exercice de style ô combien particulier, le chaud, pour ne pas dire le brulant, est attiré par le tiède comme s'il fallait ce contraste pour que la rencontre de l'écrivain et de l'homme politique ait la saveur attendue.

Cette saveur, précisément, est-elle encore de saison ? La nôtre, celle qui peut-être se referme, est plus « période » qu'« époque ». Attendons encore un peu avant de décider qu'il faut s'en réjouir ou bien le regretter. Dans le registre qui nous retient ici, la question qui s'impose n'est donc pas tant de savoir si « c'était mieux avant » mais de mesurer qu'en quoi, c'est devenu différent. L'art du portrait assassin, on l'a vu, est né, il y a quelques siècles, avec la politique moderne. Quand l'une s'épuise – durablement ? – il ne faut pas s'étonner que l'autre se tarisse au même rythme. Moins de gibier, moins de chasseurs, c'est logique. Ou plutôt, des chasseurs d'un autre type, moins amoureux des chasses à courre ou des longues battues, moins fines gâchettes sans doute du fait d'une moindre pratique, trop décriés en tous cas par la rumeur publique pour que leur passion cynégétique ne s'en trouve amoindrie.

Pour tirer juste, il faut avoir la main ferme et le coup d'œil assuré. Cela demande de l'audace, parfois même du culot. Or comment ne pas voir que le chasseur, même quand son arme est la plume, a désormais mauvaise réputation. On le voudrait bienveillant, moins blessant. Il attaque *ad hominem* – scandale ! Il s'en prend à des espèces en voie de disparition ou trop longtemps traquées – honte à lui ! Voilà surtout qu'il attente aux lois de l'équilibre, de la retenue ou du respect. Le « en même temps » n'est pas son genre et encore moins celui du balancement nauséeux « thèse, antithèse, synthèse ». Pourtant, on le voudrait mieux éduqué, certains diraient « éveillé », dans un mélange émolliant où la pudibonderie du « *cancel* » rejoint la bondieuserie des vieilles ligues de vertu. Rien d'étonnant, du coup, à ce que de tout cela découle, dans l'exercice du portrait assassin, un début d'anorexie. Quand l'appétit s'en va, le plaisir de se mettre à table ou bien de la dresser perd en intensité. Ou pour le moins, il se transforme. Ce qui était un art devient un métier. Vient alors le temps des professionnels et des spécialistes, autrement dit des journalistes.

Loin de nous l'idée de rabaisser cette noble corporation. Elle a ses règles. Elle a surtout ses habitudes particulières que l'on retrouve quand elle s'essaye au portrait politique. Celui-ci, bien sûr, peut être homicide. Mais, pour ne prendre qu'un exemple – on pourrait dire ce modèle – quand en 2006, Raphaëlle Bacqué, dans les colonnes du *Monde*, passe scanner Philippe Douste-Blazy, alors ministre des Affaires étrangères, ce qu'on retient est une accumulation de faits et de citations d'une cruauté inouïe. Tout cela a toutefois quelque chose de chirurgical. C'est simple, efficace car vérifié, sans effet de style particulier.

Ce que l'on veut signaler ainsi n'est pas un abaissement du genre mais sa lente mutation, au fil des ans. Pour la comprendre, il faut remonter à la source. L'âge d'or de l'écrivain assassin est celui du touche-à-tout ; romancier un jour, journaliste le lendemain, essayiste ou polémiste, mémorialiste à l'occasion, homme ou femme de plume par définition. C'est son éclectisme foncier, guidé par l'envie du moment, qui le conduisait jusqu'aux marches de la politique. Quand il se livrait au jeu du portrait, ce n'était pas seulement par devoir – celui d'informer – mais aussi par plaisir – celui de mordre, pourvu que ce soit dans les règles de l'art. François Mauriac, dans ses « Blocs-notes » de *L'Express* puis du *Figaro*, n'est peut-être pas le dernier à avoir cultivé cette tradition mais il l'a portée à un point de perfection qui n'a trouvé après lui que de plus modestes adeptes. Perte de talent ? Perte d'un savoir-faire surtout dont la raison principale est dans la dissociation progressive des formes littéraires.

L'homme de lettres par excellence, c'est-à-dire, en France, le romancier, a pris du champ. Il s'est désengagé. Il est remonté sur l'Aventin pour y regarder son nombril. Il y a bien sûr des exceptions heureuses, mais le mouvement général est néanmoins incontestable. Hier, même le tiède ou le mou pouvait exciter sa verve. La politique, en perdant de son prestige, le laisse désormais de marbre. Avant, comme dirait Audiard, il éparpillait « façon puzzle ». Aujourd'hui, il « méprise ». Ou pire encore, lorsqu'il lui arrive de céder à la tentation, c'est du bout des doigts ou bien dans la flagornerie. Comme il est loin le temps où Philippe Alexandre, journaliste il est vrai, transformait ses *Paysages de campagne* en un vaste tableau de chasse. Yasmina Réza, en 2007, a su croquer son modèle, le candidat Sarkozy, sans doute parce qu'elle était aussi dramaturge. Cinq ans plus tard, Laurent Binet a laissé le sien, François Hollande, au bord de la route pour la simple raison qu'il n'y comprenait rien. Philippe Besson, quand est venu son tour, n'a rien trouvé de mieux que de se faire le porte-parole inspiré du macronisme niais. Cela devait finir par arriver !

Pareille évolution est d'autant plus notable que cette dissociation touche dans une moindre mesure les politiques eux-mêmes lorsqu'ils prennent la plume. Si l'on veut bien admettre que certains, dans leurs rangs, ne sous-traitent pas leur production, force est de constater qu'il reste parmi eux de très jolis adeptes de l'assassinat littéraire. À l'heure du souvenir, Patrick Buisson et Arnaud Montebourg, l'un avec son ancien patron,

Nicolas Sarkozy, l'autre avec son éternelle tête de turc, François Hollande, ont montré récemment qu'ils n'avaient pas perdu la main dans une veine frondeuse. À leur manière – même s'il ne faut pas exagérer la qualité de leur style – ils entretiennent une tradition née avec Retz. Ils soulignent toutefois, comme par contraste, ce qu'on a dit plus haut, c'est-à-dire le mouvement de retrait de l'écrivain patenté face au théâtre de la politique. Ils n'infirment pas, ces marginaux devenus rescapés des lettres, la tendance générale qui veut que désormais chacun tende rester dans sa case.

Normalisation, banalisation, professionnalisation : appelons ça comme on veut. Les nostalgiques écraseront une larme. *Sic transit*... D'autres dont on aimerait qu'ils soient les plus nombreux, se contenteront de noter que la vie littéraire avance par vagues successives et que c'est le propre de la modernité de refermer des parenthèses sans que l'on sache d'avance la véritable nature et la pérennité de celle qui s'ouvre du même coup sous nos yeux. « L'ai-je bien descendu », en ce sens, est l'expression d'un moment, d'un long moment dont il reste quelques traces de prestige et qu'il faut visiter comme ces monuments qui ont su traverser l'épreuve du temps et restent pour cela source d'inspiration pour nouveaux bâtisseurs d'un genre différent. Et d'un autre talent ? En attendant de le savoir, le plus simple n'est-il pas de céder au plaisir en savourant ce que des écrivains, en leur temps, ont su croquer à pleine dents ? C'est ce que propose en tous cas cette anthologie plus gourmande que savante, qui ne prétend à aucune exhaustivité. Au vrai sens du terme, c'est le travail d'un amateur qui laisse le soin au lecteur d'y glisser s'il le veut des portraits oubliés et – qui sait ? – de nouveaux assassinats littéraires dictés par une actualité politique dont on veut espérer qu'elle aiguisera les plumes de demain.

Philippe Alexandre
(né en 1935)

Après des débuts à *Combat*, Philippe Alexandre s'est imposé comme l'une des grandes figures du journalisme politique dans les années 1980. Éditorialiste sur RTL, il a raconté chaque matin « l'inénarrable et pathétique comédie » que constituent à ses yeux les luttes de pouvoir au sommet de l'État. Plume à la main, il a également croqué à sa façon la plupart des figures de la vie politique nationale. Martine Aubry, *alias* « la dame des trente-cinq heures », a fait les frais de sa férocité dans un livre publié à la veille de la présidentielle de 1995. C'est dans un autre ouvrage, *Paysages de campagne*, consacré celui-là à la compétition de 1988 remportée par François Mitterrand, qu'ont été choisis les portraits ci-après dont les victimes de l'époque, Édouard Balladur et surtout Raymond Barre, ont conservé un souvenir cuisant.

Édouard Balladur : « La bénédiction entre deux bouchées »

« Le ministre des Finances est un chat. Il suffit de le voir devant une assiette, contemplatif et fasciné. C'est un félin paisible qui se damnerait pour de la bonne chère. Les plaisirs de la table doivent être, pour Balladur, quelque chose comme la preuve de l'existence de Dieu. Cet homme, venu du "royaume florissant" cher à Usbek et à Montesquieu, se délecte sans cesse de ce que la société parisienne offre de mieux. On l'imagine écrivant d'ici des *Lettres persanes* émerveillées par les raffinements de notre capitale – ou se faisant éventer par un eunuque, endormi dans les sofas d'un gynécée. Balladur sait vivre. La presse le raille. Il en est à moitié chagriné. Il y a vingt ans ou davantage, il a découvert ce qui s'appelle le beau monde : le confort, le luxe, l'argent, le pouvoir et les plats en sauce. Sa vie en a à jamais été imprégnée. Quand il n'était pas ministre d'État, mais chef d'entreprise, il se montrait – j'en témoigne – égal à lui-même aujourd'hui, avec cet air de vous accorder sa bénédiction entre deux bouchées.

Avec Chirac, il forme un drôle de couple. Le soudard et le prélat. On sait depuis Alexandre Dumas que les deux ne font pas mauvais ménage. L'un se nourrit de tripoux, et l'autre d'amourettes. Mais allez donc savoir lequel des deux a le plus d'appétit.

Juillet, qui vint avant Balladur, traitait Chirac par le mépris, avec toutes les apparences d'une écrasante supériorité. Mais l'affection, entre eux ? Balladur, gros matou, a sans doute pour ce gaillard trop pressé un vrai sentiment paternel. Quand on critique devant lui son Premier ministre, il dit d'une voix désolée : "Il a beaucoup changé, vous savez. Moi-même, il n'a pas fini de m'étonner." L'ennui, avec Balladur, c'est qu'on ne sait jamais quelle part de sincérité il se permet : il noie ses simili-confidences sous des monceaux de précautions.

Ce soir, dans ce palais du Louvre qu'il ne quitterait pas pour un empire (ni pour un Matignon), Balladur dîne d'un poisson blanc et d'une compote de poireaux. Mais il y a aussi des framboises venues, en cette saison, du bout du monde et il en verse à profusion dans les assiettes de ses invités. Ces sortes d'attentions, chez lui, ne sont pas négligeables. Il a, à sa table, deux de ses fils qui sont muets, saisis d'un respect comme on n'en voit plus chez les jeunes gens d'aujourd'hui. Mais Balladur est d'un autre âge, et ce qui le touche l'est également. »

Raymond Barre : « Ses digestions conflictuelles »

« Depuis dix ans, je suis brouillé avec M. Barre. Ou plutôt M. Barre est brouillé avec moi et je suis assez fier de ce joli record de durée. Quand il s'était fait construire une villa au cap Ferrat, obtenant un permis avec une vitesse jamais vue sur la Côte d'Azur, j'avais dit dans ma chronique qu'il aurait mieux fait d'attendre de n'être plus Premier ministre pour se doter d'une résidence secondaire dans un endroit aussi huppé. Le directeur de cabinet de Barre, Philippe Mestre, m'avait invité à

Matignon pour me dire : “Désormais, il ne faudra plus mettre les pieds dans cette maison. Du moins tant que nous y serons.” Barre a tenu parole, et même au-delà, puisqu'il a refusé de me voir en d'autres lieux. Il n'a pas réussi, pour autant, à provoquer chez moi de la rancœur ou de l'amertume. Dans mon métier, il est bon de se faire des ennemis. M. Barre n'en est pas un qu'on puisse traiter à la légère… On peut même être comblé d'en avoir un d'aussi épais.

Voilà qui crée sans doute des sentiments entre lui et moi. J'avais le cœur serré de le voir à la télévision se défaire, se déliter au fur et à mesure que les journalistes lui lançaient des balles de plus en plus molles. On a même vu M. Barre s'empêtrer dans les chiffres de la fiscalité et trébucher sur le nom de son conseiller économique, M. Durieux, dont la caméra nous a montré une seconde le sourire jaune.

Le même Philippe Mestre à qui j'ai eu affaire pour cette histoire d'interdiction de séjour me répétait il y a quelques mois, avec une conviction impossible à mettre en doute, qu'il suffirait à M. Barre d'apparaître à la télévision pour donner aux Français la certitude d'avoir trouvé leur homme. Or la télévision se révèle au contraire un miroir terrible pour le candidat : l'œil fuit, le menton s'affaisse, la bouche n'est plus qu'un trait fugace dans la masse gélatineuse du visage. Le problème numéro un de M. Barre est d'ordre physique. Il suscite un malaise chez le spectateur. Il ne montre pas une rassurante santé mais on se prend au contraire à guetter chez lui les symptômes d'une congestion pulmonaire, les prémices d'un infarctus du myocarde ou les atteintes d'un diabète incurable. En outre, la télévision – toujours elle – nous rend témoins de ses sommeils incongrus et irrépressibles, au milieu d'une cérémonie, et nous avertit ainsi de ses digestions conflictuelles.

Côté politique, M. Barre souffre d'une anomalie assez facile à diagnostiquer. Il n'est pas à sa place. C'est un usurpateur. Centriste, européen, partisan de la relance des investissements et de la refonte de l'enseignement supérieur, c'est lui qui devrait se trouver, comme Premier ministre, à la table du Conseil, face à M. Mitterrand. C'est Jacques Chirac qui aurait dû se retrouver dans une opposition indécrottable à la cohabitation. Jean Lecanuet, qui a l'œil exercé des vieux maîtres de manège, reconnaît que ses amis centristes se sont laissé berner en s'offrant corps et âme à un candidat qui n'a rien, ce qui s'appelle rien, pour leur plaire. Hélas ! M. Barre n'a même pas assez de malice pour profiter de cette conquête contre nature. Il croit qu'on l'aime pour ses idées ! Il fait une campagne de sénateur et de membre de l'Institut et il persévère dans l'erreur avec une jubilation qui confine au suicide.

Comble de malchance, il lui a fallu obtenir le concours de Léo et de sa bande, qu'il hait, et qui le lui rendent bien. Léotard lui a donc imposé sa loi dite du "carré magique" que Barre s'est empressé de transgresser. Il fallait voir ce soir, à *L'Heure de vérité* d'Antenne 2, de quel œil impitoyable le jeune homme regardait le candidat glisser, s'enfoncer, s'engloutir, disparaître.

La fin d'un homme politique, comme celle d'un chien, la nuit, est une scène insoutenable. Heureusement assez rare. Mitterrand, Giscard, Chirac, Léotard sont de ces fauves qui ne meurent jamais, ne trébuchent jamais, ne désespèrent jamais. On devine qu'au premier coup de vent Barre chutera. De son enfance à La Réunion, de cette odeur de scandale qu'il lui a fallu très jeune respirer, Barre a conservé sans doute une fragilité fondamentale. Il veut faire croire qu'il a du caractère, alors qu'il n'a que des emportements. Et puis, il a trop d'amour-propre pour ne pas se retrouver un jour blessé jusqu'à l'âme.

Bref, il n'aurait jamais dû quitter ses manuels et ses statistiques. »

Paysages de campagne, Grasset, 1988.

Raphaëlle Bacqué
(née en 1964)

Journaliste, grande reporter au *Monde*, Raphaëlle Bacqué est l'auteure de multiples biographies, souvent politiques. Ses livres sur Richard Descoings (*Richie*), l'ancien patron de Sciences Po, sur Jacques Chirac (*Chirac ou le Démon du pouvoir*) ou sur Ségolène Royal (*La Femme fatale*, en collaboration avec Ariane Chemin) ont été les plus remarqués. On a retenu ici un portrait, publié le 26 avril 2006 dans les colonnes du *Monde*, du très controversé ministre des Affaires étrangères de l'époque, Philippe Douste-Blazy. Le vitriol, ici, est moins le style que l'accumulation des faits ridicules, des citations vachardes et du grotesque des traits de personnalité.

Philippe Douste-Blazy : « Dès qu'on gratte, on sent tout de suite de Formica »

« Le ministre des Affaires étrangères ne parle pas l'anglais, ni l'espagnol, ni aucune autre langue que le français. Il ne pratique pas non plus le langage diplomatique qui oblige à peser la moindre virgule avant d'évoquer les affaires du monde.

Ce n'est pas forcément un mal de s'affranchir de la norme technocratique. Mais cela terrifie les ambassadeurs, le Quai d'Orsay, Matignon, et l'Élysée, qui ont pris l'habitude de le faire suivre à la trace par un fonctionnaire armé de dossiers et d'un magnétophone.

Le ministre n'a pas toujours une vision très claire de la géopolitique. Il s'est laissé plusieurs fois surprendre à confondre Taïwan et la Thaïlande, la Croatie et le Kosovo. Lorsqu'une catastrophe aérienne a endeuillé la Martinique, le 16 août 2005, il a voulu aussitôt se rendre à Fort-de-France. Il a fallu que l'Élysée intervienne pour rappeler que les Antilles ne sont pas un territoire étranger. Quand il s'ennuie dans une réunion, même devant les plus grands directeurs du Quai d'Orsay, il peut ostensiblement sortir son téléphone portable et pianoter des SMS sans plus rien écouter.

Il y a quelques mois, Condoleezza Rice a fait appeler son cabinet. La conseillère du président américain avait joint tous ses homologues et souhaitait parler à Philippe Douste-Blazy. C'était un vendredi. Le ministre était dans sa circonscription de Toulouse. Sans traducteur ni conseiller diplomatique auprès de lui. Selon des sources diplomatiques, le Quai, à la grande surprise de Washington, a préféré dire à l'Américaine de rappeler après le week-end.

Les premiers mois après son arrivée, en juin 2005, les diplomates français vivaient dans la terreur de ses gaffes. En visite à Gaza, en septembre, on le vit assurer que les Israéliens étaient prêts à embaucher de jeunes Palestiniens, alors même que les permis de travail, déjà en nombre très réduit, sont seulement attribués aux hommes mariés de plus de 35 ans depuis plus de dix ans. La presse israélienne, éberluée, l'a suivi jusqu'au musée Yad Vashem de la Shoah, à Jérusalem. Long arrêt devant une carte d'Europe qui présente chaque pays en deux colonnes figurant l'importance des communautés juives "avant et après" la Seconde Guerre mondiale. Le ministre français : "Il n'y a pas eu de Juifs tués en Angleterre ? " Réponse gênée du conservateur du musée : "Mais, M. le ministre, l'Angleterre n'a pas été occupée par les nazis." M. Douste-Blazy n'a pas sourcillé et a repris : "Mais il n'y a pas de Juifs expulsés d'Angleterre ? "

À New York, après un dîner important à l'ONU entre ministres, sans les conseillers, les diplomates français réclament, comme c'est l'usage, un débriefing. Le ministre se montra si flou qu'il fallut réclamer un compte rendu… à son collègue britannique. Dominique de Villepin, qui l'aime pourtant bien, s'agace souvent de ses déclarations à contretemps. Et Jacques Chirac a peu apprécié les propos très catégoriques de son chef de la diplomatie quant aux aspects "militaires" présumés du nucléaire iranien, propos qui ont valu au ministre une place de choix dans le *New York Times* du lendemain.

La communication est l'un des dadas de Philippe Douste-Blazy. Il l'a d'ailleurs annoncé aux diplomates dès son arrivée. Aujourd'hui encore, regrette-t-il devant nous, "les autres ministères sont sous le regard permanent des médias. Ici, la moindre phrase doit être travaillée pendant des heures, mais cela n'intéresse personne. TF1 ne fait jamais rien".

Autant dire que son arrivée au Quai d'Orsay a désorienté bon nombre de fonctionnaires. "Tenir" ce ministère est difficile. Les dossiers sont multiples, complexes, mouvants. Les voyages sont nombreux. Tout dérapage peut provoquer un incident. Ici, un ministre faible est vite accusé de tous les maux : le déclin de la France dans le concert des nations, les réductions budgétaires qui affectent le ministère depuis déjà quatre ans. Mais au fond, on reproche surtout à "Douste" d'être le syndrome de cette fin de règne élyséenne qui n'en finit pas.

Le jugement est sévère. Il n'est pas toujours partagé par ses prédécesseurs. Alain Juppé l'encourage à persévérer. Le socialiste Hubert Védrine montre une certaine indulgence, en privé. Mais dans le sérail, on ne lui passe rien ou presque. À ses surnoms de toujours dans le monde politique, "Douste-Blabla" et "Docteur Douste et Mister Bluff", sont venus s'ajouter ceux de "Mickey d'Orsay" et "Condorsay" que les diplomates se susurrent entre eux d'un air déprimé.

Philippe Douste-Blazy n'ignore rien de tout cela. Depuis vingt ans qu'il fait de la politique, il a toujours suscité l'engouement, puis le doute. "Avec lui, dès qu'on gratte un peu, on sent tout de suite le Formica", a souvent dit le député des Hauts-de-Seine André Santini, qui l'a côtoyé des années à l'UDF. "Douste" est malin, rapide, drôle souvent. Mais il a une incroyable légèreté intellectuelle qui fait à la fois son charme et sa limite. Lui-même explique les choses franchement : "Quatre ou cinq jours avant d'être nommé à Matignon, Dominique (de Villepin) m'a demandé ce que je souhaitais. Je voulais un ministère régalien pour compléter mon parcours. L'économie ou l'intérieur." L'exigence était ambitieuse. Certes, Philippe Douste-Blazy a mené en 2002 une partie de l'UDF dans le giron de l'UMP, alors chiraquien, et a pris fait et cause pour Dominique de Villepin contre Nicolas Sarkozy.

Ancien médecin, il s'est plutôt bien débrouillé au ministère de la Santé et a amorcé un début de réforme de l'assurance-maladie. Mais, en ce printemps 2005, il n'a pas de compétences pour ce qu'il réclame. Bercy paraît trop gros pour lui. François Pinault, l'un des rares grands patrons à côtoyer régulièrement Jacques Chirac, a mis en garde le président : les finances publiques et la relation aux entreprises ne s'improvisent pas. Quant à l'intérieur, ce n'est qu'à condition d'y être nommé que Nicolas Sarkozy est prêt à revenir au gouvernement.

Villepin ouvre donc deux portes : un vaste ministère des Affaires sociales ou les Affaires étrangères. "Douste" opte pour le prestige du Quai. "Seulement, reconnaît-il, je suis arrivé après le non à l'Europe." L'Élysée et Matignon ne l'ont pourtant pas laissé seul aux manettes. Pratiquement aucune nomination d'ambassadeur n'est de son fait. Son cabinet, hormis une demi-douzaine de collaborateurs – dont trois chargés de la communication alors que ses prédécesseurs n'en avaient qu'un –, a été entièrement composé sous l'œil de Jacques Chirac et de Dominique de Villepin. Le directeur de cabinet, le très élégant et dévoué Pierre Vimont, est l'ancien patron du cabinet de Dominique de Villepin, puis de Michel Barnier au Quai d'Orsay.

Le nouveau secrétaire général du ministère, Philippe Faure – un diplomate qui a passé dix ans dans le privé –, est un ami du Premier ministre. Et à l'Élysée, le sherpa du chef de l'État, Maurice Gourdault-Montagne, s'attache à faire du Quai d'Orsay le *back-office* de la présidence. "Imaginez un peu : avec, au-dessus, un président de la République et un chef du gouvernement lui-même professionnel de la politique étrangère, note avec flegme l'ancien Premier ministre Jean-Pierre Raffarin, le titulaire du portefeuille ne peut être qu'un aimable second."

Le ministre se moque pourtant que l'on puisse douter de sa compétence. C'est une de ses grandes forces que de n'avoir aucune des marques d'orgueil qui peuvent freiner l'audace. "Douste" aime le risque. Croit en sa chance. Méprise les fonctionnaires. Et rêve finalement d'une vie d'aventures. Longtemps, lui qui se vante d'être un bon pilote de rallye, il a lâché cette phrase à ceux qui lui recommandaient la prudence : "Quand j'aborde un tournant, j'accélère !" Lorsqu'il était ministre de la Culture (1995-1997), il riait lui-même de ses insuffisances. On l'a vu faire chevalier "des chiffres et des lettres" un grand écrivain et débiter avec le plus grand naturel les fiches de lecture rédigées par ses collaborateurs. On l'a aussi entendu théoriser tout haut sa technique pour visiter une exposition d'art contemporain : "Passer les trois premières œuvres... Ralentir à la quatrième... S'arrêter longuement à la cinquième et la déclarer très profonde. Ça marche très bien ! "

"Douste" s'en flatte : cette désinvolture ne l'a pas empêché jusqu'ici de faire une fulgurante carrière politique. Elle lui donne même le culot d'accomplir deux ou trois coups d'éclat. Au ministère des Affaires étrangères, il a cependant vite vu qu'il ne parviendrait à trouver ni autonomie ni visibilité. Ses tentatives pour s'affirmer sur le contentieux nucléaire iranien ont été vitrifiées par l'Élysée. La ministre des Affaires européennes, Catherine Colonna, a l'entière confiance du président pour tout ce qui relève de l'Europe. Et l'Afrique est la chasse gardée du président.

Philippe Douste-Blazy s'adapte donc et se concentre sur ce qu'il sait faire : la médecine, l'humanitaire, la communication. Le 5 janvier, il a organisé le rapatriement en France d'une trentaine d'enfants libyens infectés par le sida et obtenu en échange de rencontrer un groupe d'infirmières bulgares emprisonnées par le régime de Kadhafi. Reprenant une idée de Bill Clinton, il jette aujourd'hui toutes ses forces dans la réalisation d'un projet ambitieux : la facilité internationale pour l'achat de médicaments (Fiam) qui vise à améliorer l'accès aux médicaments des populations des pays pauvres touchées par trois pandémies mondiales : le sida, la tuberculose et le paludisme. "Le fait qu'on laisse mourir les pauvres alimente le terrorisme", assure-t-il. La Fiam – et son adossement sur une taxe sur les billets d'avion voulue par Jacques Chirac – a été peaufinée à coups de réunions. Des réunions managées à sa façon.

"Douste" a toujours su mobiliser autour de lui des jeunes gens ambitieux et rapides, communicants, producteurs de télévision, patrons de la radio NRJ, parmi lesquels le ministre se sent à l'aise parce qu'ils échappent aux circuits classiques de l'énarchie gouvernementale. Si la Fiam marche, Douste aura, après tout, laissé quelque chose d'utile de son passage au Quai d'Orsay. "Il a trouvé un terrain sur lequel il a prise", reconnaît un membre de son cabinet qui défend d'ailleurs cependant la "fraîcheur" de son ministre : "Il ne s'embarrasse pas de décorum, fonctionne à l'oral. Dans un univers où chacun pond des notes, cela a quelque chose de décapant et d'intéressant."

Mais ensuite? C'est là qu'est la difficulté. Philippe Douste-Blazy s'est peu à peu isolé au sein du monde politique. Bien sûr, sa séduction et son entregent lui ont d'abord valu des succès. Il fait toujours figure, à 53 ans, de gendre idéal et est le parrain d'une bonne douzaine d'enfants. Mais la plupart de ses anciens collaborateurs l'ont quitté, exaspérés par sa légèreté et son insatiable ambition. Pire, beaucoup lui reprochent de mentir partout sur tout, à tous.

Au départ, cela ne l'a pas forcément desservi : il ment souvent avec talent. En 1993, le jour de la nomination du gouvernement d'Édouard Balladur, c'est en contrefaisant la voix du centriste Bernard Stasi qu'il parvient à décrocher un rendez-vous avec Simone Veil. Celle-ci est pressentie pour tenir les affaires sociales. Lui vient de conquérir la mairie de Lourdes mais n'est encore qu'un de ces jeunes médecins qui gravitent dans les milieux rénovateurs du centre et de la droite. Il a cependant marqué la mémoire de l'ancienne présidente du Parlement européen, quelques années plus tôt, en la raccompagnant en voiture et sur des chemins défoncés de Sarajevo en guerre. "Douste" l'appelle donc au restaurant et décroche un rendez-vous. Il la convaincra, au charme, de le prendre avec elle comme ministre délégué à la santé.

Au fil des années, pourtant, ses amis se sont lassés de sa désinvolture à l'égard de l'argent de l'État, de l'amitié, de la fidélité. Les écouter, c'est entendre une longue liste d'histoires drôles et terribles de trahisons et de coups tordus. C'est voir "Douste" invoquer pour la vingtième fois l'agonie de son père (pourtant en parfaite santé), ou un rendez-vous avec Jacques Chirac (alors que la radio vient d'annoncer le président en province) pour justifier un retard qu'on lui aurait sans doute pardonné. C'est le trouver tour à tour généreux pour un malade, mais blessant pour un collaborateur. Capable de déplacer des montagnes pour une bonne idée et de perdre dans l'avion un dossier confidentiel. "Il se jette dans le vide parce qu'il sait qu'il a de la chance", explique l'un de ses anciens conseillers. "C'est un comédien extraordinaire qui, comme tous les comédiens, dépend uniquement du regard des autres, nuance un de ses rares amis de longue date, le producteur Jean-François Boyer. C'est vrai qu'il peut mentir, même à lui-même. Mais il veut à tout prix échapper à la médiocrité."

Politiquement, ce mélange détonant qui a fait son succès est aujourd'hui sa faille. Nicolas Sarkozy a d'abord flairé en lui l'animal politique, capable de prendre d'assaut, en quinze ans, la mairie de Lourdes, le groupe UDF à l'Assemblée, les ministères de la Santé, de la Culture, des Affaires sociales, la mairie de Toulouse, le secrétariat général de l'UMP. Mais Philippe Douste-Blazy, sans avoir lu Cortès, a brûlé tous ses vaisseaux en se plaçant en rival de Sarkozy pour Matignon, en 2002… alors même que Jacques Chirac n'avait l'intention de les nommer ni l'un ni l'autre. Puis en choisissant Dominique de Villepin. Depuis, le président de l'UMP se défie de lui.

Mais il y a plus grave. “Douste” a peut-être façonné lui-même, à Toulouse, son ennemi mortel. Dominique Baudis, après avoir succédé à son père et tenu le Capitole pendant dix-sept ans, l'avait choisi comme dauphin à la mairie.

Aujourd'hui, il reproche toujours à son successeur de ne pas l'avoir informé qu'une infâme rumeur courait sur lui dans l'affaire Alègre. Il ne pardonnera pas. “Baudis est un sniper. Il attend désormais d'avoir Douste dans son viseur et il tirera”, prédit un proche du président du CSA. C'est aussi parce qu'il sait cela que le ministre s'inquiète parfois. Jusqu'à ce que son naturel le pousse à nouveau, parce que, dit-il, “il vaut mieux avancer pendant qu'il est encore temps”. »

«Philippe Douste-Blazy, “Mister Bluff”
au Quai d'Orsay»,
avec les correspondants du *Monde*,
Le Monde, 26 avril 2006

Honoré de Balzac
(1799-1850)

Écrivain, romancier, homme de plume s'il en est, l'auteur de La *Comédie humaine* domine la scène littéraire de la première moitié du XIXe siècle par sa stature, son style et la prolixité de son imagination. On oublie trop souvent qu'il fut aussi à ses moments perdus – et parce qu'il fallait bien vivre – un journaliste qui s'est aventuré à quelques reprises sur le terrain politique. Légitimiste grand teint, il réserve ici ses flèches à un « ministre » qui ressemble à s'y méprendre à François Guizot, alors en charge de l'Intérieur. Ce portrait a été publié dans le numéro de *La caricature* daté du 1er octobre 1830, quelques semaines après la révolution qui a mis fin au règne de Charles X.

François Guizot : « Messieurs, passons à table ! »

« C'était un petit homme – autrement il n'aurait pas été nommé ministre. En entrant, je ne le vis pas, car il semblait enterré dans son fauteuil par les paperasses qui se trouvaient sur le bureau.

"Que de monde pense à cet homme ! me dis-je, tandis qu'il ne pense à personne – qu'à lui…"

Et je voyais s'agiter un monde d'employés – aux ponts-et-chaussées, aux beaux-arts, dans les communes, dans l'imprimerie, dans les préfectures et sous-préfectures… partout. Quel homme ferme et puissant ne faut-il pas pour résister à cette avalanche d'intérêts et de solliciteurs, pour penser aux institutions de la France, pour répondre aux Chambres, etc. Ainsi pensais-je !

En ce moment, le ministre se leva, et un homme gros et fort, haut en couleur, vêtu de noir, à la figure large, décoré de plusieurs ordres, lui dit :

"Mais songez donc, monsieur, que vous allez à l'anarchie… qu'il s'agit de reconquérir quelque puissance afin de rendre un peu plus respectable la prérogative royale ! Vous avez assez fait pour la populace. *La Quotidienne* et *La Gazette* sont vos amies… La grande propriété est effrayée. Elle est contre vous !… Vous allez périr."

Le ministre hocha la tête comme s'il disait : "Cela est vrai… nous avons commis de grandes fautes."

Un grand homme sec le fit tourner sur lui-même, et lui dit d'une voix brève et impérative :

“Ah ça ! vous allez vous faire renverser par les sociétés populaires... Si vous les heurtez... guerre civile !... Car elles sont affiliées à tous les départements et recrutent toutes les ambitions jeunes et vives... Il faut les autoriser, ces sociétés, et tâcher que tout le monde en soit ! Donnez à la révolution tous ses développements, satisfaites largement aux nécessités de l’époque, fondez un gouvernement à bon marché, sans quoi vous périrez !...”

Le ministre regarda d’un air embarrassé ce grand gaillard-là qui avait une mine de solliciteur, le ventre creux et un habit râpé. C’était un vainqueur de Juillet.

“Que diable, écoutez-vous donc là, mon cher, ce sont des sornettes... Tout est résolu. La politique repose maintenant sur les déductions les plus sévères, et les plus logiques !...” s’écria un petit homme d’une voix claire, en ramenant sur son front quelques cheveux rares.

“Il faut consolider, reprit-il. Frappez-moi sur les mutins, sur les ouvriers. La garde nationale vous secondera, la Chambre aussi. Nous avons la liberté. Nous avons mis tous les gens de talent en place... Maintenant, il faut de l’ordre – et de la conservation. Si vous ne tendez pas au maintien de ce qui est, il n’y aura pas de stabilité, et vous périrez par le mouvement.”

Le ministre regarda fixement le globiste qui lui parlait, et dit :

“C’est assez rationnel.

— À quoi vous arrêtez-vous ! s’écria un homme qui avait l’air d’un canonnier de la garde nationale, il faut vous débarrasser de tous les mécontents ! En secourant la Belgique vous aurez des places à prendre et à donner : c'est en entreprenant une bonne guerre que vous pourrez avoir la paix au-dedans et vous marcherez... Sans quoi, vous allez périr.

— Oh !..." dit le ministre.

Ces quatre gens-là prirent le pauvre petit homme tour à tour, et le secouèrent si fort que le premier lui arracha un volume de ses cours ; le second, le portefeuille ; le troisième, une manche d'habit ; et le dernier, sa popularité ; car il lui prit une lettre écrite à un député, lequel devait, à propos d'une pétition sur les sangsues, parler de l'état de la France.

"Gouvernez donc ! s'écria le ministre décoiffé pendant la lutte.

— Monsieur le ministre est servi... dit un laquais.

— Messieurs, passons à table...

— Vous avez dit là un grand mot !..." m'écriai-je. Alors il m'aperçut.

"Monsieur vient peut-être pour une sous-préfecture ?...

— Non, monsieur, mais – pour vous sauver comme ces quatre messieurs." »

« Le ministre », *La caricature*, 1er octobre 1830

Jules Barbey d'Aurevilly
(1808-1889)

Écrivain et polémiste, catholique et dandy, celui qu'on appelait au temps de sa splendeur le « connétable des lettres » ne fut pas seulement l'un des romanciers les plus flamboyants de son temps. Monarchiste de stricte obédience, il avait rompu avec son républicanisme de jeunesse à la lecture de Joseph de Maistre. C'est ce qui l'a conduit à poursuivre de ses acidités les représentants des courants libéraux ou orléanistes de son époque. Sont rassemblés ici les portraits d'Adolphe Thiers et François Guizot mais aussi de Victor Cousin, grand maître de l'instruction publique sous la monarchie de Juillet, et d'André Dupin, président de l'Assemblée législative au moment du coup d'État du 2 décembre 1851. Ces textes sont tirés des *Quarante Médaillons de l'Académie*, la plupart assassins, que Barbey avait consacrés en 1864 aux membres de l'Académie française. En amuse-bouche, on y a ajouté un quarante et unième médaillon – celui de Benjamin Constant, théoricien du libéralisme français, publié dans les *Portraits politiques et littéraires*.

Benjamin Constant : « Sentimental, fadasse et ennuyé »

« Et du chapon... Le mot est juste.

Car, je foule aux pieds le respect, il en était un, Benjamin Constant ! Pourquoi l'avez-vous déterré ? Je constate. Il a passé pour le coq du libéralisme pendant trente ans. Mais le libéralisme n'était pas difficile en coqs. Tout lui était coq qui piaillait, avec n'importe quelle voix, contre le pouvoir... Benjamin Constant, un des plus faibles de ces piailleurs, un soprano de la chapelle Sixtine appliqué à la politique, fut certainement l'être le moins viril par la pensée, par les opinions, par le caractère, par le cœur et par le talent, d'un temps où il y avait des hommes comme de Maistre, Bonald, Chateaubriand, Lamennais, Fiévée, contemporains terribles ! et une femme comme madame de Staël. Pauvre et grande madame de Staël ! Benjamin Constant est sorti de dessous sa jupe :

"Et qui saurait sans moi que Cottin a prêché ?..."

Sans madame de Staël, qui donc, dans le monde politique et littéraire, se serait aperçu de la présence de ce grand flandrin blond, lequel l'avait prise, elle, par le contraste, cette Éthiopienne de madame de Staël, brûlée par le double soleil de la passion et du génie !... Ah ! tous les favoris des reines ont toujours été des médiocres, et Benjamin Constant n'a pas failli à cette destinée. Il fut le Lanskoï de cette Catherine II littéraire. On dit même que quand *Adolphe* parut, ce fut elle qu'on prit pour Ellénore. Punition cruelle de l'aberration d'une âme comme la sienne ! Ce ne fut qu'un bruit, et ce bruit était faux. L'Ellénore, à ce qu'il paraît, était madame de Charrière, l'anémique madame de Charrière, qui ne dépareillait pas Benjamin Constant.

Rien, du reste, ne prouve mieux l'impuissance radicale des femmes quand il s'agit de juger les hommes, que l'opinion sur Benjamin Constant de madame de Staël. Certes ! le génie littéraire n'ira jamais plus loin dans une femme que dans celle-là, et pourtant, quoique bien des esprits aient trouvé qu'elle faisait tête d'homme par la force de ses facultés, elle montra combien elle était femme en se méprenant si étrangement sur la valeur intellectuelle de Benjamin Constant. De tous les genres d'esprit, le plus interdit à la femme est le discernement critique. Elles nous entraînent, mais elles ne savent pas nous juger... Madame de Staël a traité Benjamin Constant d'homme d'esprit pendant toute sa vie, infatigablement et avec une fidélité d'appréciation qui s'obstina à rester, quand l'autre fidélité fut partie... Elle a même, je crois, dit un jour qu'il était l'homme le plus spirituel que l'on ait vu depuis Voltaire, elle qui pouvait souper avec le prince de Ligne et qui allait faire, au bal masqué, des parties de conversation à ravir tout Paris avec Rivarol ! Ce fut donc elle, madame de Staël, qui mit cette étincelante étiquette d'homme d'esprit sur le goulot de ce long Suisse efflanqué, qui ressemblait à la bouteille dans laquelle la cigogne enferme le dîner pour attraper le renard ; et elle attrapa tout le monde, sans malice, et en commençant par s'attraper elle-même ! Depuis, la bouteille a protesté contre l'étiquette. Sentimental, fadasse et ennuyé, Benjamin Constant, ce

Genevois mêlé d'Allemand, qui se fuma, comme un jambon allemand, à Weimar, pendant onze années, est, au contraire, tout ce qu'il y a de plus opposé à l'esprit, cette flamme de France. »

Portraits politiques et littéraires, 1898

Victor Cousin : « L'homme de la grande pirouette »

« Marionnette effrénée, aux grands gestes télégraphiques, à la parole emphatique et vibrante, qui met tout sens dessus dessous à l'Académie. C'est un chauffeur. Il chauffe au profit de l'orléanisme et pourrait bien un jour, l'imprudent, faire sauter la chaudière ! Rappelez-vous ses cris de paon sur les toits, dans la cour de l'Institut, lors de la triste élection de Lacordaire. "Nommons Lacordaire ! criait-il. On sait ici que je ne suis pas fou de l'Église, mais nommons Lacordaire, puisque nous ne pouvons pas nommer le pape pour faire pièce à l'Empereur ! " (Textuel.) En philosophie, c'est un pauvre qui a escroqué des habits. En littérature, c'est une perruque, mais une grande perruque du dix-septième siècle. On cherche là-dessous… De tête, point ! Majesté vide ! En philosophie, M. Cousin est la fable et le mépris de l'Allemagne. Il est allé demander l'aumône à la porte de Hegel, qui lui a donné, et il est revenu faire, avec les quelques sous de Hegel, de la fausse monnaie à Paris. Dans l'impossibilité, qu'il sent très bien, de faire en philosophie même un bâtard, il s'est jeté sur les drôlesses du dix-septième siècle pour faire quelque chose en littérature. Son vice, devenu célèbre, c'est madame de Longueville. J. Barbey d'Aurevilly, dans ses *Œuvres* et ses *Hommes*, Taine, dans ses *Philosophes français*, n'ont eu que des lueurs sur M. Cousin. Le livre à fond sur cet homme et sa bande (car il a une bande) est de M. Ferrari et s'appelle "*les Philosophes salariés*". Il faut lire cela si on veut s'exercer au dédain salutaire des baladins solennels ! M. Sainte-Beuve, dont la conversation est le contraire de ses livres, flatte dans ses livres M. Cousin, qu'il abîme dans la conversation ! Mais nous aurons un jour la vérité. M. Sainte-Beuve attend la mort de M. Cousin pour aller, selon son usage, lever la jambe contre son tombeau, et faire ainsi la seule oraison funèbre qui convienne à cet homme de la grande pirouette, qui balance son trapèze entre le déisme, – cet *athéisme déguisé*, – et ses récentes *m'amours* aux prêtres, et qui, reniant l'Église dans les cours de l'Institut, met, ailleurs, la main sur son cœur… absent, tout en assurant le catholicisme de son respect ! »

André Dupin : « Le Faune grêlé du Morvan »

« On l'a appelé le Faune grêlé du Morvan. Si cela est, je plains les Nymphes de ses montagnes. La petite vérole est la seule ressemblance qu'il ait avec Mirabeau. Mais pourquoi, diable, dites-le-moi, est-il donc de l'Académie ? Elle se dit *française*, et il ne sait pas un mot de français. Quels sont ses titres ? Sont-ce ses Mémoires à consulter ? Ils ont été payés et même assez cher. D'ailleurs, ils sont en morvanais ! Sont-ce des mercuriales d'audience ou des réquisitoires, toujours en morvanais ?... Est-ce la généreuse et grandiose rédaction du testament de Louis-Philippe ?... Sont-ce enfin des Manuels de théologie gallicane ? Il n'a pas même la prétention, si commune à ceux-là qui le sont le moins, d'être un homme de lettres, et il est le contraire. C'est un avocat. M. Dufaure, qui n'est qu'un avocat non plus, et même un avocat qui parle du nez, se croit une tête philosophique. M. Berryer se croit presque un grand seigneur... M. Dupin, lui ! ne se croit pas même un homme politique. Il ne veut être et n'est qu'un avocat. Patru l'était, je le sais bien, mais Patru aimait la langue française ! Mais vous figurez-vous Patru, lourdaud, pataud et en patois ?... »

Adolphe Thiers : « Un fou... triquet »

« La chimère d'un temps qui a un faible pour les Crispins et les Scapins, et qui jetterait des pierres dans le carrosse du grand cardinal de Richelieu ! M. Thiers est la nullité couronnée par cette grande bête d'Opinion publique. Homme politique nul, qui pouvait tout faire et qui n'a rien fait ; littérateur nul, malgré ses quarante volumes, critique d'art nul, âme nulle ! Pour toutes ces raisons, ministre, académicien et grand homme ! La nullité française s'adore dans ce parleur qui ne finit jamais, et l'admiration de la badauderie va si loin, que l'enrouement dont M. Thiers est affecté, pour sa peine de parler comme il parle, passe pour un ornement de plus de ce grand orateur ! M. Thiers ressemble à cette femme de Walter Scott, dans ses *Chroniques de la Canongate*, qui, au lieu d'avoir la langue attachée comme tout le monde, l'avait par en dessous, de manière que la langue pût remuer des deux bouts, comme le poisson dans l'eau ! Il a débuté comme journaliste au *National*, sous Carrel. Après la révolution de 1830, Carrel fut outrageusement nommé préfet de Grenoble, tandis que le petit camarade était nommé conseiller d'État et M. Thiers ministre. Ce fut là une des causes de la transformation du *National*, qui laissa allonger ses griffes républicaines et devint le *National* de 1834.

Je parlais plus haut de cette histoire de la Révolution, si facile à faire et qu'on lit n'importe par qui elle soit écrite. M. Thiers ne manqua point ce coche. Il fit la sienne ; mais il la fit sans un principe, une vue, une décision quelconque de l'esprit. Tour à tour matérialiste et spiritualiste, fataliste ou providentiel, homme de révolution ou de gouvernement. Pantin de chaque événement qui passe et qui, en passant, lui tire la ficelle qui le fait saluer. Niché sur les faits colossaux de ce temps, le petit homme a paru aussi grand que ces faits aux bourgeois, si forts en perspective ! M. Thiers fut une minute le ouistiti de Talleyrand, qui s'amusait de la vivacité de ce touche-à-tout, lequel parlait finances et peinture, de manière à être admiré du centre gauche. M. Thiers a écrit, en effet, des *Salons*, des *Salons* qui n'ont, pour pendants, que ceux de M. Guizot ! Rivalité nouvelle ! Il est curieux de voir à quel point ces aigles prétendus de la politique portent la myopie dans les arts ! Ils sont dignes de leur gouvernement.

Quand la révolution de 1848, qu'il n'a pas su prévoir et que ses fautes ont préparée, l'eut mis par terre, dans le ruisseau, sous la *giffle* du *voyou*, M. Thiers écrivit, rue de Poitiers, sous l'empire d'un mal de ventre affreux, son livre épeuré, inconsistant et mollasse de la *Propriété*. Enfin, monument de sa vie ! (se taira-t-il maintenant ?) il publia, volume par volume, son *Histoire du Consulat et de l'Empire*. Livre qui est loué, mais qui n'est pas jugé, et qui le sera un jour, et cruellement, par une Postérité inflexible. Vers la fin de l'ouvrage, l'orléaniste battu s'embusque comme le vil Pâris à la porte Scée, et tire sa flèche au tendon d'Achille. Le bonapartiste Thiers renie. Il refuse à l'empereur Napoléon le génie politique, et il l'intitule fou comme Alexandre ; car, dites-vous-le bien, vous qui aimez à rire, pour M. Thiers, ce Salomon de l'histoire, c'est un fou qu'Alexandre le Grand ! Pourquoi pas un fou... triquet ?... Pauvre petit M. Thiers ! Du reste, au point de vue des faits que M. Thiers aurait pu traiter avec exactitude, dans sa position et avec ses relations, cette *Histoire du Consulat et de l'Empire* ne peut être considérée que comme une fantaisie historique. Il n'y a point, il ne peut pas y avoir, dans les temps modernes, d'histoire, si elle n'indique ses sources, et si elle ne conduit par la main, à leurs bords, pour y puiser. M. Thiers a l'impertinence de garder le plus profond silence sur les siennes ; il se contente d'affirmer les faits... Mais quelle garantie nous donne-t-il de la science, de la solidité ou de la pureté de son renseignement ? Je voudrais bien aller voir, monsieur, si ce que vous me dites est vrai ?... Donnez-moi la clef de la bibliothèque et le titre du livre, et le numéro du carton où vous avez pris ce détail?... Or, cette clef, qui est l'indication des sources, que tout historien qui veut sauver l'honneur de sa probité ne manque jamais de donner, M. Thiers ne la donne jamais. Et ceci restera terrible contre son histoire! La Postérité, ce juge en dernier ressort, souffrira-t-elle ce que le plus petit juge sur son tribunal ne souffre pas? Accueillera-t-elle des affirmations sans preuve, qui n'ont pas même l'autorité du caractère de celui qui les fait, ces affirmations?... Quant au talent de peintre déployé dans cette histoire, où il en faudrait un sublime, figurez-vous le père Prudhomme, auquel, par parenthèse, M. Thiers ressemble par l'intérieur autant que par l'extérieur de la tête, figurez-vous le père Prudhomme voulant faire en parafe, dans un exemple d'écriture, la *bataille d'Eylau*, de Gros, le pathétique, et la magnifique *Distribution des aigles* de l'homérique David! »

François Guizot : Un « corrupteur puritain »

« Comme M. Thiers, M. Guizot est un échantillon des grands hommes que, sous Louis-Philippe, on nous fagotait! La Postérité les déshabillera de leur grandeur, et ce terrible valet de chambre aura la main dure, je les en avertis! M. Guizot, à l'Académie, représente et incarne la fusion, inventée par lui, le dernier concubinage de ce grand Concubinaire politique qui a toujours aimé à coucher avec tous les partis! Mystification amère et méritée à une époque niaise, qui se prend à la glu de quelques paroles, sévères et sentencieuses! L'Opinion, – la grosse Opinion, – cette madame Bridoie, – accepte présentement comme le plus honnête homme politique qui ait jamais existé M. Guizot, M. Guizot, qui a fait la coalition de 1839, c'est-à-dire qui a vautré sa main dans celle de tous les partis, Droite, Gauche, Centre gauche, Extrême Gauche, pour faire tomber M. Molé, l'homme du gouvernement, dont, depuis, M. Guizot a été encore plus l'homme ! Aujourd'hui incorrigible et d'ailleurs désespéré d'une chute dont il ne devrait avoir que honte, il refait contre l'Empire cette coalition des partis sous le nouveau nom de fusion et il n'y *fond* pas son honneur. Comment donc ? Au contraire ! Il y a des entêtés qui ferment les yeux et qui répètent leur mot "d'honnête homme politique", en s'extasiant sur cette grande moralité, verbale et verbeuse, qu'a flétrie un jour M. Royer-Collard, un voisin de *Canapé* cependant ! "Vous l'avez appelé un austère intrigant, – lui reprochait-on. – Non, dit Royer-Collard, je n'ai pas dit austère." Corrupteur puritain, qui demandait aux électeurs de Lisieux : "Vous sentez-vous corrompus ? " comme si les gangrenés sentaient leur gangrène ! M. Guizot est un Walpole sans habileté, qui ne sait pas tirer parti de la corruption ; mais son immoralité n'est pas dangereuse, comme toute immoralité qui se respecte devrait l'être. À l'Académie, comme au pouvoir, il est bien plus pour la décoration que pour autre chose, car, ne vous y trompez pas, cet homme sans couleur dans le talent est très extérieur. Il a bien plus les attitudes du pouvoir que les aptitudes. Il n'aurait jamais voulu être le P. Joseph du Tremblay, l'Éminence grise, le conseil occulte de Richelieu, d'abord parce que sur rien ce sceptique peint en dogmatique n'a de conseil *décisif* à donner, mais surtout parce qu'il aurait été l'Éminence grise, tandis qu'il eût haleté de désir d'être "la rouge", quand même, au lieu d'avoir du génie, elle aurait été une grande sotte. Le tout, pour lui, est d'être le titulaire du pouvoir. Or, ce qu'il a été aux affaires qu'il ne faisait pas et où il ne fut jamais que le domestique de Louis-Philippe et son porte-voix parlementaire, il l'est encore à l'Académie. M. Cousin a des indiscrétions de haine qui cherchent des échos. M. Villemain, retors comme toute sa personne, se reploie comme un tire-bouchon pour mieux percer; l'un est l'intrigant en plein vent, l'autre l'intrigant *sous* le vent, mais leurs passions contre l'Empire sont intéressées, envenimées, toujours à l'affût. M. Guizot, lui, n'intrigue et n'a de passion que pour son importance, et son importance n'est qu'une étiquette. C'est l'Orléanisme même à l'Académie.

La Maison d'Orléans lui a passé procuration... Toujours porte-voix, il y sonne le rappel de la fusion avec sa parole, creuse comme un tambour. C'est lui, mais assisté de MM. Villemain et Cousin, qui a fait passer MM. de Carné et Dufaure aux élections dernières. Quoique le règlement académique, violé à chaque élection, interdise formellement à chaque académicien, *sous peine de ne pas voter*, toute promesse à un candidat quelconque, le *Comité directeur* de l'Académie s'était engagé à porter l'abbé Gratry pour remplacer le P. Lacordaire, quand tout à coup il fut illuminé de l'idée que M. Dufaure, le ministre tombé, – on les ramasse pieusement, tous ces pauvres cassés ! – et M. de Carné, de la *Revue des Deux Mondes*, seraient plus dans l'esprit et les passions de l'Académie que ce prêtre tranquille, qui aurait parlé du moins de Lacordaire avec compétence, dans son discours de réception. Alors, on reprit tout doucettement à l'abbé Gratry la parole qu'on lui avait donnée, l'assurant, avec de grandes tendresses, que la prochaine élection serait pour lui. L'académicien édifié qui m'a raconté cette histoire prédisait que l'abbé Gratry, qui s'était laissé, avec tant d'innocence, *tire-bouchonner* par M. Villemain une promesse qu'il croyait si bien tenir, devait renoncer à l'Académie tout le temps qu'il y aurait des Orléanistes à placer, et il y en aura toujours !

En littérature, M. Guizot a été aussi surfait qu'en politique. Il est de l'époque où tout professeur à petite allusion contre le gouvernement des Bourbons de la branche aînée était immédiatement porté à dos d'âne sur le pavois de la popularité. Son *Histoire de la civilisation*, – titre ambitieux de cet ambitieux vide, qui n'a vu jamais partout que des titres, – son *Histoire de la civilisation* a commencé sa renommée, mais elle l'achèvera… Il y a certainement là-dedans du renseignement historique ; l'homme s'y vide de ses lectures ; mais des vues nettes, réelles, profondes, on les cherche sous cette gravité qui ne cache rien. On n'y parle que *doctrinaire*. Les *éléments* y reviennent sans cesse. Phraséologie vague qui embrouille, au lieu d'éclairer ! On y confond et on y additionne comme étant d'ordre identique les choses d'un ordre différent ; par exemple, l'*élément* gaulois, l'*élément* germanique, l'*élément* romain et le christianisme. C'est comme qui additionnerait trois bonnets de coton et un canif pour faire quatre bonnets de coton ! Le christianisme et même l'Église, ces faits immenses, ont imposé à M. Guizot un respect dont il faut lui savoir gré, quoiqu'il y ait dans ce respect plus d'immobilité d'esprit fasciné par des faits terrassants que de compréhension et de lumière ; mais, dès que le protestantisme apparaît dans l'histoire, M. Guizot se trouble, et le sectaire aveugle l'historien... Le style qui fait les livres et qui les fait vivre manque totalement à M. Guizot. Cette affirmation va paraître presque aussi scandaleuse que le nom de courtisane politique donné à cette haute prude de propos, qui n'a cessé de *faire sa tête* et de prendre de grands airs de vertu dans l'exercice de son vice ; mais la Postérité, qui n'aura pas nos lâches complaisances ou nos relations esclaves, jugera ferme...

Pas plus Français de langage que de politique, M. Guizot, quand il ne parle pas *doctrinaire*, parle *calviniste*. Ce qu'on appelait le style *réfugié* autrefois valait mieux que le sien ; lui, c'est un style à *fuir*. Monotone, anguleux, froid, n'ayant de couleur que celle de la bile, d'un sérieux de mort, d'un emphatique de catafalque, souverainement ennuyeux, – ce qui, je le sais bien, est une force dans la France moderne ! – le style de M. Guizot n'a pas même la plus vulgaire correction. Si un grammairien dévoué voulait se livrer à la rude besogne de souligner les fautes grammaticales dans les écrits du célèbre professeur, on serait étonné, même ailleurs qu'à l'École normale, et tous les professeurs de France se cacheraient la tête dans leur robe. On serait un moment sans les voir, et ce serait toujours cela !... Un jour, on fera peut-être ce travail utile. Le protestantisme de M. Guizot redouble nécessairement son orléanisme, car l'orléanisme est essentiellement protestant. Les fils de M. le duc d'Aumale sont en ce moment élevés en Suisse dans une pension protestante. Comme *tout se voit* partout maintenant, la vieille monarchie catholique d'Espagne a pendu au cou du protestant M. Guizot une de ses Toisons d'or, après les mariages espagnols : *Que pensent-ils de nous, les hommes qui sont morts ?* Que durent penser dans leurs cercueils Philippe II et le grand duc d'Albe ?... C'est à en ressusciter de colère, pour en remourir de fureur ! »

Les Quarante Médaillons de l'Académie, 1864

Maurice Barrès
(1862-1923)

Écrivain, romancier, journaliste, Maurice Barrès est d'abord et avant tout la figure tutélaire du nationalisme français. « Prince de la jeunesse » au temps du « culte du moi », socialiste et antisémite lors de ses premiers pas dans la carrière parlementaire, porte-drapeau de l'antidreyfusisme, conservateur et académicien grand teint à la fin de sa vie, il n'a cessé de mêler littérature et politique tant dans ses livres – *Les Déracinés* et les deux autres volumes de son « roman de l'énergie nationale » – que dans ses nombreux articles, notamment dans *L'Écho de Paris*. C'est de ce journal qu'est tiré un portrait de Joseph Caillaux, repris dans une brochure titrée *En regardant au fond des crevasses*. Au moment de sa rédaction, en 1917, l'ancien président du Conseil radical est accusé en compagnie de Louis Malvy, ex-ministre de l'Intérieur, de complot contre la sécurité de l'État après qu'il a travaillé à une négociation avec l'Allemagne, ce qui lui vaudra trois ans d'emprisonnement.

Joseph Caillaux : « Ses talons rouges dans la fange »

« De toutes les crevasses que les convulsions de ce monde souterrain font s'ouvrir, on entend sortir le même nom. Au fond de tous ces puits, on distingue le même personnage. Caillaux, toujours ! C'est la lueur du commencement et l'étincelle première de l'incendie. Cherchons à écarter le voile du personnage. Il est de bonne méthode de s'adresser d'abord à ce qui porte en soi des signes, fussent-ils funestes, de supériorité et de force.

Il y a des ministres qui ne le sont que pour s'être tenus, en dissimulant leur bêtise, sur le chemin des hommes chargés de composer un cabinet. Ils ne peuvent se faire remarquer qu'autant que l'on bute du nez contre leur médiocrité. M. Caillaux n'est pas de ces néants. Il ne se fait que trop reconnaître avec tous ses remuements enragés et ses pirouettements sur ses talons rouges dans la fange. Il y a une pensée sérieuse (encore que détestable) dans sa politique essentielle, mais si vite emportée dans le tourbillon des noires intrigues et des extravagances ! C'est un de ces hommes qui ne semblent jamais si heureux qu'alors que les affaires s'embrouillent, et qui éprouvent des délices et un sentiment de gloire à déchaîner et à manier les cupidités des individus et les imaginations des masses.

Dans la grande ménagerie historique des hommes bien doués qu'il vaudrait mieux, pour la paix des peuples, ne pas laisser courir à travers le monde, on peut placer la cage de M. Caillaux non loin de celle de François-Paul de Gondi, cardinal de Retz, dont le libertinage et la fureur d'intrigue du moins nous ont valu un chef-d'œuvre de psychologie politique. Toutes différences gardées, ce sont des hommes qui aiment être portés sur la tête des masses pour sourire de plus haut au cynisme de leurs propres pensées. Mais d'ailleurs passons aux faits.

M. Caillaux, chef unique et incontesté du parti radical-socialiste, pour attirer à son parti le nombre électoral et pour assurer son maintien au pouvoir, avait à enrayer une redoutable concurrence. Les socialistes soutiraient aux radicaux leurs troupes, en exploitant le rêve d'une paix universelle. Il sentait que l'anticléricalisme et la distribution des places ne suffisaient plus. Que faire, qu'inventer ? Il accueillit une pensée noire, d'où découla par voie de conséquence tout le mal.

Les élections partielles témoignaient avec certitude que les masses populaires, mal informées du péril allemand, répugnaient aux sacrifices militaires que leur demandait la loi de trois ans. M. Caillaux jugea qu'il devait à tout prix adopter l'abandon des trois ans comme plate-forme électorale.

Toutefois, il avait un sens trop pratique des réalités pour ne pas se rendre compte que, de toute évidence, une politique intérieure de désarmement impliquait, comme corollaire nécessaire, une politique diplomatique d'accords avec l'Allemagne. Désarmer la France, sans s'être assuré au préalable d'une entente avec l'Allemagne (décidée à détourner contre l'Angleterre toutes ses forces militaires pour lui arracher l'empire des mers), c'eût été nous mettre sans défense à la merci d'une agression mortelle. Ainsi M. Caillaux conclut à une politique conjuguée de désarmement et d'alliance avec l'Allemagne.

Cette conception – détestable, puisqu'elle plaçait la France sous la servitude de l'Allemagne – avait à ses yeux l'avantage de faire descendre des nuées le rôle pacifiste de Jaurès, les théories de fraternité des peuples et l'internationalisme ouvrier, pour entreprendre leur mise en pratique et leur réalisation. Le programme socialiste s'en trouvait escamoté par le parti radical, à son profit électoral.

Cette double politique, M. Caillaux l'a réalisée lorsqu'il détenait le pouvoir. Mais, tandis qu'afin de pouvoir activer sa propagande électorale, il ne dissimulait pas son aversion pour le maintien de la loi de trois ans, il se gardait bien de pratiquer à visage découvert sa politique d'entente avec l'Allemagne, car il eût craint de compromettre son prestige, en alarmant le patriotisme de la nation.

Il s'accorda avec l'Allemagne, mais par des accointances personnelles, pratiquées à l'exclusion de nos agents diplomatiques et de son propre ministre des Affaires étrangères, M. de Selves. Il se réservait d'amener petit à petit l'opinion publique, par un lent travail de désagrégation patriotique, à se montrer moins farouche à l'égard d'un rapprochement avec l'Allemagne, en représentant que nous aurions, à nous unir avec nos ennemis héréditaires, un intérêt d'argent. La France ne tirerait-elle pas parti de ses réserves métalliques par des accords financiers ? ne mettrait-elle pas en valeur ses richesses minières et métallurgiques, à l'aide de la puissante organisation industrielle allemande ?

Aux yeux d'un tel homme, déraciné des milieux et des idées où il s'est formé, aussi dédaigneux du Collège de France que des églises de villages, et qui n'écoute aucune tradition, qu'y a-t-il désormais dans le monde ? Les masses et la finance. À la masse démocratique, il dit : "Plus de service militaire" ; aux financiers et à son entourage : "Des affaires".

Cette froide politique, M. Caillaux l'a pratiquée avant la guerre. Le caractère personnel et occulte de son action diplomatique est prouvé par la démission de M. de Selves et par l'assassinat de Calmette qui l'avait dénoncé publiquement.

Est-ce dans ce moment que M. Caillaux acheva de se corrompre ? Retz a pris soin de nous indiquer, lui-même, le moment où il décida posément de se livrer tout entier à sa passion et à sa haine et d'être délibérément un scélérat : "Quand je vis, dit-il, que la Cour ne voulait même son bien qu'à sa mode, qui n'était jamais bonne, je ne songeai plus qu'à lui faire du mal, et ce ne fut que dans ce moment que je pris l'entière et pleine résolution d'attaquer personnellement le Mazarin..." Mettez tels noms que vous trouverez à la place de la Cour et du Mazarin. Sainte-Beuve, qui relève cette confession inouïe, ajoute : "À partir de ce jour, tous les moyens lui sont bons pour réussir, les armes, les pamphlets, les calomnies. Voilà le branle qui commence, et il ne songe plus qu'à demeurer le maître du mal, comme le disait très bien Mazarin lui-même. »

En regardant au fond des crevasses, 1917.

Charles Baudelaire
(1821-1867)

L'un des plus grands poètes français du XIXe siècle a également tâté du journalisme – du journalisme politique, sous la bannière républicaine, qui plus est ! Le bref article reproduit ci-dessous, sorte d'assassinat en prose, vise deux figures de l'opposition parlementaire sous la monarchie de Juillet. Il a paru le 27 février 1848 dans les colonnes d'une de ces feuilles éphémères et confidentielles, *Le Salut public*, qui fleurissaient en ces temps de vacarme et de barricades. Les journalistes, dont Baudelaire, y signaient sous un même nom : Champfleury.

Adolphe Thiers et Odilon Barrot :
« Le singe et le montreur d'ours »

« Deux hommes sont bien bas à cette heure, les sieurs Thiers et Odilon Barrot.

Le premier a toujours été un singe plein de malice, riant, criant, gesticulant, sautant, ne croyant à rien, écrivant sur tout.

Ne croyant pas à la Révolution, il a écrit la Révolution.

Ne croyant pas à l'Empire, il a écrit l'Empire.

Savez-vous ce qu'il aimait ?

Les singes. Il leur a fait bâtir un palais.

Le second était son compère, un homme sérieux, une contrefaçon de tribun ; il avait toute la gravité d'un montreur d'ours, le sieur Barrot ; toute sa vie il l'a passée à montrer un singe. Pendant dix ans la France a cru à un grand orateur, au sieur Barrot.

Il est vrai qu'il entrait à l'ex-Chambre des députés avec une provision de mots plein ses poches.

Dans la poche droite il mettait : *Mon pays, mon patriotisme*. Dans la poche gauche, *honneur* et *vertu*. (Sa famille touchait *cent trente mille francs* de places.) »

Baudelaire journaliste.
Articles et chroniques,
GF Flammarion, 2011.

François Bayrou
(né en 1951)

Agrégé de lettres classiques, l'ancien ministre de l'Éducation nationale, du temps où il jouait à droite, avait une double spécialité : celle tout d'abord d'exprimer sa pensée dans des livres dont aucun n'est passé inaperçu, et celle ensuite de cogner en priorité ses amis d'autrefois. *Abus de pouvoir*, publié en 2009, est un long réquisitoire contre Nicolas Sarkozy, sa manière de gouverner et le style de sa présidence. Le fondateur du Modem n'y ménage personne. Outre Alain Minc, croqué avec une rare virulence, on trouve au cœur de ce livre manifeste un portrait de haut vol de l'ancien président, dont le moins que l'on puisse dire est qu'il ne sort pas intact… Dans le genre et dans la période contemporaine, on a rarement fait plus destructeur.

Nicolas Sarkozy : L'« enfant barbare »

« Il est enfin un trait de caractère chez l'actuel président de la République qui touche non pas aux idées, même pas aux valeurs, mais à l'idée même qu'on se fait d'un peuple. L'idée, je ne vois pas d'autre mot que *puérile*, qu'il suffit d'arriver pour tout changer, et qu'on peut tout changer.

Si j'avais un livre à écrire sur cet homme, je l'intitulerais *L'Enfant barbare*. Il est *enfant* en ce qu'il se croit tout-puissant, qu'il imagine que le monde commence avec lui et qu'il est à sa main. Il est *barbare* en ce qu'il sous-estime, méprise, ou, plus gravement encore, ignore ce que sont les piliers, les piliers culturels et moraux, de la maison.

On lui a confié, bien imprudemment, les commandes de la belle pelle mécanique rutilante. Assis au volant, il fait vrombir le moteur, marche avant, marche arrière, il manœuvre dans la maison, il joue avec le bras articulé. Et il déracine l'un après l'autre, ou il ébranle, les piliers qui font tenir la maison debout.

Je soupçonne d'ailleurs qu'il a lui-même une conscience diffuse de cet enfant en lui. Et ce pourrait être émouvant chez quelqu'un qui ne se laisserait pas emporter par son caractère… Mais comment ne pas s'inquiéter quand on voit les mains sur les manettes et les grands mouvements du bras articulé… Oui, je crois qu'il sait. Patrick Poivre d'Arvor a payé cher pour avoir osé exprimer cette intuition dans une question lors d'une interview : "On vous a vu très à votre aise au sommet du G8, parmi les chefs d'État et de gouvernement, presque même un peu excité *comme un petit garçon qui est en train de rentrer dans la cour des grands…*" À quelqu'un qui n'aurait pas eu de doutes sur ce point, la question n'aurait arraché qu'un sourire et un vague haussement d'épaules. Là, sans qu'il s'en aperçoive, le journaliste fut à l'instant condamné à mort (professionnellement) et quelques mois après exécuté en place publique, sans autre forme de procès.

Il est une très belle pièce de Montherlant qui s'intitule : *La Ville dont le prince est un enfant.* Ce titre est extrait de l'Ecclésiaste. Mais c'est une citation tronquée. Le texte de l'Ecclésiaste dit : *malheur à la ville dont le prince est un enfant.* Sans doute y a-t-il des époques où tout cela n'est pas trop grave, des époques de stabilité, des époques de temps calme, où ce genre d'accident ne compte pas trop. Manque de chance, c'est maintenant. Époque de tempêtes. Dans la tempête, il faut un capitaine qui connaisse bien le bateau et sache en ménager la charpente. On ne peut pas faire souffrir à la fois dans leurs valeurs profondes l'école, l'université, l'hôpital, la recherche, la justice, tous les services publics, le Parlement. Les générations qui ont construit ces institutions, contrairement à ce que croient les adolescents, ce n'étaient pas des vieillards résignés, des corporatistes butés. C'étaient des gens de grande capacité, de culture, qui développaient dans sa vigueur le grand projet politique, républicain, français. Versant français du projet politique européen, frère, par exemple, du projet de société rhénan.

Il faut du temps pour faire un peuple, pour faire l'histoire d'un pays. Il y faut du renouvellement, de l'oxygène. Comme aurait pu dire Mallarmé, il faut aimer *donner un sens plus pur aux mots de la tribu.* C'est la respiration même de notre histoire. À condition cependant de comprendre que le matériau est toujours le même. Que nous sommes une chaîne et que chacun des maillons tient au précédent. Que c'est une seule et même histoire. Que c'est le peuple français, partie du peuple européen. Qu'il a son modèle, ses valeurs. Et que c'est parce qu'il avait son modèle propre, ses valeurs propres, qu'il est monté aussi haut.

En une longue chaîne, les cinq présidents successifs de ce demi-siècle de Ve République, chacun en son temps, chacun avec son caractère, avait compris et respecté cette logique qui fait tenir debout l'histoire de notre pays. Charles de Gaulle respectait l'histoire parce qu'il en était. Pompidou parce qu'il l'avait étudiée. Giscard par ses lignées. Mitterrand parce qu'il la respirait. Chirac parce qu'il la redoutait. Sarkozy l'ignore. Plus grave encore, me semble-t-il, il ignore qu'il l'ignore. C'est bien pire. Pour lui, c'est affaire du passé. À peu près aussi dérisoire que *La Princesse de Clèves* dans un concours de recrutement administratif. Tout cela doit lui paraître tissu de vieilleries. L'histoire de France, c'est sa dernière trouvaille, il veut la mettre dans un musée ! Un musée de l'*histoire de France* ! Comme s'il lui était impossible de comprendre que le musée de l'histoire de France, c'est la France. Et que surtout l'histoire de France, ce n'est pas achevé, ce n'est muséifié, c'est vivant ! C'est de la chair et du sang. Pas seulement la chair et le sang de ceux qui nous ont précédés. Mais notre chair à nous, notre mémoire vivant, notre sang de peuple. Nous sommes l'histoire de France, à l'égal, exactement à l'égal des François Ier, Henri IV, Hugo, Clemenceau ou de Gaulle. Ouvriers d'aujourd'hui, ouvriers de demain, ouvriers d'hier, tous ouvriers. Immigrés d'aujourd'hui, d'hier et de toujours. Un peuple. »

Abus de pouvoir, Plon, 2009.

Georges Bernanos
(1888-1948)

Romancier et essayiste, Georges Bernanos a parsemé son œuvre de textes polémiques qui sont comme les buttes-témoins de son évolution intellectuelle. Élevé à l'ombre de l'Action française, il en conserve l'antisémitisme foncier même après sa rupture avec Charles Maurras, et c'est *La Grande Peur des bien-pensants*, ode abjecte à Édouard Drumont. Avec la guerre d'Espagne, il brise net avec un certain nationalisme, et rédige *Les Grands Cimetières sous la lune*. Avec Munich, le divorce devient complet et c'est l'exil au Brésil, où il affiche dès 1940 un gaullisme sans nuance. Son portrait de Lucien Weygand s'inscrit dans cette veine vibrante d'indignation. Lorsqu'il est publié le 2 décembre 1941 dans les colonnes du quotidien brésilien *O journal*, l'ancien commandant en chef des armées françaises, artisan principal de l'armistice avec l'Allemagne, vient d'être rappelé et démis de son poste de délégué général en Afrique du Nord par celui-là même qui l'y avait nommé : Philippe Pétain.

Lucien Weygand : « La sécurité des imbéciles »

« La presse anglo-américaine feint de voir dans la retraite du général Weygand une sorte de coup de théâtre. Sans doute espère-t-elle cacher ainsi au public universel le ridicule de ses espérances et l'amertume de sa déception. Mais la retraite du général Weygand n'est nullement un coup de théâtre, c'est le plus simple, le plus logique, le plus vulgaire des dénouements. L'ancien chef d'état-major vient d'achever sa tâche, voilà tout. S'il s'en va, c'est qu'on n'a plus besoin de lui. On l'a maintenu en place aussi longtemps qu'il a été nécessaire, aussi longtemps que sa présence justifiait les naïfs et rassurants slogans de la presse anglo-américaine. Chaque fois qu'un nouvel abandon de Vichy, un nouveau resserrement de la collaboration risquait de troubler la sécurité des imbéciles, ceux qui l'exploitent pour en vivre annonçaient aussitôt, dans un style sibyllin, que "les rapports de Weygand avec Vichy se trouvaient de nouveau tendus", et les imbéciles s'en allaient tranquillisés. Or, quiconque veut bien se donner la peine de réfléchir un moment comprend très bien que les événements ont pris depuis quelques semaines, en Afrique du Nord, un caractère tel que le fameux "mystère Weygand" risquait d'être définitivement éclairci : le "mystère Weygand" serait rapidement devenu le "scandale Weygand", et M. Hitler ne veut pas de scandale.

Le général Weygand n'en veut pas non plus. "Mon cher maréchal, aura-t-il dit sans doute à Pétain, je n'ai jamais pu servir la politique de collaboration qu'en ayant l'air de m'y opposer. Si je m'y ralliais ouvertement, tout ce travail serait perdu, et les imbéciles déçus deviendraient probablement furieux. En allant greffer des roses dans ma somptueuse villa d'Antibes, je ne vous prive d'ailleurs pas de mes services. On ne dira plus : 'Que fait Weygand?', on dira : 'Que pense Weygand?' et un grand nombre de consciences, constatant chaque fois que je me tais, concluront que je ne pense rien, et se rendormiront rassurées.

Voyez-vous, mon cher maréchal, à chacun son rôle, celui d'un ancien collaborateur de Foch ne peut être celui de Darlan. Il y a malheureusement des convenances auxquelles je ne puis manquer : n'oubliez pas que j'ai l'honneur d'appartenir comme vous à l'Académie-Française."

Il n'y a pas de "mystère Weygand". Il n'y a pas de "mystère Pétain". Il n'y a pas même de drame Weygand ou Pétain. Toute véritable tragédie humaine prend sa source dans un conflit de devoirs, et ces gens-là sont toujours d'accord avec eux-mêmes, c'est-à-dire avec ce qu'ils désignent sous le nom de convenances – puisque les convenances, c'est précisément ce qui leur convient. Le code des convenances est le code des "choses qui ne se font pas" et Weygand vient de découvrir, fort justement d'ailleurs, qu'un simple général ne peut se permettre certaines initiatives, seulement acceptables d'un maréchal de France, que l'ancien subalterne de Foch, qui doit toute sa carrière au génie de Foch, à la victoire de Foch, ne saurait ouvrir lui-même l'Afrique du Nord à l'Allemagne sans commettre une faute de tact. C'est tout. Car le code des convenances démontre bien que le geste serait déplacé, mais il reste absolument muet sur l'acte lui-même, il est absolument indifférent au code des convenances que l'Afrique du Nord soit à l'Allemagne ou non… Oh ! sans doute, on dira que j'exagère en prétendant insinuer que le général Weygand est lui-même indifférent au sort de l'Afrique. Il n'est pas indifférent, il déplore la perte de l'Afrique, il en portera le deuil aussi longtemps que les convenances l'exigeront, mais il laisse volontiers à son supérieur en grade le droit de décider en cette affaire et, la décision une fois prise, elle devra être exécutée dans la décence et dans la dignité, c'est-à-dire qu'on empêchera par tous les moyens la canaille de manifester dans la rue. Car le plus grand malheur serait que la France fût sauvée par la canaille, portant ainsi gravement atteinte au prestige des élites universelles, des classes dirigeantes, des Weygands passés, présents ou à venir, noirs, blancs, rouges ou jaunes.

Lorsque, il y a dix ans, je me permettais de formuler le même jugement, sur la même espèce d'hommes, ceux qui me faisaient l'honneur de m'approuver n'en souriaient pas moins amicalement de mes paradoxes. Ce n'était nullement des paradoxes. La crise sociale universelle n'est que le signe d'une crise beaucoup plus profonde, d'un caractère non pas social, mais spirituel. La société moderne est aussi attachée à la Lettre, aussi vide d'Esprit que l'était l'ancienne Synagogue, et elle subira le même sort. »

Le chemin de la Croix-des-Âmes,
Gallimard, 1948.

Patrick Besson
(né en 1956)

Ils ne sont pas nombreux, les journalistes, fussent-ils par ailleurs écrivains, qui ont pu prêter leur plume à *L'Humanité* aussi bien qu'au *Figaro* ou au *Point*, sans même parler de *L'Idiot international*. Inclassable sans doute parce qu'il n'a jamais rien classé, incontrôlable parce que lui-même ne s'est jamais contrôlé, Patrick Besson chronique, par principe, sur tout et n'importe quoi. Parfois, cela tombe sur un responsable politique – Eva Joly en l'espèce, croquée, moquée, imitée comme le faisait Balzac avec le baron de Nucingen. Scandale garanti, au grand bonheur du scandaleux ! Le 1er décembre 2011, à l'époque des faits, comme on dit dans les rapports de police auxquels ressemblent certains articles de presse, Eva Joly venait d'être préférée à Nicolas Hulot comme candidate des écologistes à la présidentielle, prévue pour le printemps suivant. Patrick Besson imagine son premier discours au lendemain de son élection à la présidence de la République. Le pastiche, ici, est un miroir.

Eva Joly : « C'édait te l'humour »

« Zalut la Vranze ! Auchourt'hui est un krand chour : fous m'afez élue brézidente te la République vranzaise. Envin un acde intellichent te ce beuble qui a vait dant de pêdises tans son hisdoire, sans barler éfitemment te doudes les vois où il a bollué l'admosphère montiale afec tes essais nugléaires, mais auzi les lokomodives à fapeur, les hauts vournaux, les incenties de vorêt, les parbekues kanzérichênes tans les chartins te panlieue, chen basse et tes meilleures, che feux tire tes bires, tes peilleures c'édait te l'humour, parze qu'il ne vaut bas groire que l'humour z'est rézerfé aux Vranzais te souche. Donc, à la zuite te l'accitent d'afion où a béri le candidat UMB, te l'accitent te foidure où a béri le candidat BS, te l'accident d'audocar où ont béri les zept candidats zentristes, de l'accitent d'ascenzeur où a béri la candidate du FN en fizidant une zidé tifficile tu nord te Baris et te l'attaque cartiaque qui a mis un derme aux chours du candidat Vront de cauche lors d'une réunion gandradictoire afec Kristine Poudin, che me redrouve zeule en dête du bremier dour puisque la zeule touchour fifante. Che sais, zertains esbrits gomme ce beuble déchénéré n'en mangue bas, hélas – les Scandinaces, c'est audre chose, c'est moi gui fous le tis – medront en afant le garactère imbrombtu te mon arrifée au boufoir, n'embêche que zelle-ci est gonblaitement légale et gonstitutionnelle, chai vérifié tans le gode cifil. Che n'héziderai bas à vous mèdre en examen et égrouer doute intifitu qui s'élèfera gontre la falitité du scrudin hisdorique te mai 2012. Gue cela zoit pien glair endre nous, Mestames et Messieurs les diskutailleurs xénophobes et bollueurs tont le bays ne feut plus, ainsi qu'il l'a mondré lors te cette élection.

Les bremières técisions que che prends ce chour sont les suifantes, che fous temante te bien m'écouder barce que chai horreur te me rébéder : tesdruction immédiate te doudes les dours te la Téfense et te la borde d'Italie avin de rédablir en fille une archidédure à focazion humaine, tes week-ends sans foitures avin que le beuble vranzais malate et les fictimes de malvormazions gonchénidales dues à la bollution de notre admosphère, l'Elysée zera dransvormé en zentre d'accueil pour zanszabri et la brézidente, c'est-à-tire moi, ira locher dans une betite maison de pois t'un cambing bio te la vanlieue barisienne et ze rendra au pureau en félo ou, en cas d'urchenze, par exemble une guerre condre un bays bollueur ou un koup d'Edat hélas touchours brévisible d'une armée invéodée aux marchands d'armes nugléaires, en mobylède élecdrique. Envin che gréerai un minisdère du féchétarisme qui vait auchourt'hui dévaut et sans lequel un bays moterne ne zaurait bien ze nourrir. »

« Eva Joly, présidente de la République »,
Le Point, 1er décembre 2011.

Maurice Blanchot
(1907-2003)

Romancier, critique littéraire, philosophe, Maurice Blanchot est une figure du monde intellectuel de l'après-guerre passée sans transition de la droite pré-vichyste à l'extrême gauche pré-soixante-huitarde. C'est le retour au pouvoir du général de Gaulle dans le contexte de la guerre d'Algérie qui le ramène à l'avant de la scène publique, à la fin des années 1950, et le conduit en septembre 1960 à être le principal rédacteur du *Manifeste des 121*, prônant l'insoumission et le soutien au peuple algérien pour son indépendance. Le texte ici publié a été daté par l'auteur de « l'été 67 ». Ce n'est pas un portrait à véritablement parler, mais par l'angle ainsi choisi contre le fondateur de la Ve République, il préfigure d'autres charges à venir, plus violentes encore, au mois de mai de l'année suivante.

Maurice Blanchot

Charles de Gaulle : « La mort d'un vieillard spectral »

« Quand il nous arrive, parlant de tel ou tel comme par oubli, de dire "il est politiquement mort", nous savons que ce jugement n'atteint pas seulement l'autre, il nous atteint tous, à peu de nuances près. Il faut l'accepter et même l'accueillir en le revendiquant. La mort politique veille en nous, "lumière dans le tombeau", pour nous épargner tout divertissement, toute rumination journalière, toute parole de facile récrimination – plus précisément toute possibilité de survie. La mort politique, celle qui fait accepter l'inacceptable, n'est pas un phénomène individuel. Nous y participons, que nous le voulions ou non. Et dans la société française, plus on s'élève, plus la mort grandit, jusqu'à atteindre, au sommet, la démesure dérisoire, une présence d'humanité pétrifiée. S'il y a aujourd'hui dans ce pays un homme politiquement mort, c'est celui qui porte – le porte-t-il ? – le titre de président de la République, République à laquelle il est aussi étranger qu'il est étranger à tout avenir vivant. C'est un acteur, jouant un rôle emprunté à la plus vieille histoire, de même que son langage est le langage d'un rôle, une parole imitée, parfois si anachronique qu'elle paraît depuis toujours posthume. Naturellement, il ne le sait pas. Il croit à son rôle, croyant magnifier le présent, alors qu'il parodie le passé. Et ce mort, ignorant qu'il est mort, est impressionnant avec sa grande stature de mort, avec cette obstination morte qui fait figure d'autorité et parfois la pénible vulgarité distinguée qui signifie la dissolution de l'être-mort. Étrange présence insistante dans laquelle nous voyons persévérer un monde d'autrefois et dans laquelle, ne l'oublions pas, nous nous sentons mourir fastueusement, risiblement.

Car lui-même n'est rien, il n'est que le délégué de notre mort politique, une victime lui aussi, un masque, derrière lequel le néant.

La première tâche est donc de faire disparaître l'alibi supérieur, puis, à tous les niveaux, l'alibi des alibis. Ne nous croyons pas en vie politique parce que nous participons avec mesure à une opposition réglementaire. Et ne nous croyons pas en vie intellectuelle parce que nous participons à une culture de haut développement où la contestation est de règle, la critique, et même la négation, encore un signe d'appartenance. Il y a quelque temps, un ministre parisien affirmait – avec l'intelligence de la vanité – que le sort du monde ne se jouerait pas en Bolivie. Il s'y joue aussi bien qu'en France, là où le seul principe de gouvernement est la stabilité, et le seul changement attendu, la mort d'un vieillard spectral qui semble toujours se demander s'il est ou non au Panthéon et si sa mémoire, qui n'oublie rien, n'a pas simplement oublié l'événement imperceptible de sa fin : soit la fin d'un simulacre.

S'il survit, profitons de sa survivance pour prendre bien conscience de notre état de mort-vivant que nous partageons avec lui, mais en gardant ce droit supplémentaire de dénoncer notre destruction, fût-ce au moyen de paroles elles-mêmes déjà détruites. D'où ici et là, aujourd'hui, demain, d'autres tireront peut-être un nouveau et fort pouvoir de détruire.

Demain, ce fut Mai : le pouvoir infini de détruire-construire. »

Maurice Blanchot,
Écrits politiques (1953-1993).
Textes choisis, établis et anotés par Éric Hoppenot,
Gallimard, 2008.

Lucien Bodard
(1914-1998)

Avec son physique de Bouddha, Lucien Bodard incarnait l'Orient quand celui-ci virait au rouge. Par ses romans qui lui valurent le Goncourt et l'Interallié, par ses reportages surtout qui firent les grandes heures de *France soir* et de *Paris Match* de Lazareff, il a été le chroniqueur incomparable des affres de la Chine et de l'Indochine de l'après-guerre et de la décolonisation. *La Guerre d'Indochine*, en quatre tomes, est une somme jamais égalée. On y trouve notamment ce récit de l'arrivée à Saïgon fin 1950 du général de Lattre de Tassigny, sous la double casquette de haut-commissaire et de commandant en chef du corps expéditionnaire, ainsi que de l'accueil qui lui a été réservé par Jean Letourneau, indéracinable ministre MRP des États associés.

Lucien Bodard

Jean Letourneau : « Un bourgeois pacifique à l'ombre du roi Jean »

« Enfin de Lattre est débarrassé. Pour l'encombrer un peu, il n'a plus que Letourneau, le ministre à la bonne figure de comice agricole. C'est un brave homme, finaud, pas bête du tout, avec des malices. De plus, c'est ce personnage qui a choisi de Lattre, qui l'a fait nommer en Indochine avec les pleins pouvoirs civils et militaires. Étrangement, ce pacifique bourgeois est pris de passion pour la cruelle guerre d'Indochine. Il est même tout fier de son "monstre sacré", le roi Jean. Il l'exhibe à la cantonade avec une admiration corrigée par un tout petit peu d'ironie, une ironie très discrète. Sans cesse il a l'air de dire : "C'est le génie. Excusez ses outrances. Moi je suis le bon sens qui veille au grain."

À la vérité, Letourneau, le montreur d'ours, n'est pas tellement dérangeant. Il est un peu mou, il ne doit rester en Indochine que quelques jours "par rapport" à ses électeurs de la Sarthe. Le malheur, c'est qu'il a préséance sur de Lattre. Avec son ventre, son gros nez et ses yeux ronds, il passe avant lui dans les cérémonies, occupant de droit la place d'honneur. Entre ses dents, le général bougonne : "Comment donner une idée de ma grandeur, de celle de la France que j'incarne, à l'ombre de ce personnage ridicule ? " Parfois le général fait au ministre de vraies scènes de ménage. Letourneau les supporte avec bonne humeur, et puis de Lattre, après une bonne rogne, a soin de se calmer. Il se montre même charmant, connaissant par expérience la puissance de la République et de ses représentants : qu'est donc un Héros à côté d'une Excellence ?

Cela tourne à l'enfantillage. Dans ces tragi-comédies, Letourneau joue le rôle de père de famille face à un gamin terrible. Un jour de Lattre n'ouvre pas la bouche, manifestement boudeur. Il garde son mutisme jusqu'à ce qu'enfin le ministre lui demande :

— Qu'est-ce qui ne va pas ?

— Je m'étonne que vous n'ayez pas compris.

— Non.

— Vous avez fait un discours. J'ai chronométré sa durée. Pas une seule fois vous n'avez prononcé mon nom. De vous, je ne me serais pas attendu à cela.

Le lendemain de Lattre est tout frétillant.

— Je vous remercie, vous m'avez cité cinq fois en public. Et même vous m'avez donné tous mes titres, m'appelant “le général Jean de Lattre de Tassigny, haut-commissaire et commandant en chef en Indochine”. C'est Monette, ma femme, qui sera contente en apprenant cela. Je vais le lui câbler.

En fait, de Lattre fait très attention aux humeurs de Letourneau. C'est que ce bon ministre est quand même très susceptible. Il est tout paterne après leurs petites algarades, mais son chef de cabinet, un bébé de sacristie tout joufflu, tout provincial et pompeux, murmure dans les couloirs : “Si ce général-là nous casse trop les pieds, nous en mettrons un autre à sa place.” De Lattre se le tient pour dit. Au milieu de la gamme de toutes ces humeurs, il a toujours une certaine façon de faire de la “lèche” à Letourneau. Il ne cesse de lui répéter : “C’est sur vous que je compte pour me soutenir à Paris. Là-bas les médiocres ne m’aiment pas, ne me comprennent pas. Ils chercheront à me démolir. Mais vous savez que je suis l’Histoire, que j’écris un nouveau chapitre de victoire et de gloire.”

C’est avec un mélange de flatterie, de petite servilité, d’outrecuidance mesurée, de naïveté vraie ou fausse, de franchise cynique que de Lattre arrive à “neutraliser” son cornac, à renverser les rôles. Le patron ce n’est plus l’autre, c’est lui. C’est ainsi que désormais il est seul avec ses fidèles face à l’Indochine.

De Lattre a donc fait table rase par la technique du mépris. »

La Guerre d’Indochine, IV, *L’Aventure*,
Gallimard, 1967.

La comtesse de Boigne
(1781-1866)

La comtesse de Boigne (née Adèle d'Osmond) n'était pas simplement une langue de vipère dont le salon du boulevard Saint-Germain fut l'un des plus courus de la Restauration et de la monarchie de Juillet. Cette femme intelligente, sûre de ses privilèges autant que de sa supériorité et qui fut le modèle de Mme de Villeparisis dans *À la recherche du temps perdu*, avait aussi un sacré coup d'œil que l'on retrouve intact dans ses *Mémoires* publiées de manière posthume, au début du XXe siècle. Élevée à la cour sous l'Ancien Régime, revenue en France dès 1804, la comtesse de Boigne a été la spectatrice de la chute de la royauté, de celle de l'Empire, ainsi que de l'échec de la Restauration. Le portrait qu'elle dresse de l'abbé Maury, orateur éphémère de la fraction monarchiste lors des états généraux de 1789, devenu archevêque *in partibus* après son exil, rallié contre la volonté du pape à Napoléon qui le fera sénateur, est un résumé cruel de ce qu'aura été le parcours mondain de toute une génération, sous le regard terriblement snob du jeune Chateaubriand ici croqué avec délice.

Monseigneur Maury : « Une vie honteuse et bafouée »

« J'ai fait mention de mes rapports avec le cardinal Maury. Il fit précéder sa rentrée en France d'une lettre très servile adressée à l'Empereur ; celui-ci ne manqua pas de la rendre publique. Cette circonstance donna lieu à un assez joli mot d'une femme d'esprit, ancienne amie du cardinal. Il trouva son portrait chez elle.

"Je vous sais bien bon gré, lui dit-il, d'avoir conservé cette vieille gravure.

— J'y ai toujours été fort attachée, Monseigneur, et j'y tiens d'autant plus aujourd'hui qu'elle est avant la lettre."

Dès que nous sûmes le cardinal à Paris, mon père fut le voir et l'engagea à venir dîner à Beauregard. Il accepta avec empressement et, le dimanche suivant, nous vîmes débarquer d'une immense berline italienne sept personnes : c'étaient son frère, ses neveux, ses nièces, un abbate, enfin toute une maisonnée. Il me dit naïvement que, sortant de chez lui, il avait voulu faire l'économie du dîner d'auberge pour tout ce monde. J'avais conservé un souvenir très reconnaissant des bontés dont il comblait mon enfance ; je ne puis exprimer à quel point je fus désappointée en le revoyant. Sa figure, son ton, son langage tout était à l'avenant et aurait choqué dans un caporal d'infanterie. Il faisait des contes d'un goût effroyable.

Je me rappelle que, pendant ce premier dîner, il nous fit le récit d'une aventure arrivée dans son diocèse de Montefiascone. La scène était dans un couvent, les nonnes, leur confesseur, un grand vicaire envoyé pour recueillir les plaintes portées mutuellement, y tinrent un langage tel que l'histoire aurait plus convenablement figuré aux veillées d'un corps de garde que dans la bouche d'un cardinal. Je fus bien étonnée de le trouver ainsi ; mes parents partageaient ma surprise. Il était tout autre lorsqu'ils l'avaient connu à Rome, quoiqu'il n'eût pas, même alors, les formes de la bonne compagnie. Son frère nous dit qu'à la suite d'une violente maladie le moral avait été atteint.

Tout le monde s'en aperçut bientôt. Sa gourmandise et son avarice en firent le plastron des plaisanteries de société, et il a mené à Paris une vie honteuse et bafouée. Cette sordide avarice était poussée à un tel point que, lorsqu'il quitta son logement loué pour entrer à l'archevêché, il resta trois heures à grelotter dans sa chambre, attendant que les cendres de son unique foyer fussent assez refroidies pour les emporter avec lui, ne voulant pas, disait-il, laisser ce profit au propriétaire.

Un jour, il sortait de chez lui avec mon père ; à moitié de l'escalier, il lui dit :

“Remontons ; vous m'avez distrait et j'ai négligé ma précaution accoutumée.”

Ils entrèrent dans sa chambre ; mon père lui vit ôter une petite marmite de devant le feu et l'enfermer dans une armoire dont il prit la clef :

“Voyez-vous, mon cher ami, quand je sors j'enferme mon pot-au-feu ; ces gredins-là seraient capables de prendre mon bouillon et d'y fourrer de l'eau.”

Je cite ces traits parce que mon père a été témoin de tous les deux, mais toute sa vie en était remplie. Il était constaté que, lorsqu'il n'était pas prié à dîner, il faisait son repas de petits gâteaux qu'on servait dans les soirées. Mais aussi, lorsqu'il était assis à la table d'un autre, il mangeait avec autant d'avidité que de malpropreté. Il est triste de penser qu'un homme, qui a joué un rôle important et qui avait eu un esprit remarquable, ait pu être amené, par des vices aussi bas, à un tel état d'indignité.»

François-René de Chateaubriand :
«Il va prendre le thé»

«Au nombre de ces *idéalistes*, il rangeait monsieur de Chateaubriand. C'était une erreur. Monsieur de Chateaubriand n'a aucune faiblesse pour le genre humain; il ne s'est jamais occupé que de lui-même et de se faire un piédestal d'où il puisse dominer sur son siècle. Cette place était difficile à prendre à côté de Napoléon, mais il y a incessamment travaillé. Ses mémoires révéleront au monde à quel point, avec quelle persévérance et quel espoir de succès. Il y a réussi en ce sens qu'il s'est toujours fait une petite atmosphère à part dont il a été le soleil. Dès qu'il en sort, il est saisi de l'air extérieur d'une façon si pénible qu'il devient d'une maussaderie insupportable; mais, tant qu'il y reste plongé, on ne saurait être meilleur, plus aimable et distribuer ses rayons avec plus de grâce. J'ai un véritable goût pour le Chateaubriand de cette situation, l'autre est odieux.

S'il s'était borné à être auteur, ainsi que sa nature si éminemment artiste l'y poussait, à part quelques amertumes nées des critiques de ses ouvrages, on n'aurait connu de lui que ses bonnes et aimables tendances. Mais l'ambition d'être un homme d'État l'a entraîné dans d'autres régions où ses prétentions mal accueillies ont développé en lui une foule de mauvaises passions et jeté sur son style des flots de bile qui rendront la plupart de ses écrits inlisibles lorsque le temps lui aura préparé des lecteurs impartiaux.

Monsieur de Chateaubriand a éminemment le tact des dispositions du moment. Il devine l'instinct du public et le caresse si bien qu'écrivain de parti il a pourtant réussi à être populaire. Il lui est fort égal pour cela de changer du tout au tout, d'encenser ce qu'il a honni, de honnir ce qu'il a encensé. Il a deux ou trois principes qu'il habille selon les circonstances, de façon à les rendre presque méconnaissables, mais avec lesquels il se tire de toutes les difficultés et prétend être toujours profondément conséquent. Cela lui est d'autant plus facile que son esprit, qui va jusqu'au génie, n'est gêné par aucune de ces considérations morales qui pourraient arrêter. Il n'a foi en rien au monde qu'en son talent, mais aussi c'est un autel devant lequel il est dans une prosternation perpétuelle. En parlant de la Restauration et de la révolution de 1830, si je conduis ces notes jusque-là, j'aurai souvent occasion de le trouver sur mon chemin.

Pendant l'Empire, il ne m'apparaissait que comme un homme de génie et de conscience, persécuté parce qu'il se refusait à encenser le despotisme, et pour avoir donné sa démission de ministre en Valais à l'occasion de la mort du duc d'Enghien.

La comtesse de Boigne

Le Génie du christianisme, l'*Itinéraire à Jérusalem*, le poème des *Martyrs*, récemment publiés, justifiaient notre admiration. Je trouvais bien l'enthousiasme de quelques dames un peu exagéré, mais pourtant je m'y associais jusqu'à un certain point. Je me rappelle une lecture des *Abencérages* faite chez madame de Ségur. Il lisait de la voix la plus touchante et la plus émue, avec cette foi qu'il a pour tout ce qui émane de lui. Il entrait dans les sentiments de ses personnages au point que les larmes tombaient sur le papier; nous avions partagé cette vive impression et j'étais véritablement sous le charme. La lecture finie on apporta du thé :

"Monsieur de Chateaubriand voulez-vous du thé ?

— Je vous en demanderai."

Aussitôt un écho se répandit dans le salon :

"Ma chère, il veut du thé.

— Il va prendre du thé.

— Donnez-lui du thé.

— Il demande du thé ! "

Et dix dames se mirent en mouvement pour servir l'Idole. C'était la première fois que j'assistais à pareil spectacle et il me sembla si ridicule que je me promis de n'y jamais jouer de rôle. Aussi, quoique j'aie été dans des relations assez constantes avec monsieur de Chateaubriand, je n'ai point été enrôlée dans la compagnie de *ses madames*, comme les appelait madame de Chateaubriand, et ne suis jamais arrivée à l'intimité, car il n'y admet que les véritables adoratrices. »

Mémoires. Récits d'une tante,
Mercure de France,
« Le Temps retrouvé », 1971.

Pierre Boutang
(1916-1998)

De « l'art de ridiculiser la victime par le seul recours à l'explication de texte » : Pierre Boutang a donné sa recette, en 1981, en même temps qu'il livrait son pamphlet contre Valéry Giscard d'Estaing, alors que celui-ci arrivait à la fin de son septennat. Giscard par lui-même, en quelque sorte, agrémenté d'un titre supplémentaire – celui de « foutriquet » – que l'auteur s'est chargé d'expliciter en préface de ce *Précis* placé sous le signe du mépris. Gardien de la pensée maurrassienne malgré la honte de la collaboration, romancier, poète, philosophe surtout, Pierre Boutang s'était rallié tardivement au général de Gaulle et à sa politique de grandeur, mais n'avait jamais pu supporter l'orléanisme bâtard de VGE. Plus qu'un portrait, *Précis du foutriquet* marque la renaissance littéraire d'un genre et d'un style oublié, propre à la droite nationaliste d'avant-guerre.

Pierre Boutang

Valéry Giscard d'Estaing :
« Ô France à cheveux plats ! »

«Bon! Mais Foutriquet! Pourquoi Foutriquet d'ailleurs, plutôt que "galopin", ou "freluquet" qui habillerait si bien l'auteur de cet *autoritratto :* "Je suis plutôt maigre, assez gai, assez décidé (*sic*), assez chaleureux; pour la beauté je n'en suis pas juge? " Il n'en est pas juge, mais nous oui! Quant à l'inventeur de ce couple inouï, *assez décidé*, qui fait de la décision une quantité variable et s'en accorde *assez* dans toutes les directions, il semble, sans recours à l'étymologie, que "paltoquet" lui va comme poule au vert. Et pourtant c'est un Précis de Foutriquet que l'on va lire. Voici pourquoi : après 1871 les Communards, et aussi les légitimistes un peu libres d'esprit, ne nommaient jamais monsieur Thiers autrement que Foutriquet. Sans doute le bonhomme avait-il une autre dimension que celui d'aujourd'hui, et d'honnêtes gens assurent qu'il fut le libérateur du territoire. Il avait aussi du savoir et une langue assez bonne. Son nom était son vrai nom; ses mœurs ne furent vraiment connues qu'après sa mort. Il n'était pas *assez* décidé et n'ignorait rien, lui, de sa laideur, portant plus crânement son toupet que le nôtre sa mèche unique. Mais il ne s'agit pas d'une comparaison entre deux hommes, fondant l'usage d'un unique sobriquet; plutôt d'une race de l'âme et du cœur, non de l'esprit. Je renvoie, sur ce point, au début de La *Grande Peur des bien-pensants*. Monsieur Thiers a incarné jusqu'à l'obsession une bourgeoisie de son temps ; il l'a incarnée sciemment, en singe très adroit, se connaissant d'autres capacités, et d'autres vices qu'elle ; on peut même penser qu'en l'incarnant, il la forgeait à son usage, plus encore qu'il ne se modelait sur elle. Il avait inventé, sur le tas, la "république conservatrice" comme notre Foutriquet a inventé "société libérale avancée". Écoutez Bernanos : "*On ne saurait résumer l'étonnante histoire, trop oubliée, du régime équivoque, né en 1873, mort six ans plus tard d'une mort enfantine, d'une mort blanche comme un mal blanc. Il serait même difficile de lui donner un nom, si Thiers n'avait inventé les mots 'république conservatrice', contresens énorme, capable de torpiller n'importe quel parti vainqueur, mais qui commença par faire explosion sous les basques du vieux renard philippiste...*" "Société libérale avancée" a pourri sur pied, presque tout de suite, mais il faut être un gros bébé finalement plus naïf que matois, comme Olivier Guichard, pour s'imaginer vivre, depuis 1974 sous le même régime que depuis 1958, sous de Gaulle III, en quelque sorte, alors que la Sixième République est en plein exercice, avec la tyrannie sûre et molle de Foutriquet II ; car entre Thiers et celui-ci, il n'y a *rien* eu pour incarner "le bourgeois dans l'esprit de l'époque", et tenter de le faire régner par Foutriquet interposé. Si je ne me trompe pas, les soi-disant "légitimistes" ont bonne mine ! Le coup de spadassin courtois du tragique référendum de 1969 ne leur a rien appris, ni le travail de sape de toute la construction gaullienne, assortie de la fidélité littérale des faux jetons.

Entendons-nous bien sur cette “bourgeoisie” à la fois objet et sujet, usager et instrument dans la dynastie à éclipses des Foutriquet ! Là encore Bernanos ; après avoir constaté qu’au sens balzacien de classe sociale rivale de la noblesse, ou de groupe conscient de droits et devoirs constituant ce qui dans l’armée s’est appelé “esprit de corps”, le mot de bourgeoisie était devenu inutilisable, il lui retrouvait une fonction, déjà certaine dans les années trente (combien plus aujourd’hui) ; le mot, écrit-il, “définit à merveille une certaine espèce d’hommes encore vivante, bien qu’elle s’efforce de se perdre dans la masse, composée d’individus auxquels peuvent ne manquer personnellement ni la générosité, ni même l’audace, mais dans son ensemble facile à intimider, rendue plus craintive encore par cette obsession du péril révolutionnaire dont rien ne la préserve, car elle croit désespérément, naïvement, au triomphe des idées qu’elle abhorre. On pourrait la désigner du nom qui lui fut cher jadis, [...] le parti des honnêtes gens. Mais c’est plutôt le parti des gens qui regardent, des spectateurs [...]. Est-il juste de donner à ces passifs le nom commun de bourgeois ? Juste ou injuste, le mot est entré dans le langage, entendu par tous.” L’absence de conviction initiale, la disponibilité pour le spectacle, ou pour la récupération du spectateur – aujourd’hui, du téléspectateur – est le premier caractère de Foutriquet comme de ses victimes.

Oui, Foutriquet premier s’était toujours senti un compte personnel à régler avec l’honneur, et je vous défie de trouver le mot *honneur* (la chose, encore moins !) dans les misérables 191 pages de *Démocratie française* de Foutriquet II. Il est vrai que les mots de *modération* et de *modéré* n'ont pas été moins soigneusement éludés. Leur contenu est pourtant conservé intact sous une forme qui, voulant éviter le ridicule de grand-papa, s'abîme, avec la fameuse "décrispation" dans le grotesque : "*De même doit être écartée l'assimilation du combat politique à une sorte de guerre civile menée par d'autres moyens. C'est pourquoi la* décrispation *de la politique française constitue une dimension essentielle de la modernisation de notre démocratie.* " *Tion, tion, tion*, comme toujours chez les cacographes constipés... Mais il fallait inventer comme cache-misère à la place de la *modération* dont on voit la corde, la décrispation de Foutriquet. Où a-t-il été prendre ça? Au flanc de quelle minette frustrée? Par quelle velléité de traduire l'américanisme "be cool"? En aucun cas dans la langue française, où *crisper* se rattache, comme *crêper*, au latin *crispare*, avec ses deux sens de *friser* et de "brandir un javelot" : parce que les rangs des porteurs de javelots dressés "ondulaient"; je ne crois pas qu'il y ait pensé. Nous sommes ainsi renvoyés à *défriser*, qui a pris le sens populaire de la déception ou désillusion; et à *décrêper*, où tant de jeunes ou moins jeunes Noires en mal d'assimilation dépensent, au profit d'aigrefins de la "pub", une grande part de leurs pauvres ressources. Il faut choisir : le pays est-il convié à l'un ou l'autre? Au dégoût, ou à l'aplatissement artificiel? À moins que l'*air* crispé dont Foutriquet a tant de peine à se délivrer, aux mauvais jours, où par exemple lui est posée une question de trente-neuf carats, serve de paradigme du mal pour toute la nation. Ô France à cheveux plats… Reconnaissons, par parenthèse, que, pour une fois, il n'a pas menti, en assurant, dans la préface de 1977 à *Démocratie française* qu'il n'avait rien à changer à son texte de l'année précédente : non seulement il a laissé toute sa chance à la "décrispation" et au "centre républicain décrispé" appelé à se mesurer au "socialisme frisé de l'internationale ouvrière", mais aucun de ses valets de plume ne l'a pu décider à censurer cette bourde : "*Le débat* (en démocratie pluraliste) *ne sera plus ce combat mythologique des Gorgones et des Méduses, celui du bien et du mal, qui colore encore notre vie politique…*" *Nè ton kuna !* – ce n'est pas une grossièreté, mais Foutriquet provoque au grec. Par le chien, personne ne l'obligeait à faire le cuistre au-dessus de ses moyens, et parler de Gorgones ; encore ne fallait-il pas ignorer ce que savent ou savaient les petits enfants qui vont à la moutarde, que Méduse est *une* des Gorgones, et que le dauphin de la fable flanque le singe à l'eau pour une bévue de moindre grosseur. Encore le singe n'avait-il pas, sur le Pirée de son cousinage, pris le conseil d'un normalien… »

Précis de Foutriquet contre Giscard,
J.-E. Hallier/Albin Michel, 1981.

Patrick Buisson
(né en 1949)

Politologue autant qu'idéologue, spécialiste des questions d'opinion mais aussi stratège d'une droite décomplexée, capable d'unir toutes ses tendances, fussent-elles les plus extrêmes, sous une même bannière, Patrick Buisson a accompagné Nicolas Sarkozy aussi longtemps que celui-ci a été au pouvoir. La défaite de 2012 a été l'occasion de leur rupture. Quelques années après celle-ci, en 2016, Patrick Buisson a rassemblé ses analyses dans un livre au titre manifeste, *La Cause du peuple*. On y trouve notamment ce portrait de l'ancien président, façon *Hellzapoppin*, lors d'un voyage au Vatican le 20 décembre 2017, au cours duquel il devait être installé, ès qualités, chanoine d'honneur du Latran.

Nicolas Sarkozy : « Dispersé de pauvreté et de chasteté »

« La première visite officielle du chef de l'État au Saint-Siège fut pour moi le révélateur le plus cru et le plus alarmant des fragilités psychologiques qui gouvernaient désormais le pays. Non que j'en eusse auparavant ignoré l'existence, mais sans doute ne m'étaient-elles pas apparues si rédhibitoires qu'aucune grâce d'état ne pût sinon les rédimer, du moins en circonscrire les manifestations les plus fâcheuses.

Ce jeudi 20 décembre 2007, nous fûmes une bonne douzaine de collaborateurs et d'invités personnels du président rassemblés dans le vestibule d'honneur de l'Élysée à n'en pas croire nos yeux. Voilà que Nicolas Sarkozy descendait le grand escalier à palmes dorées édifié par Murat en compagnie d'une personne vêtue d'une extravagante fourrure semblable à celles qu'affectionnaient au lendemain de la guerre les "dames du bois de Boulogne" chères à Robert Bresson. Tout le monde reconnut Marisa Borini, la mère de l'ex-mannequin Carla Bruni avec laquelle le président s'était affiché cinq jours plus tôt au parc d'attractions de Disneyland. En feuilletant le petit livret qui nous fut remis avant de monter dans l'Airbus présidentiel à la base aérienne de Villacoublay, chacun put découvrir que figurait, parmi les personnalités composant la délégation française, une certaine Gilberta et non Marisa Borini. Renseignement pris, Gilberta était le prénom de la tante de Carla Bruni et, pour l'état civil, le second prénom de l'ancienne top-modèle.

Pourquoi un tel camouflage? De toute évidence, le nom de cette invitée surprise n'avait été communiqué ni à Mgr Dominique Mamberti, le Français qui occupait le poste de secrétaire pour les relations avec les États, ni au service du protocole. Le Saint-Siège craignit-il que sous cette fausse identité ne se cachât la *bella raggazza* qui n'avait pas laissé que de bons souvenirs en Italie et dont le compte n'était pas vraiment créditeur auprès de l'Église? Le conciliabule qui occupa en plein vol Nicolas Sarkozy et Jean-Pierre Asvazadourian, son propre chef du protocole, parut attester, en tout cas, que nos hôtes gardaient un vif respect de l'usage et un ferme souci de la décence auxquels le nouveau président semblait sinon rétif du moins étranger. Sur place, Marisa Borini se verrait interdire l'accès aux appartements pontificaux et cantonnée à l'écart du reste de la délégation dans les jardins du Vatican.

Arrivée avec près de vingt minutes de retard, notre petite troupe gagna en trombe, tel un essaim bourdonnant, la galerie du deuxième étage avant de prendre place dans la bibliothèque où nous attendait le doux Benoît XVI. Mon statut d'invité ne me contraignait à aucune réserve. J'étais bien décidé à en profiter lorsque vint mon tour d'être présenté au successeur de Pierre. Le geste de Sarkozy fut enveloppant, onctueux, son laïus du même métal : "*Patrick Buisson a été l'un des artisans de mon élection. C'était très important pour lui de pouvoir vous rencontrer.*"

Baiser l'anneau du dernier monarque absolu d'Occident était en effet un privilège que seuls pouvaient apprécier ceux qui, comme moi, avaient été élevés dans un entre-nous imaginaire composé de moines ligueurs et autres compagnons de Jéhu. À mi-voix, je remerciai le Saint-Père pour le *motu proprio* qu'il avait promulgué six mois plus tôt et qui rétablissait la messe tridentine dans ses droits d'avant la réforme liturgique de 1962. L'œil du pape vrilla, la pression de sa main sur la mienne se fit insistante. L'échange des cadeaux marqua le début de la débandade. Le président procéda à un retrait insidieux pour consulter ses textos, sous le regard du souverain pontife dont la tête semblait s'être soudain enfoncée dans la mozette de velours rouge doublée d'hermine blanche qui couvrait ses épaules.

Nouvelle accélération impulsée par un Sarkozy plus véloce que jamais dans sa traversée du palais apostolique et sa descente de l'escalier royal du Bernin. Étaient-ce les talonnières de Mercure, ces attributs du dieu romain des marchands et des bonimenteurs, qui lui donnaient ainsi les pieds ailés? Essoufflée, la chenille processionnaire des gentilshommes du pape, la fameuse "noblesse noire", peinait à suivre le rythme, décrochant du peloton avant d'y recoller dès qu'une chicane ralentissait la marche du groupe de tête. Les gardes suisses contemplaient, ahuris, Jean-Marie Bigard qui, l'appareil photo à bout de bras, mitraillait l'une après l'autre les salles que nous traversions au pas de charge. Désarmant Bigard qui, dans l'avion, m'avait confié : "D'accord je suis le comique le plus con et le plus vulgaire de France, mais il n'empêche que je crois en Dieu. C'est mon droit, non ? "

Ultime station, la plongée au tréfonds de la nécropole du Vatican se fit sous la houlette du recteur de l'Institut pontifical d'archéologie. Devant le tombeau de saint Pierre, le docte prélat, tout à sa passion, détaillait l'historique des fouilles, lorsque Guy Gilbert, le "curé des loubards", se pencha vers lui : "Frère, faites vite, j'ai les crocs." Cédant à son tour à l'impatience, Nicolas Sarkozy, d'un geste de chef de bande, rameuta sa cohorte hétéroclite en direction du cortège officiel qui devait nous conduire à la trattoria "Dal Bolognese", derrière la Piazza del Popolo. Jamais, de mémoire de vaticaniste, un chef d'État en visite officielle n'avait affiché aussi peu de réserve et de solennité en des lieux qui appellent recueillement et déférence.

Comment croire que le même homme, moins de trois heures plus tard, allait prendre possession de son titre et de sa stalle de chanoine honoraire de la basilique majeure Saint-Jean-de-Latran en s'abandonnant au lyrisme d'une ode à la France chrétienne telle qu'aucun chef d'État républicain n'en avait jamais prononcé, désignant le catholicisme comme "*source majeure de la civilisation française*" et entraînant derrière lui la farandole de ses saints, de Bernard de Clairvaux à Charles de Foucauld en passant par Saint Louis et saint Vincent de Paul ?

Spontanément, pour la première fois de la journée, sitôt eut-il franchi le seuil de la porte Majeure, il ralentit le pas et infléchit son allure comme s'il avait été happé par les hauteurs de l'édifice, aspiré par son élan vertigineux. Lorsque éclata, sous le plafond baroque de la mère de toutes les églises, l'hymne *Domine, salvam fac Galliam*, "Dieu, protège la France", la gravité se mit dans ses traits. Qu'était-ce donc qui l'habitait en cette seconde précise ? Qu'avaient-ils donc deviné, ces dignitaires de la Curie, pour qui le discours du président français semblait avoir d'un seul coup effacé l'image chaotique de ses gesticulations lors de la visite au souverain pontife ? Qu'avaient-ils donc éprouvé pour qu'ils fussent si empressés à venir nous congratuler, avec sur toutes les lèvres le sésame de la "laïcité positive" ? "Si on n'espère pas l'inespérable, on ne le reconnaîtra pas", disait déjà Héraclite. Un instant, je voulus croire au miracle d'une durable transfiguration. Nonobstant les tribulations et les vicissitudes qui suivirent, je saurai toujours gré à Nicolas Sarkozy de ces moments-là.

L'illusion fut néanmoins de courte durée. À peine notre Airbus avait-il décollé de l'aéroport de Rome-Ciampino qu'il me fit venir dans le salon présidentiel. La bataille entre la fonction et la pulsion, entre le devoir et le bon vouloir, qui ne cesserait plus jusqu'à la fin de son mandat, se rouvrit sous les plus fâcheux auspices. Le nouveau chanoine d'honneur du Latran était au comble de l'exaltation :

— *Le pape m'a dispensé de deux choses : la pauvreté et la chasteté.*

— C'est amusant, mais j'espère que tu en as profité pour lui demander des indulgences. »

La Cause du peuple,
Perrin, 2016.

Jean Cau
(1925-1993)

«Il aura été l'homme de lettres le plus haï de Paris. Il faut dire qu'il y mettait du sien : intolérable, intolérant», a écrit au lendemain de sa mort son ex-ami et collègue, Pierre Bénichou, avant de reconnaître que dans le petit monde du journalisme, «il était le plus grand». Jean Cau était aussi romancier. Cela lui valut le Goncourt. Mais c'est dans la presse, de *France observateur* à *Paris Match* en passant par *L'Express*, qu'il a fait la démonstration de ses talents de portraitiste. *Croquis de mémoire*, publié en 1985, rassemble son meilleur. Parfois, c'est tendre : pour Sartre, notamment, dont il fut longtemps le secrétaire. Parfois, c'est acide : pour François Mitterrand, saisi sur le vif à l'heure de l'envol, ou pour Valéry Giscard d'Estaing, croqué à la veille de sa chute.

Jean Cau

François Mitterrand : « Raide de plâtre et d'onction »

« Un homme jeune, au cheveu noir solidement planté, au teint blanc, sur le trottoir, à Saint-Germain-des-Prés, et qui paraissait humer l'air chargé d'odeurs de femmes, doux pollens, de ce soir de printemps. "Tiens, me dit-on, c'est Mitterrand qui drague..." Il était garde des Sceaux, en ce temps-là. Jeune, je l'ai dit, et avec quelque chose d'avide et de chasseur de femmes, dans sa présence plantée sur le trottoir. On m'assura qu'il était un chaud lapin et avait, pour l'heure, les faveurs d'une danseuse célèbre. Comme j'admirais les danseuses en général et celle-là en particulier, mon regard, qui sans cela eût glissé sur une silhouette gardienne de sceaux – et donc sans intérêt –, s'attarda sur l'homme aux cheveux noirs et au teint blanc qui patrouillait, cambré, devant le "Royal". Et j'eus pour lui cette sorte de considération, mêlée d'un brin d'envie, que ma jeunesse accordait aux usagers de très belles personnes.

Et voilà pourquoi, à cause d'une danseuse, et parce que, sans doute, je devais chasser moi-même, ce soir-là, j'ai gravé dans ma mémoire ce premier souvenir de François Mitterrand.

Plus tard (je journalisais à *L'Express*) je le suivis, lors d'une campagne électorale, dans la Nièvre. Je n'avais jamais encore été spectateur de ce sport et fus surpris de voir quels exercices devaient pratiquer ses champions. Une voiture noire (elles avaient presque toutes cette couleur, en ce temps-là) qui s'arrête devant une cour de ferme. On descend. On serre la patte des croquants. On parle avec l'homme pendant que la femme apparaît sur le seuil et essuie ses mains rougeaudes à son tablier. On repart. On stoppe devant la mairie d'un petit village. On est reçu par quelques indigènes municipaux qui grisonnent, portent casquettes – qu'ils ôtent – et ont de la moustache. On s'assied derrière une méchante table et on parle. Infatigablement. C'est la démocratie électorale en campagne, à ras de bouse et de propos. "Seigneur ! pensais-je, plutôt se suicider ou être poinçonneur de métro que faire ce métier. C'est cher payer la fréquentation, à Paris, des danseuses."

Sous une halle, "à la ville", Mitterrand clôtura son périple de séducteur électoral. Il y avait grand et gros public. Et moi. Et moi qui, stupéfait, vis et entendis, à la tribune, un extraordinaire *orateur* qui paraissait surgir d'une énorme coquille comme un énorme oiseau. D'abord, un œuf à la tribune. Puis des bruits étouffés. Des coups de bec sourds. Ce n'était qu'un œuf qui parlait, mais l'animal logeait à l'intérieur. Ensuite, les coups se firent plus nets, plus rapides – et la paroi fut percée –, plus rageurs et le bec de l'oiseau, sa tête, ses plumes, ses ailes s'arrachèrent de l'œuf qu'ils firent voler en mille éclats qui retombèrent sur toute l'assistance et sur moi-même qui avais ma veste criblée de fragments de coquille pendant que l'oiseau, maintenant, sur la tribune-perchoir roulait des trilles, poussait des cris, sifflait des anathèmes, du bec pinçait toutes les cordes de sa lyre. Je regardais, j'écoutais cette machine à parler, à tailler, couper, lacérer, froisser ou repasser, coudre ou découdre l'argument, de sa baguette lancer les violons ou, brusquement, déchaîner les cuivres... L'orateur ! Les *spectateurs* étaient conquis. J'admirais mais en même temps me tenaillait une gêne car l'homme, à la tribune, usait, me semblait-il, d'un lyrisme uniquement fabriqué pour être projeté *à l'extérieur* avec une violence à la fois impudique et insincère. Je pensais que cet homme était étrange, qui dosait ses fougues à la commande et je n'aurais pas été étonné qu'en coulisses, après son numéro, quelqu'un s'avançât vers lui pour lui tendre, dans une enveloppe, un salaire d'avocat. "Alors, Mitterrand ? " me demanda-t-on à Paris. "Alors, dis-je, s'il ne s'agit que de manier des mots avec une virtuosité redoutable, c'est quelqu'un qui un jour ira loin."

Et si je viens de dire "un salaire d'avocat", j'aurais pu aussi bien écrire le produit de la quête, effectuée par des enfants de chœur, et dont on aurait compté le montant, dans la sacristie. Des biographes (Catherine Nay par exemple) ont décelé ce côté "noir" de Mitterrand qui, si l'on applique bien la pointe du couteau, ouvre jusqu'à béer cette huître scellée. Bien avant eux – qu'on me pardonne – j'avais, depuis toujours, en intuition illuminée, deviné la cléricature du personnage et écrit sur tous les tons que cet homme était un prêtre. Une enfance pieuse dans un milieu provincial, catholique et réactionnaire de type rance, une adolescence que Dieu (genre "Dieu de Mauriac") tourmente. Mitterrand va-t-il choisir le Noir ? Oui, mais ce sera celui de la robe d'avocat. Ensuite, à travers la politique, les femmes, les courses de haies, il se damnera au monde jusqu'à ce qu'un autre Dieu, le socialisme, au versant de l'âge, lui cligne de l'œil. Il comprend l'invite et qu'il peut être pape du socialisme français. Il communie, il prend la carte et le voici d'abord Premier cardinal, puis, élu par le peuple chrétien (alias "peuple de gauche"), pape, raide de plâtre et d'onction, en son Vatican élyséen. Tout, en lui, est d'un chrétien *démodé*, du XIXe siècle. Tout : le goût des tombes et des nécropoles, les brûlures de la chair, les accommodements avec le monde, l'obsession mauriacienne, et bernanosienne, de Dieu ou de ses avatars, la tentation du "péché", la gravité à la fois solennelle et chafouine du comportement, la voix, la lippe en attente de l'hostie ou du baiser qui damne. Erreur à ne pas commettre : déclarer que nous avons affaire à "un personnage de Balzac", car c'est de Mauriac que Mitterrand est fils. »

Valéry Giscard d'Estaing : « Magnifique insecte sans antennes »

« Je n'ai, de ma vie, rencontré un homme plus propre, *faisant* plus impeccablement propre, de mains, d'ongles, de chemise, de crâne, d'oreilles, de barbe et de tout. Qui imaginerait Giscard mal rasé ? Quant à ses chaussures, je n'en parlerai pas. Des miroirs. Peut-être, lorsqu'il marchait dans des parcs, mains derrière le dos et tête légèrement inclinée, était-ce pour y voir s'y réfléchir sa méditation ? Ses chaussures me fascinaient, qui n'avaient jamais marché dans crottes et poussières du monde. Et les mains, longues, non point dessinées pour tenir des mancherons mais pour pianoter la sonate d'une réussite et d'une vie. Sa surprise lorsque la partition lui fut arrachée. "Mais que se passe-t-il? Est-ce que je ne joue pas bien? " Il se retrouva debout, sans partition et sans piano. Certainement *vexé*.

On a dit grand oiseau, ordinateur monté sur échasses, "magnifique insecte, mais qui n'a pas d'antennes" (Alexandre Sanguinetti), surdoué ayant une case de trop, etc. On a tout dit, sauf qu'il était physiquement trop propre et croyait qu'il entraînerait la France derrière lui en laissant, dans son élégant sillage, un parfum délicat de savonnette. C'était oublier que les peuples, comme les chiens, aiment les odeurs de soudard (de Gaulle); de paysan (Pompidou); et même, troubles et d'aventurier, celles que dégagea Mitterrand.

J'étais l'un des rares "privilégiés", rue de la Bienfaisance (déjà, quel nom lourd de symboles! Bienfaisance!), ce soir de 1974 où il fut élu président de la République. Une foule scandait son nom, à l'extérieur, et il apparut au balcon pour y prononcer un petit discours. Cela fait, souriant, détendu, presque espiègle, il posa ses deux mains sur les hanches et, s'adressant à notre petit groupe – nous n'étions pas plus de quatre ou cinq, si je me souviens bien – déclara de belle humeur : "Eh bien, maintenant, qu'est-ce que nous allons faire? " De belle humeur, et d'un ton qui eût été le même s'il nous avait demandé : "Qu'est-ce qu'on fait? On va danser? " Et, moi, qui crois, à cause de mes mémoires et dans un grand désordre de souvenirs, d'images, de drapeaux, de trônes, de sacres, de dais, d'histoire et, comme on le voit, de n'importe quoi, qu'être brusquement couronné doit faire sourdre en vous une émotion, une angoisse et une gravité, et moi qui n'avais pas oublié Pompidou me disant le soir où il fut élu et en réponse à ma question : "Qu'éprouvez-vous ? – Je ne suis plus le même…", et moi, devant ce grand et un peu faux jeune homme aux mains sur les hanches et tout guilleret, j'eus la cervelle percée par une fine aiguille d'intuition qui me causa comme un malaise légèrement consterné. Quoi ? La pourpre était un slip de bain ? L'ondoiement un verre d'eau ? Être élu président de la République, la réussite à un concours et on lit son nom sur la liste des reçus, on est premier et on sautille ? Je n'en croyais pas tout à fait mes tristes yeux. Toutes mes images étaient déchirées. Plus tard, dans la nuit, je dis à l'ami qui m'avait introduit dans ce bureau : "Vraiment, crois-tu qu'il est… *dur* ? " Et j'entendais, par *dur*, le contraire de mou. "Oui, oui, ne t'en fais pas, il est très dur."

Chirac à Matignon – c'était prévu – mais j'apprends – et ça l'était moins – que Giscard a exigé que JJSS (Jean-Jacques Servan-Schreiber) et Françoise Giroud fassent partie du ministère. Tout s'éclaire. L'aiguille enfoncée dans mon crâne était une antenne. Quelques jours plus tard, dans les prisons, VGE ira se pencher sur les écrouelles des criminels. Tout, cette fois, s'illumine. J'avais raison : il y avait, dans cet homme, du mou. Divorçons ! »

Croquis de mémoire,
Julliard, 1985.

Louis-Ferdinand Céline
(1894-1961)

Des pamphlets, Céline en a écrit plus souvent qu'à son tour, et toujours pour le pire. Il y tapait vers le bas, par principe. C'est dans certains de ses romans, à l'heure des mémoires indirectes, qu'on retrouve sous sa plume quelques grands fauves de l'action publique, fussent-ils édentés. Ainsi dans *D'un château l'autre*, quand, à Siegmaringen, les décombres de la collaboration prennent un tour d'opérette grotesque. Tandis qu'Alphonse de Châteaubriant, écrivain doriotiste, montre son seul talent – briser la vaisselle contre les murs – Pierre Laval, lui, répète un ultime plaidoyer qui le peint dans la vérité crue du délire et que Céline retranscrit d'une plume qui est une rafale avant l'heure.

Pierre Laval : « Bicot avec sa mèche d'ébène »

« Il faisait très bon chez Laval… oh ! il débagoulait tout seul !… il me demandait rien… qu'être son auditeur, c'est tout !… lui qui parlait !… et qu'il s'en donnait !… il plaidait !… d'abord de ceci… de cela… et puis sa cause !… sa fameuse Cause !… vous aviez plus qu'à hocher, il "incarnait" trop la France pour avoir le temps de vous entendre… compliments, pas compliments ! je venais pourtant bien de lui dire que c'était grâce à lui si le massacre avait tourné court !… que sans lui c'était l'hécatombe !… sincèrement exact, d'ailleurs !… s'il s'en foutait ! c'était que je l'écoute qu'il voulait ! c'est tout !… il me tolérait comme auditeur !… pas commentateur !… je rengaine donc mes compliments… je m'assois, ma sacoche sur les genoux, mes instruments, Bébert aussi sur mes genoux, dans sa gibecière… je connaissais sa plaidoirie… dix… vingt fois il me l'avait servie !… "que dans les conditions du monde, la faiblesse européenne, un seul moyen de tout arranger : sa politique franco-allemande !… la sienne !… que sans sa 'collaboration' c'était plus la peine d'insister ! y aurait plus d'Histoire ! plus d'Europe ! que lui, il aimait pas l'Allemagne, mais que… mais que… qu'il aimait pas Hitler non plus… mais que… mais que… qu'il connaissait la Russie… etc., etc." Je pouvais y aller, dodeliner… il en avait pour bien une heure… au moins !… je connaissais toutes les variantes, feintes objections, appels pathétiques… "qu'il se sentait déjà enterré !... son caveau de famille !... Châteldon !"... oh ! mais que d'abord !... d'abord !... il les clouerait tous ! tous !... qu'on l'aurait pas comme ça du tout !... qu'il les écraserait d'abord !... d'abord !... tous !... tous ces jaloux ! envieux ! déserteurs ! opposants dénigrants grotesques ! oui ! que lui Laval, pas à confondre ! que lui, avait la France dans le sang !... qu'il faudrait bien qu'ils l'avouent, gnomes imbéciles !... et que pour l'Amérique !... pardon !... qu'il l'avait aussi dans sa poche ! l'Amérique !... certain de l'Amérique !... comme il voulait !... l'immense Amérique ! par son gendre d'abord !... et par sa fille, Américaine... et par le sénateur Taft, le Grand Électeur de Roosevelt !...

"Ah ! la Haute Cour !... Docteur ! tenez ! "

Il la faisait ramper la Haute Cour ! parfaitement !... je tâchais l'interrompre un petit peu... qu'il souffle... ça servait à rien !... la façon qu'il était lancé je pouvais pas parler des Delaunys...

Ça serait mieux que je le laisse parler... que je me défile... et que j'avais encore à faire ! passer chez le *Landrat*, pour les rognures à Bébert... puis à la Milice, des malades... et puis encore à l'hôpital... et puis chez Letrou... et puis le *Fidelis !...* je tâchai tout de même de l'interrompre... de lui parler un peu de ma médecine, de mes petits ennuis... qu'il me donne peut-être un petit conseil ?... il en savait bien plus que moi !... bien sûr !... il en savait bien plus que tout le monde... en tout !... et sur tout !... bicot, avec sa mèche d'ébène, il lui manquait que le fez crasseux... il était le vrai bicot de "IIIe" qui parle à tous les voyageurs, qui sait mieux que tous ceux qui sont là ce qu'ils devraient faire, ce qu'ils font pas, ce qu'il faudrait… qui sait mieux que le cultivateur planter ses colzas, ses trèfles, mieux que le clerc d'Étude les petites retorseries d'héritages, mieux que le photographe les portraits de "1re communion", mieux que la buraliste les façons de tricher sur les timbres, mieux que le coiffeur "les permanentes", mieux que les agents électoraux les façons de décoller l'affiche, mieux que le gendarme passer les menottes, bien mieux que la rombière, torcher le môme…

Vous vous reposiez l'écoutant, à condition que vous tiquiez pas ! il vous épiait !… vous aviez pas l'air convaincu ?… il fonçait !… il vous rassoyait pour le compte !

Ah ! ils ont pas voulu l'entendre, Mornet Cie ?… ils ont préféré le fusiller !… ils ont eu tort !… il avait à dire… je sais… je l'ai entendu dix fois, vingt fois…

"Vous pouvez me croire !… j'ai eu le choix !… ils m'ont tout offert, Docteur, oui !… tout !… de Gaulle est allé les chercher !… moi, je les faisais attendre !… les Russes aussi ! "

Je pouvais pas toujours dodeliner…

"Quelles offres, monsieur le Président ? "

Que j'aie l'air un peu de faire attention.

"Mais tout ce que je voulais ! toute la Presse !

— Ah ! ah ! ah ! "

C'est tout, pas plus !… je connais mon rôle d'écouteur… il est assez content de moi… j'écoute pas mal… et puis surtout, je suis pas fumeur !… fumant pas, il aura jamais à m'offrir… il peut me montrer tous ses paquets, deux gros tiroirs pleins de "Lucky Strike"… vous le tapiez d'une cigarette, il vous revoyait plus!... jamais!... ou seulement du feu!... une allumette!

"Les Anglais vous ont tout offert, monsieur le Président?

— Ils m'ont supplié!... absolument tout, Docteur!

— Ah!... ah!"

Il m'ébaubit...

"Et je peux même vous donner un nom!... un nom qui vous dira rien!... un nom de l'Ambassade... Mendle! il m'achetait vingt-cinq journaux! autant en province!

— Certainement, monsieur le Président!... je vous crois!... je vous crois!...

— Je vais m'amuser, Docteur!... vous m'entendez? très bien! très bien! abattez-moi, je leur dirai! frappez! frappez fort!... ne me ratez pas comme à Versailles!... ne tremblez pas! allez-y!... vous êtes prévenus!... je vous ai prévenus!... vous assassinez la France!

— Bravo, monsieur le Président!"

C'était le moins que je me montre un petit peu chaud...

"Ah! vous êtes d'accord?

— Tout à fait, monsieur le Président!"

Il m'attendait au détour... il m'envoie sa botte!

"Vous êtes d'accord avec un juif?"

Ça y est!... le mot! le mot juif!... c'était fatal qu'il m'en parle! la vache, il attendait le moment!

Il prend l'offensive...

"Vous m'avez bien traité de juif, n'est-ce pas, Docteur? oui, je le sais!... pas que vous! *Je suis partout* aussi!

— Eux, pas tout à fait, monsieur le Président !... pas tout à fait ! moi, tout à fait, monsieur le Président !

— Ah ! vous me faites plaisir ! vous me le dites en face ! ”

Il s'esclaffe... il est pas méchant... mais il m'a pas pris en traître, je savais ce qui devait m'arriver... fatal !...

“Mais vous l'avez écrit vous-même !...

— Oh ! c'était pour mes électeurs !... pour Aubervilliers !...

— Je le sais ! je le sais, monsieur le Président ! ”

Encore quelque chose qui le chiffonne...

“Mais vous là, Docteur, pourquoi êtes-vous là ?... pourquoi à Siegmaringen ?... on me dit que vous vous plaignez beaucoup...”

Il se foutait du monde !

“Je suis là, monsieur le Président, absolument par votre faute ! vous qu'avez formellement refusé de me caser ailleurs ! vous le pouviez ! parfaitement ! ”

Je prends la moutarde ! merde ! ces airs “de pas savoir” ! je sais ce que je dis !... il serait bien content, bicot torve, que je paye pour la bande ! que j'écope pour la compagnie ! fripouilles, connivents, triples-jeux ! l'addition, ma cerise ! et puisqu'on se dit des vérités... puisqu'il fait joujou au procès... mon tour, la vane !... je somnole plus !...

“Vous avez casé Morand ! vous avez casé Maurois !... vous avez casé Fontenoy !... vous avez casé Fontenoy !... vous avez casé votre fille !

— Bien ! bien ! bien Céline ! ”

Il m'arrête… j'en avais encore une douzaine !… une centaine !

“Vous avez casé Brisson !… Robert ! vous avez casé Morand ! j'étais là !… chez lui ! ”

J'insiste… les points sur les i !… j'ai l'heureuse mémoire d'éléphant… on croit toujours me baiser, mon air abruti…

Il tient avoir le dernier mot…

“Vous savez ce qu'on dit de vous alors ?

— Moi ?… je suis pas intéressant !… mais la grande nouvelle ? voulez-vous savoir monsieur le Président ? la nouvelle bien intéressante ?…

— Où l'avez-vous prise ?

— Dans la rue !… une chouette ! et qui peut bien vous arranger…

— Allez-y ! allez-y ! vite !

— Eh bien !… que les Russes vont se battre avec les Américains ! voilà, monsieur le Président !…

— C'est ce qu'ils ont trouvé à Siegmaringen ?

— Parfaitement ! ”

Il réfléchit…

“Les Russes contre les Américains ? absolument stupide, inepte, Docteur ! vous avez réfléchi un peu ?

— Non !… mais on le dit !

— Mais ce serait le désordre, Docteur !… le désordre ! vous savez ce que c'est que le désordre ?

— Un petit peu, monsieur le Président…

— Vous n'avez pas fait de politique ?

— Oh ! si peu !… et vraiment, si mal !

— Alors vous ne pouvez rien comprendre ! vous ne savez pas ce qu'est le désordre ! Docteur !

— Une petite idée...

— Non !... vous ne savez pas ! apprenez ! le désordre, Docteur, c'est un Jules César par village !... et vingt Brutus par canton !

— Je vous crois, monsieur le Président ! ”

Il l'aura pas son dernier mot !

“Mais moi, qui suis pas César, vous auriez pu très bien me caser !... comme Morand, Jardin et tant d'autres !... je ne vous demandais pas grand-chose... je vous demandais pas une Ambassade !... vous n'avez rien fait !... je n'étais pas Brutus non plus !... vous m'auriez donné aux fifis si je n'étais pas venu en Allemagne ! ”

Je démords pas !... sûr de mon fait ! honnêtement, totalement raison !... je suis l'homme qu'ai le plus raison d'Europe ! et bien le plus gratuit ! que cinquante Nobel me sont dus !...

“Non, je serais pas ici, monsieur le Président ! ”

J'y tiens !

Il attrape son appareil.

“J'appelle Bichelonne, qu'il vous entende !... je veux un témoin ! tout le monde se demande ce que vous pensez ! tout le monde saura !... pas que moi !... que je vous ai attiré, ici ! dans un piège, en somme ! un guet-apens ?...

— Pas autre chose, monsieur le Président ! ”

Il a Bichelonne au téléphone...

“Vous savez ce que me dit Céline ?... que je suis un escroc, un capable-de-tout, un traître, et un juif !

— Pas tout à fait ça ! vous exagérez, monsieur le Président !

— Si ! si ! Céline !... vous le pensez ! c'est votre droit !... bon ! ”

Il continue au téléphone... il parle... plus de moi... de choses et d'autres... je le regarde pendant qu'il parle... je le vois de biais, de profil... oh ! j'ai de plus en plus raison !... pour le comparer à quelqu'un... je le revois... quelqu'un d'actuel... entre Nasser et Mendès... profil, sourire, teint, cheveu asiate... en tout cas certain ! sous la rigolade, il peut pas me piffrer... il est exactement dans le ton de la France actuelle, dure pure sûre, et pro-“larbinès”... on eut très tort de le flinguer, il valait, je dis, dix Mendès ! »

D'un château l'autre,
Gallimard, 1967.

François-René de Chateaubriand
(1768-1848)

Les *Mémoires d'Outre-tombe*, recueil de souvenirs fanés, cimetière plein de fantômes, merveille de style et de larmes à peine séchées, sont une manière de recherche du temps perdu. Les portraits s'y accumulent : le vicomte a traversé l'histoire, il l'a faite sienne, il convoque ceux qui l'ont animé comme pour mieux les juger. Sous la Révolution, viennent ainsi Mirabeau et Danton. Sous la Restauration, Talleyrand et Fouché ne sont pas mieux traités. Parfois, le regard meurtrier de Chateaubriand remonte plus loin encore : au détour de *Vie de Rancé*, son livre le plus baroque, voilà le cardinal de Retz convoqué à son tour à la barre du souvenir.

Cardinal de Retz : « Vieux réveille-matin détraqué »

« Le cardinal de Retz était petit, noir, laid, maladroit de ses mains ; il ne savait pas se *boutonner*. La duchesse de Nemours confirme ce portrait de Tallemant des Réaux : “Le coadjuteur vint, dit-elle, en habit déguisé, voir le cardinal Mazarin. M. le Prince, qui sut cette visite, en parla au cardinal, lequel lui tourna fort ridiculement et le coadjuteur, et son habit de cavalier, et ses plumes blanches, et ses jambes tortues ; et il ajouta encore à tout le ridicule qu'il lui donna que, s'il revenait une seconde fois déguisé, il l'en avertirait, afin qu'il se cachât pour le voir, et que cela le ferait rire.”

Les portraits du cardinal de Retz, n'offrent pas ces difformités : dans l'air du visage il a quelque chose d'arrogant de M. de Talleyrand, mais de plus intelligent et de plus décidé que l'évêque d'Autun.

Né à Montmirail au mois d'octobre 1614 d'une famille florentine qui conseilla la Saint-Barthélemy, le cardinal ne montra pas les vertus que tâcha de lui inspirer saint Vincent de Paul, son précepteur : l'homme du bien, en ces temps-là, touchait à l'homme du mal, et il restait dans celui-ci quelque impression de la main qui l'avait modelé. Retz écrivit la *Conjuration de Fiesque* ; ce qui fit dire au cardinal de Richelieu : “Voilà un dangereux esprit.” La pourpre romaine avait cela d'avantageux qu'elle créait un homme indépendant au milieu des cours. Retz professait du respect pour quiconque avait été chef de parti, parce qu'il avait honoré ce nom dans les *Vies* de Plutarque : l'antiquité a longtemps gâté la France. Il disait qu'à son âge César avait six fois plus de dettes que lui : après cela il fallait conquérir le monde, et Retz conquit Broussel, une douzaine de bourgeois, et fut au moment d'être étranglé entre deux portes par le duc de La Rochefoucauld.

Retz, à son début, aima sa cousine, mademoiselle de Retz : elle montrait, dit-il, tout ce que la *morbidezza* a de plus tendre, de plus animé et de plus touchant.

Suspect à Richelieu, ayant eu l'audace de mugueter ses femmes, le lovelace tortu et batailleur fut obligé de s'enfuir. Il alla à Venise, où il pensa se faire assassiner pour la signora Vendranina ; il erra dans la Lombardie, se rendit à Rome, discuta à la Sapience, eut une querelle avec le prince de Schomberg, et revint en France. Ses mésintelligences avec le cardinal de Richelieu continuèrent à propos de madame de La Meilleraie. Il lui passa par la tête de hasarder un assassinat sur le cardinal ; mais il sentit *ce qui pouvait être une peur.* Bassompierre, prisonnier à la Bastille, l'engagea avec des intrigants. La bataille de la Marfée eut lieu ; le comte de Soissons la gagna et fut tué. Cette mort contribua à fixer le cardinal de Retz dans la profession ecclésiastique. Une dispute commencée avec un ministre protestant lui acquit quelque renom. Il se lia avec mademoiselle de Vendôme par l'aventure où il rivalisa de courage avec M. de Turenne contre des capucins qui se baignaient à Neuilly : les conditions peu morales de cette liaison sont rapportées dans les *Mémoires*. Enfin, en vertu des protections de ces temps, il fut nommé coadjuteur de Paris, dont son oncle, M. de Gondy, occupait le siège.

Vint la Fronde. Mazarin finit par enfermer le coadjuteur au château de Vincennes ; de là transféré au château de Nantes, il s'en évada : quatre gentilshommes l'attendaient au bas de la tour, dont il se laissa dévaler. Caché dans une meule de foin, mené à Beaupréau par M. et Mme de Brissac, il fut transporté à Saint-Sébastien en Espagne, sur une balandre de la Loire. Il vit à Saragosse un prêtre qui se promenait seul, parce qu'il avait enterré son dernier paroissien pestiféré. À Valence, les orangers formaient les palissades des grands chemins. Retz respirait l'air qu'avait respiré Vannozia. Embarqué pour l'Italie, à Maïorque, le vice-roi le reçut : il entendit des filles pieuses à la grille d'un couvent, troupe de longues cigognes blanches qui chantaient. Après trois jours il traversa le canal de la Corse, alors inconnu, aujourd'hui fameux. Il arriva à Porto-Longone ; il se rendit à Porto-Ferraïo, qui plus tard reçut Bonaparte, homme d'un autre monde, changé d'empire, jamais détrôné. Enfin il prit terre à Piombino, et poursuivit sa route vers Rome.

Un conclave s'ouvrit en 1655 par la mort d'Innocent X. Le cardinal de Retz s'attacha à l'escadron volant : Chigi fut élu sous le nom d'Alexandre VII. Retz fit courir le bruit qu'il avait contribué à l'élection : Joly, son secrétaire, assure qu'il n'en fut rien.

Retz se retira à Besançon, séjourna à Constance, à Ulm, à Augsbourg, à Francfort, s'en prenant dans les cabarets jusqu'aux servantes; puis il se cacha en Hollande avec une maladie : il alla voir en Angleterre

Charles II, dont il avait secouru la mère pendant la Fronde.

Mazarin mourut le 9 mars 1661. Rentré en France, Retz entreprit deux ouvrages : l'un, sa généalogie (insipidité du temps : on compte ses aïeux lorsqu'on ne compte plus) ; l'autre, une histoire latine des troubles de la Fronde, de même que Sylla écrivit en grec ses proscriptions. Le cardinal vint saluer le roi à Fontainebleau. Reçus avec froideur, les jeunes gens se demandaient comment cet avorton avait jamais pu être quelque chose : ils n'avaient pas vu Couthon. Alors commença, ou plutôt se renoua, la liaison du cardinal et de madame de Sévigné.

Celle-ci, dont on a publié peut-être trop de lettres, ne pouvait se garantir de la raillerie, même envers les gens qu'elle croyait aimer : elle appelait le cardinal de Retz le *héros du bréviaire*. Le cardinal lui mandait de Saint-Denis, en 1649, qu'il s'ennuierait fort sans l'espoir qu'*elle lui passerait par les mains au sac de Paris*. Madame de Sévigné annonce, nombre d'années après, au vieil acrobate mitré, que Molière lui lira, à lui, *Trissotin*, et que Despréaux lui fera connaître son *Lutrin*. Elle parle du *bon cardinal* ; elle nous apprend qu'il se fait peindre par un religieux de Saint-Victor, qu'il donnera son image à madame de Grignan, laquelle ne s'en souciait pas du tout. Madame de Sévigné se promène comme une bonne avec le malade ; elle insiste pour que sa fille accepte une cassolette de lui, et sa fille la refuse avec dédain. Mais à mesure que l'on approche de la fin du cardinal, l'admiration de madame de Sévigné baisse, parce que ses espérances diminuent.

Légère d'esprit, inimitable de talent, positive de conduite, calculée dans ses affaires, elle ne perdait de vue aucun intérêt, et elle avait été dupe des intentions testamentaires qu'elle supposait au coadjuteur.

Joly, la duchesse de Nemours, La Rochefoucauld, madame de Sévigné, le président Hénault et cent autres ont écrit du cardinal de Retz : c'est l'idole des mauvais sujets. Il représentait son temps, dont il était à la fois l'objet et le réflecteur. De l'esprit comme homme, du talent comme écrivain (et c'était là sa vraie supériorité) l'ont fait prendre pour un personnage de génie. Encore faut-il remarquer qu'en qualité d'écrivain il était court comme dans tout le reste : au bout des trois quarts du premier volume de ses *Mémoires*, il expire en entrant dans la raison et devient ennuyeux. Quant à ses actions politiques, il avait derrière lui la puissance du parlement, une partie de la cour et la faction populaire, et il ne vainquit rien. Devant lui il n'avait qu'un prêtre étranger, méprisé, haï, et il ne le renversa pas : le moindre de nos révolutionnaires eût brisé dans une heure ce qui arrêta Retz toute sa vie. Le prétendu homme d'État ne fut qu'un homme de trouble. Celui qui joua le grand rôle était Mazarin ; il brava les orages, enveloppé dans la pourpre romaine : obligé de se retirer en face de la haine publique, il revint par la passion fidèle d'une femme, et nous amenant Louis XIV par la main.

Le coadjuteur finit ses jours en silence, vieux réveille-matin détraqué. Réduit à lui-même et privé des événements, il se montra inoffensif : non qu'il subît une de ces métamorphoses avant-coureurs du dernier départ, mais parce qu'il avait la faculté de changer de forme comme certains scarabées vénéneux. Privé du sens moral, cette privation était sa force. Sous le rapport de l'argent il fut noble ; il paya les dettes de sa royauté de la rue, par la seule raison qu'il s'appelait *M. de Retz*. Peu lui importait du reste sa personne : ne s'est-il pas exposé lui-même au coin de la borne ? On le pressait de dicter ses aventures, et le romancier transformé en politique les adresse à une femme sans nom, chimère de ses corruptions idéalisées. “Madame, quelque répugnance que je puisse avoir à vous donner l'histoire de ma vie, néanmoins, comme vous me l'avez demandée, je vous obéis.”

N'ayant plus où se prendre, il s'était fait le familier de Dieu, comme en sa jeunesse il avait serré la main des quarteniers de Paris. Il passait ses jours aux églises ; on prêtait l'oreille pour ouïr son cri du fond de l'abîme, pour pleurer aux psaumes de la pénitence ou aux versets du *Miserere*, et l'on écoutait en vain. Les sépulcres, les images du Christ ne l'enseignaient pas : uniquement épris de sa personne, il ne se rappelait que le rôle qu'il avait joué, sans s'embarrasser de sa vie morale. Il inspectait les lambeaux de ce qu'il fut pour se reconnaître ; il éventait ses iniquités, afin de se former une idée semblable de lui-même ; puis il venait écrire les scandales de ses souvenirs. En l'exhumant de ses *Mémoires*, on a trouvé un mort enterré vivant qui s'était dévoré dans son cercueil.

Joueur jusqu'à la fin, ne lui vint-il pas dans l'esprit de se retirer à la Trappe et d'écrire ses *Mémoires* sur la table où Rancé écrivait ses *Maximes !* Rancé fut obligé d'aller à Commercy pour détourner le cardinal de son pieux dessein. Bossuet s'était malheureusement écrié : “Le coadjuteur menace Mazarin de ses tristes et intrépides regards.” Les grands génies doivent peser leurs paroles ; elles restent, et c'est une beauté irréparable.

Homme de beaucoup d'esprit, mais prélat sans jugement et évêque sacrilège, Retz contraria l'avenir de Dieu : il ne se douta jamais qu'il y eût plus de gloire dans un chapelet récité avec foi que dans tous les hauts et les bas de la destinée. Esprit aux maximes propres à des brouilleries plutôt qu'à des révolutions, il essaya la Fronde à Saint-Jean-de-Latran, se croyant toujours dans la *Cour des Miracles*. Indifférent et mélancolieux, cet Italien francisé se trouva sur le pavé lorsque Louis XIV eut jeté les baladins à la porte, même en respectant beaucoup trop en eux leur vie passée et l'habit qu'ils avaient sali. Placé entre la Fronde qui permettait tout, et le maître de Versailles qui ne souffrait presque rien, le coadjuteur s'écriait : “Est-il quelqu'un pire que moi ? ” avec le même orgueil que Rousseau s'écrie : “Est-il quelqu'un meilleur que moi ? ” Et Retz continua ses passe-pieds jusqu'à sa mort : mais il faut être Richelieu pour ne pas s'amoindrir en dansant une sarabande, castagnettes aux doigts, et en pantalon de velours vert. »

Vie de Rancé, 1844.

Honoré-Gabriel de Mirabeau :
« Une tête moulée pour l'empire ou le gibet »

« Mêlé par les désordres et les hasards de sa vie aux plus grands événements et à l'existence des repris de justice, des ravisseurs et des aventuriers, Mirabeau, tribun de l'aristocratie, député de la démocratie, avait du Gracchus et du don Juan, du Catilina et du Gusman d'Alfarache, du cardinal de Richelieu et du cardinal de Retz, du roué de la Régence et du sauvage de la Révolution ; il avait de plus du *Mirabeau*, famille florentine exilée, qui gardait quelque chose de ces palais armés et de ces grands factieux célébrés par Dante ; famille naturalisée française, où l'esprit républicain du Moyen Age de l'Italie et l'esprit féodal de notre Moyen Age se trouvaient réunis dans une succession d'hommes extraordinaires.

La laideur de Mirabeau, appliquée sur le fond de beauté particulière à sa race, produisait une sorte de puissante figure du *Jugement dernier* de Michel-Ange, compatriote de *Arrighetti.* Les sillons creusés par la petite vérole sur le visage de l'orateur avaient plutôt l'air d'escarres laissées par la flamme. La nature semblait avoir moulé sa tête pour l'empire ou pour le gibet, taillé ses bras pour étreindre une nation ou pour enlever une femme. Quand il secouait sa crinière en regardant le peuple, il l'arrêtait ; quand il levait sa patte et montrait ses ongles, la plèbe courait furieuse. Au milieu de l'effroyable désordre d'une séance, je l'ai vu à la tribune, sombre, laid et immobile : il rappelait le chaos de Milton, impassible et sans forme au centre de sa confusion.

Mirabeau tenait de son père et de son oncle qui, comme Saint-Simon, écrivaient à la diable des pages immortelles. On lui fournissait des discours pour la tribune : il en prenait ce que son esprit pouvait amalgamer à sa propre substance. S'il les adoptait en entier, il les débitait mal ; on s'apercevait qu'ils n'étaient pas de lui par des mots qu'il y mêlait d'aventure, et qui le révélaient. Il tirait son énergie de ses vices ; ces vices ne naissaient pas d'un tempérament frigide, ils portaient sur des passions profondes, brûlantes, orageuses. Le cynisme des mœurs ramène dans la société, en annihilant le sens moral, une sorte de barbares ; ces barbares de la civilisation, propres à détruire comme les Goths, n'ont pas la puissance de fonder comme eux : ceux-ci étaient les énormes enfants d'une nature vierge, ceux-là sont les avortons monstrueux d'une nature dépravée. »

Georges Danton : « Venez brailler *avec nous »*

« Les scènes des Cordeliers, dont je fus trois ou quatre fois le témoin, étaient dominées et présidées par Danton, Hun à taille de Goth, à nez camus, à narines au vent, à méplats couturés, à face de gendarme mélangé de procureur lubrique et cruel. Dans la coque de son église, comme dans la carcasse des siècles, Danton, avec ses trois furies mâles, Camille Desmoulins, Marat, Fabre d'Églantine, organisa les assassinats de septembre. Billaud-Varenne proposa de mettre le feu aux prisons et de brûler tout ce qui était dedans ; un autre Conventionnel opina pour qu'on noyât tous les détenus ; Marat se déclara pour un massacre général. On implorait Danton pour les victimes : "Je me f... des prisonniers", répondit-il. Auteur de la circulaire de la Commune, il invita les hommes libres à répéter dans les départements l'énormité perpétrée aux Carmes et à l'Abbaye.

Prenons garde à l'histoire : Sixte-Quint égala pour le salut des hommes le dévouement de Jacques Clément au mystère de l'Incarnation, comme on compara Marat au Sauveur du monde ; Charles IX écrivit aux gouverneurs des provinces d'imiter les massacres de la Saint-Barthélemy, comme Danton manda aux patriotes de copier les massacres de septembre. Les Jacobins étaient des plagiaires ; ils le furent encore en immolant Louis XVI à l'instar de Charles Ier. Comme des crimes se sont trouvés mêlés à un grand mouvement social, on s'est, très mal à propos, figuré que ces crimes avaient produit les grandeurs de la Révolution, dont ils n'étaient que les affreux pastiches : d'une belle nature souffrante, des esprits passionnés ou systématiques n'ont admiré que la convulsion.

Danton, plus franc que les Anglais, disait : "Nous ne jugerons pas le Roi, nous le tuerons." Il disait aussi : "Ces prêtres, ces nobles, ne sont point coupables, mais il faut qu'ils meurent, parce qu'ils sont hors de place, entravent le mouvement des choses et gênent l'avenir." Ces paroles, sous un semblant d'horrible profondeur, n'ont aucune étendue de génie : car elles supposent que l'innocence n'est rien, et que l'ordre moral peut être retranché de l'ordre politique sans le faire périr, ce qui est faux.

Danton n'avait pas la conviction des principes qu'il soutenait ; il ne s'était affublé du manteau révolutionnaire que pour arriver à la fortune. "Venez *brailler* avec nous", conseillait-il à un jeune homme ; "quand vous vous serez enrichi, vous ferez ce que vous voudrez." Il confessa que s'il ne s'était pas livré à la cour, c'est qu'elle n'avait pas voulu l'acheter assez cher : effronterie d'une intelligence qui se connaît et d'une corruption qui s'avoue à *gueule bée.*

Inférieur, même en laideur, à Mirabeau dont il avait été l'agent, Danton fut supérieur à Robespierre, sans avoir, ainsi que lui, donné son nom à ses crimes. Il conservait le sens religieux : "Nous n'avons pas, disait-il, détruit la superstition pour établir l'athéisme." Ses passions auraient pu être bonnes, par cela seul qu'elles étaient des passions. On doit faire la part du caractère dans les actions des hommes : les coupables à imagination comme Danton semblent, en raison même de l'exagération de leurs dits et déportements, plus pervers que les coupables de sang-froid, et dans le fait, ils le sont moins. Cette remarque s'applique encore au peuple : pris collectivement, le peuple est un poète, auteur et acteur ardent de la pièce qu'il joue ou qu'on lui fait jouer. Ses excès ne sont pas tant l'instinct d'une cruauté native que le délire d'une foule enivrée de spectacles, surtout quand ils sont tragiques; chose si vraie que, dans les horreurs populaires, il y a toujours quelque chose de superflu donné au tableau et à l'émotion.

Danton fut attrapé au traquenard qu'il avait tendu. Il ne lui servit de rien de lancer des boulettes de pain au nez de ses juges, de répondre avec courage et noblesse, de faire hésiter le tribunal, de mettre en péril et en frayeur la Convention, de raisonner logiquement sur des forfaits par qui la puissance même de ses ennemis avait été créée, de s'écrier, saisi d'un stérile repentir : "C'est moi qui ai fait instituer ce tribunal infâme : j'en demande pardon à Dieu et aux hommes ! " phrase qui plus d'une fois a été pillée. C'était avant d'être traduit au tribunal, qu'il fallait en déclarer l'infamie.

Il ne restait à Danton qu'à se montrer aussi impitoyable à sa propre mort qu'il l'avait été à celle de ses victimes, qu'à dresser son front plus haut que le coutelas suspendu : c'est ce qu'il fit. Du théâtre de la Terreur, où ses pieds se collaient dans le sang épaissi de la veille, après avoir promené un regard de mépris et de domination sur la foule, il dit au bourreau : "Tu montreras ma tête au peuple ; elle en vaut la peine." Le chef de Danton demeura aux mains de l'exécuteur, tandis que l'ombre acéphale alla se mêler aux ombres décapitées de ses victimes : c'était encore de l'égalité. »

Charles-Maurice de Talleyrand et Joseph Fouché : « Le vice au bras du crime »

« Le soir, vers les neuf heures, j'allai faire ma cour au Roi. Sa Majesté était logée dans les bâtiments de l'abbaye : on avait toutes les peines du monde à empêcher les petites filles de la Légion d'honneur de crier : Vive Napoléon ! J'entrai d'abord dans l'église ; un pan de mur attenant au cloître était tombé : l'antique abbatiale n'était éclairée que d'une lampe. Je fis ma prière à l'entrée du caveau où j'avais vu descendre Louis XVI : plein de crainte sur l'avenir, je ne sais si j'ai jamais eu le cœur noyé d'une tristesse plus profonde et plus religieuse. Ensuite je me rendis chez Sa Majesté : introduit dans une des chambres qui précédaient celle du Roi, je ne trouvai personne ; je m'assis dans un coin et j'attendis. Tout à coup une porte s'ouvre : entre silencieusement le vice appuyé sur le bras du crime, M. de Talleyrand marchant soutenu par M. Fouché; la vision infernale passe lentement devant moi, pénètre dans le cabinet du roi et disparaît. Fouché venait jurer foi et hommage à son seigneur; le féal régicide, à genoux, mit les mains qui firent tomber la tête de Louis XVI entre les mains du frère du roi martyr; l'évêque apostat fut caution du serment. »

Mémoires d'outre-tombe, 1848.

Benjamin Constant
(1767-1832)

La carrière de Benjamin Constant est aussi sinueuse que sa pensée est droite. Théoricien inspiré du libéralisme français, il était dans l'action comme une girouette soumise aux mouvements du vent. Avec ou contre Bonaparte, avec ou contre Napoléon, ce républicain d'origine aura passé sa vie, avec Mme de Staël, à chercher le moment opportun au risque de passer pour un opportuniste patenté. Dans *Portraits, mémoires, souvenirs*, écrit en 1832 au soir de sa vie, il brosse un portrait féroce de son contemporain l'abbé Sieyès, qui avec un peu plus de succès, aura marqué la scène intellectuelle de son temps sans jamais se maintenir durablement au faîte des honneurs.

Emmanuel-Joseph Sieyès : « Ses deux passions, la haine et la peur »

« Sieyès avait environ trente-cinq ans quand la révolution commença. Il embrassa le parti de la liberté, parce que ce parti était l'ennemi de la noblesse, et que la noblesse était ce qu'il détestait le plus. Depuis son enfance, cette haine l'avait dominé ; et comme il avait plus d'esprit que les autres révolutionnaires, sa haine s'augmentait du sentiment qu'on ne parviendrait pas à la détruire. Quand il avait bien déclamé contre elle, il finissait par dire en soupirant : "Et après tout cela, je ne serais jamais un Montmorency ! " Quand il fut question de chasser tous les nobles de France, il n'y eut aucun raisonnement qui pût faire impression sur lui. Il répondait toujours : "Quand on n'est pas de mon espèce, on n'est pas mon semblable ; un noble n'est pas de mon espèce, donc c'est un loup, je tire dessus."

À son entrée dans l'Assemblée constituante, l'aversion contre les prêtres était encore plus violente que celle que l'on avait contre les nobles ; ce qui lui déplut fort, parce qu'il était prêtre par caractère autant que par état. Aussi les défendit-il avec un courage qu'il ne montra plus depuis, et dit-il, à l'occasion de la vente de leurs biens, cette fameuse phrase qui ne s'est que trop vérifiée : "Vous voulez être libres, et vous ne savez pas être justes ! "

Mirabeau, qui n'aimait pas Sièyes, crut le déjouer en le noyant d'éloges. Il dit à la tribune que le silence de l'abbé Sièyes était une calamité publique. Sièyes eut le bon esprit de persister dans son silence, et la phrase de Mirabeau ne servit qu'à augmenter sa réputation.

Après la haine, la passion la plus vive de Sièyes, c'était la peur. Il se croyait toujours menacé, et alors il cherchait quelqu'un qu'il pût exposer à sa place. Un jour qu'on lui annonça qu'un des hommes qu'il voyait le plus était arrêté : "Ce diable d'homme, dit-il, ne pense jamais qu'à me compromettre", et il appuya de toutes ses forces les charges qui pesaient sur cet homme.

Au commencement de sa carrière il était fort désintéressé, parce qu'il ignorait le prix de l'argent, comme les lions ne sont cruels que lorsqu'ils ont goûté du sang. Dès qu'il eut découvert ce que l'argent pouvait rapporter, il changea de caractère, et il crut qu'il n'en pouvait avoir assez. Il disait à une de ses amies qui le lui reprochait : "Voyez-vous, quand j'allais à pied, les gens qui me rencontraient disaient du mal de moi et je l'entendais ; à présent je vais en voiture et je ne l'entends pas : voilà la différence."

Une fois engagé dans la révolution, ses deux passions, la haine et la peur, le rendirent terrible. Il ne figura pourtant point sous le règne de Robespierre. Mais après sa chute, il fut le promoteur ou le partisan de presque toutes les mesures rigoureuses, sans jamais vouloir paraître en première ligne. La nuit du 18 fructidor, il était derrière une espèce de rideau qui séparait en deux l'estrade où siégeaient les députés à l'École de médecine, et il passait son bras par une ouverture pour donner des noms qu'il faisait ajouter aux listes de proscription.

Quand il fut nommé directeur, son premier et son unique but fut de changer la Constitution pour faire chasser ses collègues, et quand on lui faisait des objections, il répondait toujours : “Je suis un bon cheval de charrette, mais je ne vaux rien pour un attelage.”

Quand il eut réussi à en faire expulser deux, il aurait désiré qu'on n'en nommât point, ou qu'on prît deux de ses créatures. Mais il voulait être deviné, et se mettait en fureur de ce qu'on ne le devinait pas. Les jacobins vinrent lui demander qui il voulait. Il les regarda fixement les bras croisés, puis il leur dit : “Allez au diable, et pensez par vous-mêmes ! ”

Ils pensèrent si bien qu'ils choisirent précisément les deux hommes qu'il ne voulait pas !

Sièyes aurait pu pourtant gouverner encore ; car ses nouveaux collègues ne demandaient pas mieux que de lui obéir. Mais il prétendait aussi qu'ils le devinassent, et jamais il ne répondait un mot aux questions qu'ils lui adressaient.

Portraits, mémoires, souvenirs, 1832.

Léon Daudet
(1869-1940)

Léon Daudet, fils d'Alphonse, marié un temps à la petite fille de Victor Hugo, a vécu sa jeunesse dans le grand bain de la littérature et de la politique. Il y restera toute sa vie, fidèle à une conception exigeante de l'écriture, porté par des passions qui, du républicanisme, le conduiront jusqu'à l'Action française. Antisémite forcené, complotiste avant l'heure, Léon Daudet avait un talent qui était d'abord de plume. Ses mémoires courent de 1880 à 1921, d'une guerre l'autre, avec en point d'orgue le boulangisme, l'affaire Dreyfus, la reconquête de l'Alsace-Lorraine. Les charges de Léon Daudet sont furieuses par définition. Elles n'épargnent personne, pas même ses amis. Dans *Au temps de Judas*, ce sont quelques figures du personnel dreyfusard qu'il déchire, en vrac et à belles dents. Pierre Waldeck-Rousseau, président du Conseil en 1899 sur une ligne de défense républicaine, est la cible principale, en compagnie de Guillaume Hanotaux, ministre des Affaires étrangères, Jean Casimir-Perier, éphémère président de la République, et Gaston de Galliffet, général, ancien bourreau de la Commune devenu ministre de la Guerre.

Léon Daudet

Pierre Waldeck-Rousseau : « Un regard froid de poisson en gelée »

« De très nombreux politiciens républicains ont été nécessairement mêlés à l'affaire Dreyfus. J'en prendrai d'abord cinq : Hanotaux, Casimir-Perier, Félix Faure, Waldeck-Rousseau et le général de Galliffet.

Hanotaux ne manque ni de finesse, ni de culture ; mais il a un vice, qui est la peur. Celle-ci, que dissimule mal un petit rire en "hé-hé", selon celui, ou celle, qui lui fait peur. Quand il a fini de craindre à gauche, il se met aussitôt à trembler à droite, frissonner en avant et foirer par-derrière, jusqu'à ce que, cerné de tous côtés par les ennemis que lui fait sa frousse des ennemis, il se jette brusquement dans une action vile. Un trait le juge ; ayant séduit autrefois une pauvre et honnête jeune fille par sa faconde et ses plaisanteries, d'autant meilleures qu'elles sortaient du fauteuil de Talleyrand, il la fit saisir et molester par la police (dont le préfet, un certain abruti du nom de Louis Lépine, était son ami) un jour que la malheureuse se rendait à une séance de l'Académie, où il devait parler. Ayant vécu chez les radicaux de l'entourage de Victor Hugo, j'ai vu Hanotaux, qui les détestait et les lâcha ensuite avec délices et orgues, à croupetons devant eux, obséquieux et bas. Je me rappelle à Londres, en 1896, la stupeur de Balfour et de Morley, quand mon père leur dit en riant qu'Hanotaux était "ce qui se faisait de plus pleutre en matière de politicien". Ils n'en revenaient pas. Ils se répétaient, de l'un à l'autre : "De pliou pleutre ! " Voilà une fameuse définition ! Qu'un pareil collectionneur d'avanies ait été ministre des Affaires étrangères et académicien, cela est tout à fait normal sous la IIIe République, où une langue charnue et mobile est, pour les ministrables, un instrument de reptation et d'avancement.

— Savez-vous lécher les bottes et les parquets, mon cher Gabriel Hanotaux ?

— Mettez-moi à l'épreuve, et vous verrez : lécherai-je courbé, couché ou assis ?

— Alors votre fortune est faite.

Hanotaux donnait indistinctement du "cher maître" à Challemel-Lacour, à Allain-Targé, à Lockroy, à Constans, à Goblet, à leurs chefs de cabinet et garçons de bureau. Beau causeur, il ébahissait les convives par des citations de Joinville et du cardinal de Retz, ou des traits sobres lancés derrière le binocle, d'une voix sèche et sifflante. Le tout petit gnome René Goblet, qui n'était point sot, mais que dévorait l'asthme, murmurait dans un essoufflement, accompagné de sifflets laryngés : "Il arrivera, ce monsieur Hanotaux. Il a des roulettes tout autour du ventre." C'était exact, et Gabriel est arrivé maintenant au faîte des honneurs dont dispose le régime, c'est-à-dire exactement à rien du tout. Hé ! hé !

Je n'ai pas connu Casimir-Perier. Je n'ai fait que l'apercevoir, triste et grave comme un étui à lorgnette, peu de temps avant son rapide passage à la présidence de la République. On sait qu'il la quitta, écœuré, à la suite précisément d'un mauvais tour que lui avait joué Gabriel Hanotaux, qu'il croyait son ami, hé ! hé ! Quant à Félix Faure, ce n'était pas un méchant homme, ni même un exceptionnel serin ; mais il eut le tort de mourir, de la façon décrite par Montaigne, entre les bras et même les jambes de sa jolie petite amie, mariée elle-même – *proh pudor* – et qui fut mêlée plus tard à une terrible histoire d'assassinat. Comme on disait devant un garde de Paris, au courant de la chose : “Ce pauvre Président n'a pas recouvré sa connaissance”, cet homme, simple et franc, répliqua, en clignant de l'œil : “Il n'avait pas à la retrouver. Il était quasiment collé à elle.”

Waldeck-Rousseau, juriste au regard froid de poisson dans sa gelée, a joué un rôle important au cours de l'affaire Dreyfus. Avant de mettre la main à la pâte empoisonnée, il a conseillé les manœuvriers. Vandal disait de lui, spirituellement, qu'il avait pris le dossier contre la France. Comme beaucoup de magistrats et de jurisconsultes, ce bizarre personnage méconnaissait totalement la réalité, les gens, et ne se complaisait qu'aux tours de force parlementaires. J'étais jeune quand je le voyais chez Charcot, jeune mais habitué à regarder, et je me demandais : “Est-il bête, ou est-ce un passionné qui distille, pour se mettre à l'abri, une coque de glace ? ” Probablement les deux à la fois. Ses relations déconcertantes allaient de Dreyfus Gonzalès, propriétaire de je ne sais plus quel château historique (naturellement), à Dufayel le marchand de meubles à tempérament, au prétentieux et turbulent Dr Poirier et à Edmond Haraucourt, qui n'a même pas de talent quand il vise à être chien, comme dans *La Légende des sexes*. Pouvait-il croire, ce déplorable Waldeck, que la libération de Dreyfus et l'expulsion des congréganistes étaient liées au salut de la France, ou ne se fichait-il pas plutôt profondément de cette France, que l'abaissement du régime, le plus bas qui soit, lui mit, pendant une heure critique, entre les mains ? Cela est demeuré une énigme. Les hommes font le mal pour beaucoup de raisons, qui ne tiennent pas toutes à ce qu'ils sont foncièrement mauvais. Ils le font souvent par manque de clairvoyance, entraînement et confiance absurde dans des talents qu'ils n'ont pas. Waldeck, tant prôné, tant vilipendé, a abouti à ceci : découronner le pays de ces savants et bienfaisants religieux, qui étaient une de ses plus belles parures intellectuelles et morales, et contribuer ainsi à l'abaissement général ; supprimer le bureau des renseignements, qui, dans la carence des institutions et des hommes, était le dernier obstacle à l'envahissement allemand, prélude de l'invasion allemande.

C'est beaucoup pour une seule mémoire. J'aimerais mieux, au point de vue du jugement dernier, ou même avant-dernier, qui est celui de l'histoire, être dans le cercueil d'un crocheteur ou d'un vagabond que dans celui de Waldeck-Rousseau.

Je ne puis pas ne pas écrire ceci, au risque de chagriner un vaillant et un savant ami, de l'entourage immédiat de feu Waldeck, dont il ne partageait d'ailleurs pas les idées politiques dont il a toujours généreusement défendu la personne et la mémoire. Waldeck-Rousseau est, à mes yeux, l'exemple de la corruption d'un esprit faible et borné par l'effroyable régime des partis. Il a dû croire que son titre de républicain l'obligeait, pour sauver la République (en risquant de perdre la France), à certaines infamies politiques.

Ce faisant, il a donné aux juifs, déjà trop disposés à se croire omnipotents, une audace sans frein. Il a contribué puissamment à créer ce parti de l'Antifrance, appuyé sur tous les ennemis du patriotisme, radicaux-socialistes, ou socialistes, que nous voyons grandir et progresser, de la Chambre de 1902 à celle de 1906, de celle de 1906 à celle de 1910, de celle de 1910 à celle de 1914, où il atteint, avec Caillaux et Malvy, son apogée.

Autre individu funeste, du point de vue de l'armée et de la Défense nationale : le général marquis de Galliffet. J'ai dîné avec lui chez Mme Adam, en 1893. La grande Française réunissait autour de sa table, ce soir-là, le duc d'Aumale, Alphonse Daudet, Freycinet, Francis Magnard, Henry Houssaye, Gaston Calmette et quelques autres personnalités littéraires et politiques. Galliffet par son inconsistant bavardage, sa vanité de paon, son obséquiosité sans bornes, le tout mêlé de plaisanteries de corps de garde, produisit une impression sinistre. "Quel mufle, quel cabot ! " disait Magnard en sortant de table. C'était aussi l'avis de mon père et, je crois bien, de tous les convives. Je vois encore cette face creuse aux pommettes cirées, ce nez taillé à biseaux, ces regards à la fois violents et inexpressifs, tels que du lézard dit "furibundus", j'entends cette voix tranchante et brève, découpant à l'emporte-pièce les âneries et les flatteries. Le courtois et cordial duc d'Aumale en avait l'air tout gêné; mais l'autre ne s'en apercevait pas, et continuait à jouer les soudards sur talons rouges, comme au théâtre de la Porte-Saint-Martin. Ô relief du second Empire, époque nulle entre les pires, où les destinées de la France furent jouées aux dés, sur le tapis vert, comme sur les champs de bataille, par une génération sans cervelle ! Chaque fois que ce Galliffet ouvrait la bouche, où tremblotaient quelques chicots pourris, le pauvre Henry Houssaye s'esclaffait et se lissait la barbe à deux mains, avant d'engloutir un verre de champagne, qui rendait effervescente son âme enfantine. »

Au temps de Judas,
Grasset, 1920.

Régis Debray
(né en 1940)

« Candide », ce jour-là était « à sa fenêtre ». Un pot de fleurs est tombé. C'est Nicolas Sarkozy qui l'a pris sur la tête et la scène s'est retrouvée comme de bien entendu dans un livre paru en 2015. Ainsi va Régis Debray, écrivain prolifique, moraliste par intermittence, médiologue également, ce qui est sans doute une manière de dire que, revenu de tout – de Guevara, de Mitterrand et même du Conseil d'État –, il n'avait pas perdu ni le goût du spectacle ni celui de son interprétation.

Nicolas Sarkozy : « En petite culotte, il actionne la pompe à vélo »

« Sous le titre "Mon voisin Sarkozy", *L'Express* (1er-7 avril 2010) publie la photo en double page d'un coureur cycliste, à l'arrêt devant des badauds éberlués de tomber nez à nez sur un héros de *L'Équipe* en chair et en os : marcel noir, short moulant, mollets musculeux, visage bronzé. C'est Louison Bobet ou Eddy Merckx en vacances, au Lavandou, faisant un stop, sous le coup d'une petite faim, devant un cabanon "pain et viennoiseries" de la chaîne Proxi, enseigne visible à l'arrière-plan. Ce champion en sueur, un pied à terre, est par ailleurs chef de l'État.

Stupeur, malaise, rire. Croisant Marc Fumaroli avec mon magazine sous le bras, je lui demande si un tel écroulement de la fonction symbolique a un précédent dans l'histoire de France. Oui, me répond-il, Louis-Philippe et son parapluie se promenant en bourgeois dans les rues de Paris. Ce fut aussi, à l'époque, une chute de cheval un peu rude. La privatisation de la personne royale avait commencé au XVIIIe siècle, mais les derniers Bourbons, Louis XVIII et Charles X, tout patapoufs et bêtas qu'ils fussent, avaient encore de la tenue, un air de majesté, des façons qui en imposaient. Les Orléans ont fait le choix de la proximité. Eux aussi ont abandonné la morgue pour faire peuple, comme notre droite grand public. Ils ont joué le franc-or contre la noblesse de sang. Comme le président en maillot de corps joue le business contre la noblesse d'État.

C'est, bien sûr, cette pub en décontracté, une banale astuce de communicant. Les politiques veulent regagner l'estime du populo, qui en a beaucoup pour les champions cyclistes. Le pékin du Lavandou, qui sèche l'émission politique du soir, ne manque pas l'étape du Tour de France. Que le président s'exhibe devant lui en forçat de la route et sa cote remontera. Le tour est joué. Trouvaille de publicitaire.

Ne rions pas trop vite. L'accoutrement en dit long sur l'autorité du moment. Il y eut un temps où le prince, pour faire impression, devait s'habiller en homme de Dieu, Mazarin, Richelieu, mules et camail rouges. Un autre où il se devait de paraître en homme d'épée, général ou maréchal, bottes et képi, et cela, de Bonaparte à de Gaulle, en passant par Mac Mahon. S'il doit aujourd'hui porter baskets et serre-tête, c'est que le sport est devenu l'éclatant miroir de nos valeurs morales. D'où vient l'*aura* du capitaine ? Le *mana* du *big boss* ? Successivement, de la Providence qui l'a choisi ; du génie militaire qui l'a hissé sur le pavois ; de ses performances personnelles qui lui ont valu les faveurs de l'électorat. Que d'aléas en bas de la pente... Du *Te Deum* à *La Marseillaise* puis à la variété : nous voilà dans le grand-duché de Gerolstein, où le souverain en petite culotte actionne, à l'avant-scène, la pompe à vélo. Sous les regards enamourés de sa copine, chanteuse de son état.

On a envie de tirer la manche du Séguéla de service : "Fais gaffe ! Mauvaise affaire pour ton patron." S'habiller en Prudhomme, mimer celui qui s'était engraissé avec les biens nationaux, pompant le sang des laboureurs pour en faire de l'agio, cela n'a pas conquis le cœur du faubourg Saint-Antoine. *Exit* Louis-Philippe. S'attifer en champion cycliste ne promet rien de bon au blouson doré de Neuilly. Faire le péquenot pour séduire le péquenot, c'est ignorer l'essence du théâtre politique. Quelque chose en nous s'obstine obscurément, et en dépit du laisser-courre ambiant, à exiger que le roi garde double corps. Et à vouloir que son double symbolique sublime, ou fasse oublier, l'original physique. Si notre représentant suprême se met à nous ressembler, y compris dans l'accoutrement, le parler et la gestuelle, au nom de quoi le respecter ?

Les chefs d'État, comme les miroirs, devraient réfléchir un peu plus avant de nous renvoyer *notre* reflet. »

Un candide à sa fenêtre,
Gallimard, 2015.

Stéphane Denis
(né en 1949)

Plume du *Quotidien de Paris*, du *Figaro* et de *Paris Match*, Stéphane Denis est un de ces journalistes politiques dont la connaissance du milieu – dans tous les sens du terme – n'a d'égale que l'originalité de leur style. Il y a chez lui du hussard. Ou bien du mousquetaire, ce qui explique sans doute que pour ses fictions situées au cœur du pouvoir, il ait choisi le pseudonyme de Manicamp dont on se souvient qu'il est dans les romans de Dumas un homme de cour spirituel et bien renseigné. Les portraits qu'on va lire ci-dessous sont tirés du premier livre de Manicamp, *Mitterrand s'en va. La semaine sanglante*.

Jean-Pierre Chevènement : Un « animal des cavernes, extrêmement ténébreux »

« Jean-Pierre Chevènement aurait pu le leur dire, mais Jean-Pierre Chevènement ne disait plus rien à personne. À peine se confiait-il à lui-même.

Animal des cavernes, extrêmement ténébreux, Chevènement publiait depuis un an des *Cahiers de la semaine* prophétiques et vengeurs. Sa plume le portait si loin que ses lecteurs attendaient, terrifiés, la livraison suivante.

Après la guerre du Golfe, l'ancien ministre avait retrouvé ses compagnons de jeunesse.

La jeunesse de Jean-Pierre Chevènement s'était blottie dans le culte des morts.

Avec ses camarades, il avait milité le plus à droite possible, si l'on exceptait l'extrême droite et le gaullisme. Croyant à la patrie, défendant le progrès, ils s'étaient inventé une république idéale.

Après sa démission, Chevènement s'était naturellement rapproché de ses soutiens de toujours. Il avait fondé les *Cahiers* avec l'aide de la Réunion des industries sidérurgiques et minières. Une propagande intensive avait ameuté quelques milliers de lecteurs. Dans la tradition de Péguy, un abonnement donnait droit au salut militaire. Deux abonnements, au salut éternel.

C'était un vrai directeur de journal que Jean-Pierre Chevènement. Après avoir six jours harcelé la terre entière, rencontré des colonels en civil, des Orientaux en livrée, des P.-D.G. en catimini, après avoir bousculé plusieurs bibliothèques, épuisé deux secrétaires et barbouillé un atlas, il déboulait vers les huit heures dans les bureaux des *Cahiers*. Cet esprit ordonné, ce parangon de logique entamait alors une lutte féroce avec ses arguments. D'abord il sommeillait, les yeux clos, la mèche lourde. Puis, comme des servantes fidèles veillant sur le repos de leur maître, guettant son premier geste, toutes les pensées du ministre prodigieux étaient rassemblées, alertes et innombrables, dans la seconde où il sortait du sommeil le plus accablé.

Sa main nouée sur un porte-plume Sergent-Major galopait et volait mais, si rapide fût-elle, elle était aussitôt devancée par le flot des pensées. Dès le deuxième feuillet, elle ne traçait plus que des arabesques hautaines et mystérieuses. Et il y avait ainsi, zébrées d'éclairs, sabrées de paraphes qui voulaient dire France ou bien tartine, des soixante-dix et des quatre-vingts pages arrachées une à une des cahiers d'écolier.

Une armée de bénévoles mettaient ce torrent en page. Le jour où l'on bouclait les *Cahiers*, Chevènement, embrumé, plus ténébreux encore, relisait ses épreuves dans le fil de son caractère : cet homme droit s'exprimait en courbes. Ayant ajouté à sa prose autant de jardins d'hiver, de balcons et de péristyles que sa prudence pouvait lui en suggérer, Chevènement rendait à la composition les quatre-vingts pages qui étaient devenues cent cinquante et croulaient sous le poids de tous ces clochetons.

Par des moyens mystérieux, ce volume était acheminé dans des endroits obscurs.

Les *Cahiers* arrivaient peu, arrivaient mal, mais finissaient par arriver. La pensée du maître s'effilochait en route, comme un glorieux drapeau, mais il en restait toujours quelque chose. Horrible mélange de douairières sur leur extrême limite, de militaires à la retraite, de fausses vierges et de vrais lycéens, sans oublier les hobereaux de province et les Libanais de Paris, financée par les milliardaires dans le canon et louée par les publicistes de la *Revue des Deux Mondes*, cette Jézabel politique avait trouvé son dieu. »

Raymond Barre : « Il faisait des mots sur les malheurs des autres »

« D'une taille médiocre, mais plutôt gras que maigre, il avait l'œil enfoncé, la mine basse, les cheveux gros, noirs et rares, ce qui, disaient ses biographes, lui avait fait prendre de bonne heure la calotte du professeur. Un regard plein de sévérité, de dureté même ; une sorte de raideur qui, pour les inférieurs, était de la fierté, pour les supérieurs, une affectation de vertu digne ; la morgue sur toute chose, même lorsqu'il était seul à se regarder dans une glace ; voilà pour l'extérieur du personnage.

Au moral, on vantait la profondeur de son talent pour les comptes, son ingéniosité à faire produire la stérilité même.

Raymond Barre avait imaginé de forcer les conseillers d'ambassade à percevoir un intérêt sur les contrats qu'ils favorisaient, ce qui faisait vivre leurs postes que les Affaires étrangères ne voulaient pas augmenter.

Une si précieuse qualité avait donné l'idée à M. Giscard d'Estaing de remplacer Chirac, son Premier ministre qui se dépensait tant, par M. Barre, qui faisait si bien des économies. Voilà comment s'était amorcée la fortune du nouveau Premier ministre que le président, curieux de manipuler un aussi fat caractère, faisait monter et descendre dans sa faveur par quelques rendez-vous. Avec ça, le ministre était honnête, d'une honnêteté ennuyeuse.

Valéry Giscard d'Estaing ne dédaignait pas s'ennuyer. Il faisait comme Louis XIII, qui prenait quelqu'un à part, le grinçait dans une fenêtre et disait :

— Monsieur, ennuyons-nous ensemble.

Trois fois la semaine, Giscard, quand il était président, recevait son Premier ministre et s'ennuyait beaucoup. Cela le ramenait aux devoirs de sa charge. Puis Giscard redevenait Louis XV et s'amusait gaiement.

M. Barre était donc un homme précieux à tous les sens du terme.

À ses cours de Sciences Po, à son bureau du boulevard Saint-Germain, à son domicile de l'avenue Émile-Acollas, il faisait des mots sur le malheur des autres.

Ce qu'il appelait faire des mots consistait à commenter le journal comme on le fait à Saint-Rémy-sur-Deule. Chaque article lui tirait un trait et ce trait, fort comme un cheval, lui tirait des larmes. Ses collaborateurs, ou ce qu'il en restait, car ils éprouvaient tous à un moment ou à un autre une grande envie de changer d'air, avaient commencé par rire : on était en 1981 ; puis à sourire : on était en 1986. Depuis 1988, ils riaient sans bruit en ouvrant fort la bouche et souriaient tristement en écartant les lèvres ; M. Barre ne s'en apercevait pas, car il était, lui, très occupé à rire de chacun de ses mots.

Après avoir lassé quelques parlementaires, l'ancien Premier ministre avait lassé jusqu'aux centristes. Et il en faut beaucoup pour lasser un centriste.

Votaient-ils à droite que Raymond Barre leur reprochait de n'avoir aucune indépendance ; lorgnaient-ils à gauche qu'il les moquait pour aller à la soupe ; et quand ils ne faisaient rien, il les accusait de manquer d'initiative. Sous ces coups répétés, Pierre Méhaignerie était devenu bègue ; les autres rêvaient que la Providence, qui sait bien ce qu'elle fait, vînt leur reprendre ce qu'elle leur avait donné, ce candidat inutilisable et inutilisé.

À l'Assemblée où il se rendait comme l'on va professer, M. Barre, assis, bien assis, levait ses mains replètes pour approuver le Premier ministre, mais fermait les yeux pour dormir. Il dormait plus qu'il n'approuvait. De temps en temps, quand ses amis, ses alliés, ceux qui l'avaient autrefois d'abord soutenu, puis supporté, étaient mis en cause par la gauche, il riait en camarade ; la simple évocation du RPR le mettait en joie, et il sautait autant qu'il en était capable, ce qui correspondait à une sorte de battement de porte cochère sur un banc où ses voisins, navrés, en rougissaient de honte, à l'exception de Mme Boutin, député des Yvelines, sorte de Barre femelle mais réduit de moitié, avec qui il formait un couple de rentiers morganatiques, hilares et sentencieux.

Avec cela, irréprochable.

La vertu même.

Stéphane Denis

Dans son bureau meublé comme chez un dentiste, il jouait au général de Gaulle, poussait trois fois “hélas ! ” et donnait le cafard aux visiteurs assez courageux pour risquer l’aventure.

À la certitude réconfortante que si tout allait mal, cela irait plus mal encore, il ajoutait des visions planétaires, citait Joseph Prud’homme à travers la banquise, corrigeait les copies des cent dix-sept nations et donnait son avis jusqu’à San Francisco.

Il était assez difficile d’y échapper, sauf quand il partait en voyage.

On ne pouvait nier sa compétence. On souhaitait simplement qu’il la gardât pour lui.

Du haut des galeries où on les consignait, les journalistes de l’Assemblée trompaient leur ennui en pariant sur ses éveils. »

Mitterrand s’en va. La semaine sanglante,
Olivier Orban, 1992.

Matthieu Galey
(1934-1986)

Plus que ses critiques littéraires et théâtrales publiées dans *L'Express*, c'est son *Journal* qui révèle le mieux le coup d'œil et le talent de plume de Matthieu Galey. 1953-1986 : trente ans de vie littéraire, mondaine et politique, trente ans de vagabondage, trente ans de coups de cœur et de coups de griffes en tous genres. Les responsables politiques, Galey les regardait comme sur scène, à distance mais sans rien perdre de leurs jeux et de leurs ronds de jambe. Ses portraits sont des instantanés, pris sur le vif. Ici, Edgar Faure, alors président de l'Assemblée nationale ou bien François Mitterrand, à peine élu président, en marge du festival d'Avignon, puis lors d'une réception donnée par Gaston Defferre au ministère de l'Intérieur.

Matthieu Galey

Edgar Faure : « Les doigts dans le nez »

« 25 décembre 1973

Edgar Faure, en petit comité, chez Dominique Fabre. Remonté comme une pendulette, le tic-tac est régulier. C'est un homme qui fonctionne tout seul ; sa mécanique détaille le raisonnement, l'anecdote, le souvenir, avec une imperturbable facilité, sans trop se préoccuper de l'interlocuteur, simple raquette à renvoyer la parole. Au reste, de temps en temps, son regard semble se renverser à l'intérieur de la tête, comme s'il ne dominait pas tout à fait ses muscles oculaires.

Il boit, mange avec voracité, se cure les dents et le nez avec les doigts, prestement. Le parfait gentleman qui ne veut pas être embêté par un bout de viande ou une crotte de morve. L'air des gens qui s'en foutent. Le russe, le parle-t-il vraiment ? Gala Barbisan dit que oui. Lui aussi… Mais pas le langage populaire : "Je ne sais pas dire carotte. Un jour, un ministre m'a fait remarquer : "Edgar Ivanovitch, vous parlez comme un émigré." C'est peut-être pour cela qu'ils m'aiment bien, les Soviétiques…" Ce soir, il insiste curieusement sur son caractère "réactionnaire". Mais pour se faire un mérite de son libéralisme. Pour lui, l'affaire Lip était insoluble avec Piaget, idéaliste brouillon qui lui disait toujours : "Monsieur le ministre, nous, on est des petits, on paie pour les gros. Que voulez-vous ? Nous, on sait pas, on est des petits. C'est à vous de voir."

Mais il fallait que rien ne change et que tout s'arrange, par miracle, alors que l'affaire était en faillite.

Sur l'enseignement, qui reste sa grande période, il semble garder une certaine amertume, surtout vis-à-vis des médecins, qui ont eu sa peau. Mais il se défend mal sur le chapitre du *numerus clausus*, auquel il était opposé : "Moi je voulais que tous puissent être médecins s'ils le désiraient.

— Mais s'ils n'avaient pas pu exercer ensuite ?

— Eh bien ils seraient devenus garagistes."

"En politique, il faut avoir l'autorité et le pouvoir. Pompidou a le second, sans la première. J'ai la première, sans l'autre… pour l'instant. L'intéressant, c'est l'importance qu'il attache au bon homme politique, à l'opinion locale, dans sa circonscription. Une bonne partie de ses actes – nationaux – n'ont d'autre raison que d'impressionner les électeurs de Pontarlier. Mais, dit-il, la tare des démocraties, c'est d'avoir besoin d'un homme comme moi pour obtenir des routes et des hôpitaux. Un député moyen n'obtient rien. Faute d'autorité."

Louise, toujours glapissante, raconte qu'elle avait l'autre jour un dîner, avec une table que présidait un ministre. Celui-ci se décommande au dernier moment. "Ne t'inquiète pas, dit Edgar, je descends et je vais t'en trouver un autre." Ce qui fut fait. La pêche au ministre dans les couloirs de l'Assemblée. Drôle de vivier !

Discussion assez coquinette sur le prix de l'habit (de président), qu'elle a dû payer quatre mille francs, avec réduction, chez Gardin. Lucie est scandalisée qu'on ne lui ait pas remboursé ce costume de fonction.

“Maintenant, je ne veux plus contribuer à l’argent du ménage.”

Moi : “Il ne vous restait pas le frac de votre mariage ?”

Lui : “Non, je me suis marié en veston et Lucie en tailleur bleu acier. Nous étions pauvres et révolutionnaires.” »

Journal (1953-1973),
Grasset, 1987.

François Mitterrand : « Un petit saurien en costume beige »

« 15 juillet 1981

Samedi dernier, dans la matinée, le festival me téléphone pour savoir si je veux assister à la réception intime de Mitterrand, qui passe quelques heures en Avignon le soir même. Daniel va chercher nos laissez-passer. Nous sommes à l’hôtel de Mons à l’heure dite, sur notre trente-et-un, mais sans cravate. Toute la presse est là, de droite à gauche, avec de subtiles nuances dans la vêture, du jean et gilet sans manches de *Libération* au costume d’été avec foulard de soie de *L’Observateur*.

Le président arrive accompagné de ses deux “maîtres Jack” : Ralite avec sa tête de reître médiéval et Lang tout de rose vêtu… Madame suit, en petite robe blanc et noir, chaperonnée par Mme Lang. Le couple se partage le pouvoir… Mais aussi Edmonde et Defferre, grands féodaux voisins venus accueillir le suzerain, et Duffaut, le maire, vieille musaraigne chauve. Edmonde, au passage, me présente au président. Manifestement, mon nom ne dit rien à ce monsieur affable et distant, un vague sourire ironique aux lèvres minces, mais l'œil vif, perçant, légèrement bigle, m'a-t-il semblé.

Un petit saurien en costume beige. Il continue son tour, ses poignées de main, ses miniconversations, puis atteint le cercle des journalistes où je me trouve. Lecat me présente à nouveau. Sourire, connivence. Entre-temps, sans doute, la fiche lui est revenue à la mémoire, où *L'Express*, accolé à mon nom, lui ouvre l'esprit. En dédommagement de son silence de la première fois, il m'honore de quelques phrases : “Il me semble que nous avons été en correspondance, à propos de Chardonne” (jamais écrit, mais enfin… c'est lui qui a répondu poliment à mon envoi des *Yeux ouverts*, avec quelques lignes manuscrites. Je le lui rappelle). Puis, ne sachant plus très bien quoi dire (et toujours pensant à Chardonne, et à Yourcenar, peut-être) : “Il me semble que nous partageons souvent les mêmes goûts littéraires…” Dit d'un ton plein de sous-entendus, à l'Aragon. Tout autour, on s'étonne de cet aparté. Moi aussi. Me voici dans les faveurs du prince, en apparence, alors que nous ne nous connaissons pas le moins du monde, et que je ne partage pas du tout ses idées. Mais en sept ans, je n'ai jamais rencontré Giscard en privé. Drôle.

Plus tard, au Palais, une réception, beaucoup plus achalandée, avec les “personnalités culturelles” de la région : Sabatier, Lacouture, etc., y compris Navarre, qui réussit à se glisser à la table présidentielle, entre Madame et Jack Lang. En face de lui, Mnouchkine, Maréchal, Bourdet, Edmonde. L'art officiel ? »

Matthieu Galey

«3 mars 1982

Ce n'est pas très beau, l'intérieur du ministère de l'Intérieur. On dirait un grand hôtel 1880, avec de vilains marbres en fromage de tête, et le salon me paraît meublé de bric et de broc, avec des meubles "de style" mélangés à du confortable bourgeois comme on en voit dans les grands magasins, canapés velours et fauteuils assortis, éperdument conventionnels.

L'assemblée est très hétéroclite. Les invités de Grasset – et ceux des Defferre, que nous ne connaissons guère : les Jospin, les Quilès, etc. En commun, tout de même, Debray, Guimard, Pivot, les Bazin, Lanoux, etc. Madame prépare son élection.

Mitterrand arrive un peu tard : on avait, paraît-il, oublié sa femme rue de Bièvre, et la pauvre attendait... Il fait le tour de chacun, très royal. Tout petit. Sa pâleur me frappe : il est diaphane comme un cadavre qu'on aurait tiré de sa boîte, mais vivant, alerte, disert, présent. J'ai droit, comme d'ordinaire, à une petite phrase sur Chardonne, et ce sera pratiquement tout, car le dîner est à plusieurs tables, et je ne suis pas à la sienne. Moi, j'hérite de Mme Lanoux, Russe passée de fleur, qui pépie des confidences sur ses enfants (illégitimes), et de Tototte (aussi présentée à Mitterrand... par Edmonde) qui me parle un peu de sa jeunesse à New York, de son père, se disant beaucoup moins Rothschild que Muhlstein. Un joli lapsus d'Edmonde, hôtesse : "Jean-François Josselin, du *Nouvel Observatoire*." Malheureusement, ce n'était pas à Mitterrand qu'elle parlait.»

Journal (1974-1986),
Grasset, 1989.

Jean Giono
(1895-1970)

La politique conçue comme l'exercice du pouvoir, Giono, comme la guerre, l'avait en horreur. Des romanciers contemporains, il est pourtant celui qui en a le mieux parlé. Encore fallait-il que ses personnages appartiennent à l'histoire. Dans *Le Désastre de Pavie* publié en 1963, Giono affronte avec une liberté stupéfiante les deux acteurs principaux d'une bataille qui, paraît-il, a fait la France dans les plaines lombardes, un jour de février 1525. Charles Quint et François Iᵉʳ, face à face mais à distance : Giono croise leurs portraits d'entrée de jeu. Le premier, celui « d'un empereur de sang flamand », ce qui « le prédispose à la bourgeoisie » et « lui donne cinquante ans d'avance sur les caractères de son siècle ». Il prendra d'ailleurs « sa retraite à cinquante-cinq ans, comme un douanier ». François Iᵉʳ, c'est tout l'inverse : « c'est un roi prolétaire, c'est-à-dire un roi qui travaille pour lui-même » mais qui reste la légèreté incarnée. D'où sa défaite.

Jean Giono

François Ier : « Le glissement pantouflard du professionnel »

« Il est de six ans plus vieux que Charles Quint : en réalité d'un siècle plus vieux. En face de l'empereur bourgeois, c'est un roi prolétaire, c'est-à-dire un roi qui travaille lui-même. Les Amadis, il les dépasse, les Phoebus, il les éclipse, c'est un parfait "héros pour femmes". L'attitude de sa mère, Louise de Savoie, et de sa sœur Marguerite d'Angoulême, ressemble fort, pendant toute sa jeunesse, à celle des jeunes veuves et des jeunes filles qui ont le droit, devant Dieu et même devant l'opinion publique, d'idolâtrer un petit homme dans le fils et le frère. On ne sait jamais très exactement où un tel sentiment va chercher ses plaisirs, mais ils sont vifs et capables de créer des chefs-d'œuvre. François en est un.

Quand Louis XII, retour d'Italie, voit à Lyon le jeune homme venir à sa rencontre, il dit : "Quel beau garçon !"

Quand ce prince sera sur le trône à la fleur de sa jeunesse, avec la mine et la taille d'un héros, avec une merveilleuse adresse dans tous les nobles exercices d'un cavalier, brave, libéral, magnifique, civil, débonnaire et bien disant, il attirera l'adoration du peuple et l'amour de la noblesse autant dans son royaume que dans le royaume des autres. Il aurait été le plus grand des rois si la trop haute opinion de lui-même que lui donnèrent tant de belles qualités ne l'avait pas laissé envelopper par les charmes des dames et par les flatteries des courtisans qui lui gâtèrent l'esprit et l'épanchèrent presque tout en dehors dans de vaines fanfares et de fastueuses apparences.

François a deux mètres de haut, et les philtres d'adoration dans lesquels il a baigné ont rendu cette stature délectable. Il a la séduction des Rastignac, si efficace dans les capitales. Composé jour après jour par les malentendus sentimentaux de sa mère et de sa sœur, il a le regard plein d'arrière-regards des hommes prêts à tout comprendre. Il a été fabriqué pour traîner les cœurs après lui : il les traîne ; il en consomme ; sa bouche est comme un quartier d'abricot dans la plus belle barbe de son siècle, riche en barbes. Il est exactement celui dont les hommes disent qu'il y a des coups de pied de Vénus qui se perdent. (En réalité ils ne se perdront pas.) Mais, s'il a parfois le glissement pantouflard du professionnel qui va chercher son lait en pyjama à onze heures du matin, il est le soleil en personne sur son cheval dans les tournois, dans les batailles et dans les courses, et il réussit à chaque coup le tour de force de se faire aimer par les jaloux. Louise de Savoie peut être fière. Elle l'est : on n'imite pas le courage ; si on s'y risque, on perd au moins la face. S'il séduit les femmes, c'est avec l'œil gras, mais s'il séduit les hommes (et les Bayard, les La Trémoille, les La Palice), c'est avec sa bravoure désintéressée, généreuse, même prodigue. Il fait avec l'Europe une politique d'amant. Il reçoit Henri VIII dans des draps d'or ; il envoie des poulets lestés d'émeraudes aux grands électeurs ; il affiche (et il a) pour Milan une passion à le conduire en cour d'assises. Mais, quand le président Guillart lui dit, à propos de l'Empire : "Persuadez les Allemands, au lieu de les acheter ; obtenez auprès d'eux la préférence sur votre rival, pour les éclatants mérites de votre personne et les grandes ressources de votre puissance", il lui répond d'une encre dont le commerce avec les femmes fait tout le rouge éclatant : "Si nous avions à besogner à gens vertueux, ou ayant l'ombre de vertus, votre expédient serait très honnête ; mais en temps qui court de présent, qui en veut avoir, soit papauté, ou empire, ou autre chose, il y faut venir par les moyens de dons et force, et ceux auxquels on a à besogner ne font la petite bouche de demander…"

Il n'est pas candide : il sait que "je t'aime" c'est "j'aime ce que tu as" ; il sort de la Table ronde, mais par l'escalier de service et volontairement, pour rencontrer beaucoup de gens qui connaissent la vie. »

Le Désastre de Pavie. 24 février 1525,
Gallimard, 1963.

Françoise Giroud
(1916-2003)

Journaliste, écrivaine, femme politique, Françoise Giroud incarne *L'Express* des années fastes. Un style, un ton, une élégance jusque dans le claquement de dents. Les portraits que trace Françoise Giroud ne sont jamais des charges de cavalerie. Mais au détour d'une phrase, quand vient le moment de conclure, un seul mot suffit, qui fait tomber le couperet et la tête avec lui. Dans le *Journal d'une Parisienne*, récit au jour le jour de l'année 1993, c'est Édouard Balladur qui trinque. Ce 15 mai, il est le tout nouveau Premier ministre de François Mitterrand, dans le cadre d'une cohabitation que l'on dit «de velours». En quatre lignes à peine, avec une rare économie de moyens, le voilà dessiné ou mieux, mis à nu.

Françoise Giroud

Édouard Balladur : « Les mains sales »

« S. me rapporte un trait de Balladur. Il ne supporte pas d'avoir les mains sales, si peu que ce soit. C'est pourquoi on le voit toujours ganté. Plusieurs fois par jour, il se frotte les mains avec un Kleenex imprégné d'eau de Cologne. Curieuse petite névrose… Le shah d'Iran avait la même. »

Journal d'une Parisienne,
Seuil, 1994.

Jean-Edern Hallier
(1936-1997)

Écrivain, journaliste, maître-chanteur à ses heures, Jean-Edern Hallier était un pamphlétaire adepte de la chasse au gros. Avant de se mettre sur la piste de François Mitterrand, coupable à ses yeux de ne pas l'avoir récompensé au prix qu'il estimait, il a tenu dans son viseur le président d'avant, Valéry Giscard d'Estaing. *Lettre ouverte au colin froid* se présente comme « un outrage revendiqué au président de la République ». De fait, ça l'est. Publiée en 1979, cette lettre furieuse et déjantée a ceci de paradoxal qu'elle n'évite aucune outrance, tout en annonçant les angles de tir qui seront ceux de la battue de mai 1981.

Valéry Giscard d'Estaing :
« Colin froid ! »

« Colin froid, tu n'es qu'un épiphénomène. Giscard, ou d'Estaing, Valéry ou Brin-d'Oison, M. Prudhomme ou colin fainéant, tu es n'importe quoi, roudoudou, ou vermicelle, schmilblick de la grande bourgeoisie, pour donner corps à ta propre existence infatuée d'elle-même... Mais tu trônes dans les coussins du carrosse de l'ère-néo, la nôtre. Et ceux qui n'en devraient être que les septièmes roues, les bacilles à gilet rayé, en sont devenus les premières, par la grâce de la société informationnelle. Qu'on ne me dise pas : "C'est s'abaisser que de s'en prendre à des valets ! " Moi, je crève les roues : le carrosse, reposant sur elles, dès lors se déversera sur le bas-côté. Et le roi en déboulera, chausses par-dessus tête, perruque de traviole, et vous verrez son cul !

D'ailleurs, il n'avance pas, le colin-carrosse : il produit l'illusion médiatisée du mouvement. Sa méthode Coué : la néologie, qui se contente du préfixe nouveau pour désigner ce que justement elle a fait disparaître, et dont soudain elle se réclame, sur la base de la résurrection fixiste de ses modèles antérieurs – la philosophie, la cuisine, que sais-je, la nouvelle rhubarbe et le romantisme, le pur-sang par le crottin, et le suicide de Caroline von Ghelderode par les nouveaux liquides colorants. Décidément, la nostalgie n'est plus ce qu'elle était. Qu'est devenue Simone Signoret, mon adorée ? Ses yeux, son visage : deux émeraudes dans un sac de graisse. Et la presse de jadis ? La politique ? La pensée ? Le même épouvantable vieillissement des choses jonche le temps qui passe. Le goût du passé ne s'apprend pas. L'enfant qu'il hante, et je suis cet enfant-là, est triste à sept ans d'avoir atteint ce qu'on appelle autour de lui l'âge de raison : il refuse de grandir ; il retient à lui un monde fuyant, éphémère, insaisissable, son cheval de bois, son ours, son tricycle sur une esplanade éblouissante. L'avenir, il faut lutter tous les jours pour qu'il continue à vous appartenir en propre. L'avenir et le passé se ressemblent : une double évasion. Tout figer dans le temps retrouvé, c'est l'ABC de la société de consommation : un universel replâtrage, une restauration tous azimuts ravalant fantasmatiquement les façades irréelles des édifices écroulés. Viollet-le-Duc, architecte de Badinguet, est revenu ! On badigeonne le néant, à coups de fonds secrets. Trou des Halles, le rien dans le rien... Fosse creusée pour y coucher passé, présent, avenir, culture, poème et mon grand corps roué à coups de nageoires par un colin bourreau vêtu de rouge ? "Besdames et Bessieurs, suivez le guide. Je n'ai rien à vous montrer qu'un trou d'être, l'architecture de la vacuité." Tel est aussi le néo-libéralisme, il ne mime pas seulement la grandeur défunte du libéralisme lui-même, il ne cesse de se proclamer lui-même pour ce qu'il voudrait être. Colin se choisirait-il biche, ou pot de moutarde, la giscarte resterait toujours cette morne arnaque aux tarots où Mme Irma ânonne sa propre compétence, en trempant son doigt dans le bocal de la télévision pour prophétiser : “Je suis tiède, donc le pays est tiède.”

Car la néologie, tu parles, relève de la tautologie, ce vice d'élocution grâce auquel la même chose est perpétuellement redite : France, ton disque est rayé... Mais la meilleure manière de buter sur le sillon, sans que nul paraisse s'en formaliser, c'est la fameuse valse répétitive appelée : lapalissade. On la danse à l'Élysée, au bal à Jo, on s'encanaille à la rythmer au Palace, idem : *bis repetita placent*. Tout ce qui nous reste du latin de la nouvelle cuisine consiste à assister bouche bée à cette liturgie engourdissante. Collabescence et lypémanie vont de pair, la torpeur s'aggrave. Bourdonnements de la mouche tsé-tsé – la maladie du sommeil se prolonge. Mornes piétinements, évidences tournoyantes, pour les cireuses de parquet de Caillebotte. Moi, d'autres tableaux me hantent : le triptyque de la *Tentation* de Jérôme Bosch, où, sous le regard d'un prêtre à la tête porcine dont les entrailles décomposées sortent d'une chasuble, deux vilains chevauchent un grand poisson gris, symbole de la cupidité, colin des profondeurs englouties du Moyen Âge dont je m'efforce de déchiffrer le message adventice. Un jour, oui, le colin remplacera l'homme. Ah ! ce jour est-il arrivé ? Peut-être, mais en attendant, comment traiter le colin ? J'interrogeai à ce sujet M. Clovis, marchand de poisson à Trouville. Il grommela :

— Ça dépend, si on le calque ou si on l'étête, pt'êt ben qu'on pourra le conserver un jour de plus.

Vais-je étêter le Giscard ? Il faut croire que c'est déjà fait : la seule parole étant de redoublement, la répétition infinie, la seule nuance, le solécisme, erreur de syntaxe qui en découle. Grammaire en creux ! Simulation indicielle du réel : selon Léonard de Vinci, un art devient décadent quand il a cessé d'imiter la nature, pour imiter l'art lui-même. La vie se changeant en réplique du modèle, ce dernier devient l'agent déterminant de la réalité. Ainsi l'irréalité atteint-elle son comble ; plus de raison, un délire à plat, qui n'a même pas le mérite d'être délirant…

Suis-je clair, bonnes gens ? La gracieuse débilité de Colin Ier vous saute-t-elle aux yeux ? À moins que vous ne soyez colin vous-même, vous m'approuverez. Et si, d'aventure, ce raisonnement vous paraît inconvenant, pour vous il est déjà trop tard, des écailles frétillent sous la flanelle de votre veston. Et votre odeur déjà écœurante éloigne de vous tous les honnêtes gens. Malheur maussade, où, en une sorte de fascination glauque, dégoûtée, vous ressasserez : “Moi, j'ai voté pour le colin. Qui mettre à sa place ? ” Comme s'il s'agissait de poulet à pistou, de macaroni à piston, d'un pisse-vinaigre quelconque, ou de l'épouvantable difficulté de composer un menu tous les jours. Dès lors, le colin perdure, la néologie même renouvelle son essence. Le postulat cartésien s'en trouve renversé. Ce n'est plus : je pense donc je suis, mais : je suis donc je pense. Sur la feutrine gris-gris, genre herbe brûlée, de la table du Conseil des ministres, c'est ainsi que l'on se conjugue soi-même :

— Je rumine, donc je vous embouse. Pour la borne kilométrique, je suis borné, donc j'indique. Et pour le grand chêne de la pensée, on ne m'abattra pas de sitôt avec ces preuves par l'existence. Car le colin est la preuve du colin, comme Giscard est la preuve même de Giscard. La preuve, il parle comme la plus grosse firme mondiale de location de voitures, Hertz, dans ses dépliants de publicité : "... Soyons logiques, si vous ne trouvez pas en nous quelque chose de plus, nous ne serions pas arrivés à la position que nous occupons." Un autre ferait la même annonce. De même, Giscard peut-il proclamer : "... La preuve que je pense, c'est que je suis président, et tout ce qu'un président affirme se change par conséquent en pensée, comme la prééminence de Hertz se prouve par Hertz lui-même."»

Lettre ouverte au colin froid,
Albin Michel, 1979.

Victor Hugo
(1802-1885)

La Légende des siècles, c'est lui : le XIXe dans le moindre détail et la moindre nuance. *Choses vues*, c'est encore lui, puisqu'il est le voyant auquel rien n'échappe. Légitimiste dans sa jeunesse, orléaniste dans la maturité, bonapartiste toujours mais pas avec l'héritier, républicain sur le tard mais avec une telle force que la vague recouvrit tout le reste. Privilège des hommes de plume : plus leur registre est large et moins leur passé laisse de traces. Hugo est le plus grand peintre de son temps. Pour la grande Révolution, il choisit la fresque, et c'est son roman *1793*. Pour la monarchie de Juillet, 1848 et la montée d'un bonapartisme de « malfaiteurs », il opte pour la miniature et c'est un journal, publié après sa mort. Pour le Second Empire, enfin, c'est l'eau-forte qui s'impose et c'est *Napoléon le petit* ou bien *Histoire d'un crime*. Tous les portraits ci-dessous – celui des députés de la Convention est collectif – sont extraits de ces quelques ouvrages.

Victor Hugo

La Convention : « Des fauves sur une montagne, des reptiles dans un marais »

« Qui voyait l'Assemblée ne songeait plus à la salle. Qui voyait le drame ne pensait plus au théâtre. Rien de plus difforme et de plus sublime. Un tas de héros, un troupeau de lâches. Des fauves sur une montagne, des reptiles dans un marais. Là fourmillaient, se coudoyaient, se provoquaient, se menaçaient, luttaient et vivaient tous ces combattants qui sont aujourd'hui des fantômes.

Dénombrement titanique.

À droite, la Gironde, légion de penseurs ; à gauche, la Montagne, groupe d'athlètes. D'un côté, Brissot, qui avait reçu les clefs de la Bastille ; Barbaroux, auquel obéissaient les Marseillais ; Kervélégan, qui avait sous la main le bataillon de Brest caserné au faubourg Saint-Marceau ; Gensonné, qui avait établi la suprématie des représentants sur les généraux ; le fatal Guadet, auquel une nuit, aux Tuileries, la reine avait montré le dauphin endormi ; Guadet baisa le front de l'enfant et fit tomber la tête du père ; Salles, le dénonciateur chimérique des intimités de la Montagne avec l'Autriche ; Sillery, le boiteux de la droite, comme Couthon était le cul-de-jatte de la gauche ; Lause-Duperret, qui, traité de *scélérat* par un journaliste, l'invita à dîner en lui disant : "*Je sais que* 'scélérat' *veut simplement dire 'l'homme qui ne pense pas comme nous'*" ; Rabaut-Saint-Étienne, qui avait commencé son Almanach de 1790 par ce mot :

La Révolution est finie ; Quinette, un de ceux qui précipitèrent Louis XVI ; le janséniste Camus, qui rédigeait la constitution civile du clergé, croyait aux miracles du diacre Pâris, et se prosternait toutes les nuits devant un Christ de sept pieds de haut cloué au mur de sa chambre ; Fauchet, un prêtre qui, avec Camille Desmoulins, avait fait le 14 juillet ; Isnard, qui commit le crime de dire : *Paris sera détruit*, au moment même où Brunswick disait : *Paris sera brûlé* ; Jacob Dupont, le premier qui cria : *Je suis athée*, et à qui Robespierre répondit : *L'athéisme est aristocratique* ; Lanjuinais, dure, sagace et vaillante tête bretonne ; Ducos, l'Euryale de Boyer-Fonfrède ; Rebecqui, le Pylade de Barbaroux ; Rebecqui donnait sa démission parce qu'on n'avait pas encore guillotiné Robespierre ; Richaud, qui combattait la permanence des sections ; Lasource, qui avait émis cet apophtegme meurtrier : *Malheur aux nations reconnaissantes !* et qui, au pied de l'échafaud, devait se contredire par cette fière parole jetée aux montagnards : *Nous mourons parce que le peuple dort, et vous mourrez parce que le peuple se réveillera* ; Biroteau, qui fit décréter l'abolition de l'inviolabilité, fut ainsi, sans le savoir, le forgeron du couperet, et dressa l'échafaud pour lui-même ; Charles Villatte, qui abrita sa conscience sous cette protestation : *Je ne veux pas voter sous les couteaux* ; Louvet, l'auteur de *Faublas*, qui devait finir libraire au Palais-Royal avec Lodoïska au comptoir ; Mercier, l'auteur du *Tableau de Paris*, qui s'écriait : *Tous les rois ont senti sur leurs nuques le 21 janvier* ; Marec, qui avait pour souci "la faction des anciennes limites" ; le journaliste Carra qui, au pied de l'échafaud, dit au bourreau : *Ça m'ennuie de mourir. J'aurais voulu voir la suite*; Vigée, qui s'intitulait grenadier dans le deuxième bataillon de Mayenne-et-Loire, et qui, menacé par les tribunes publiques, s'écriait : *Je demande qu'au premier murmure des tribunes, nous nous retirions tous, et marchions à Versailles, le sabre à la main!* Buzot, réservé à la mort de faim; Valazé, promis à son propre poignard; Condorcet, qui devait périr à Bourg-la-Reine devenu Bourg-Égalité, dénoncé par l'Horace qu'il avait dans sa poche; Pétion, dont la destinée était d'être adoré par la foule en 1792 et dévoré par les loups en 1793; vingt autres encore, Pontécoulant, Marboz, Lidon, Saint-Martin, Dussaulx, traducteur de Juvénal, qui avait fait la campagne de Hanovre, Boilleau, Bertrand, Lesterp-Beauvais, Lesage, Gomaire, Gardien, Mainvielle, Duplantier, Lacaze, Antiboul, et en tête un Barnave qu'on appelait Vergniaud.

De l'autre côté, Antoine-Louis-Léon Florelle de Saint-Just, pâle, front bas, profil correct, œil mystérieux, tristesse profonde, vingt-trois ans; Merlin de Thionville, que les Allemands appelaient Feuer-Teufel, “le diable de feu”; Merlin de Douai, le coupable auteur de la loi des suspects; Soubrany, que le peuple de Paris, au premier prairial, demanda pour général; l'ancien curé Lebon, tenant un sabre de la main qui avait jeté de l'eau bénite; Billaud-Varenne, qui entrevoyait la magistrature de l'avenir; pas de juges, des arbitres; Fabre d'Églantine, qui eut une trouvaille charmante, le calendrier républicain, comme Rouget de Lisle eut une inspiration sublime, *La Marseillaise*, mais l'un et l'autre sans récidive ; Manuel, le procureur de la Commune, qui avait dit : *Un roi mort n'est pas un homme de moins* ; Goujon, qui était entré dans Tripstadt, dans Newstadt et dans Spire, et avait vu fuir l'armée prussienne ; Lacroix, avocat changé en général, fait chevalier de Saint-Louis six jours avant le 10 août ; Fréron-Thersite, fils de Fréron-Zoïle ; Rulh, l'inexorable fouilleur de l'armoire de fer, prédestiné au grand suicide républicain, devant se tuer le jour où mourrait la république ; Fouché, âme de démon, face de cadavre ; Camboulas, l'ami du père Duchesne, lequel disait à Guillotin : *Tu es du club des Feuillants, mais ta fille est du club des Jacobins* ; Jagot qui, à ceux qui plaignaient la nudité des prisonniers, répondait ce mot farouche : *Une prison est un habit de pierre* ; Javogues, l'effrayant déterreur des tombeaux de Saint-Denis ; Osselin, prescripteur qui cachait chez lui une proscrite, madame Charry ; Bentabolle, qui, lorsqu'il présidait, faisait signe aux tribunes d'applaudir ou de huer ; le journaliste Robert, mari de mademoiselle Kéralio, laquelle écrivait : *Ni Robespierre, ni Marat ne viennent chez moi ; Robespierre y viendra quand il voudra, Marat jamais* ; Garan-Coulon, qui avait fièrement demandé, quand l'Espagne était intervenue dans le procès de Louis XVI, que l'Assemblée ne daignât pas lire la lettre d'un roi pour un roi ; Grégoire, évêque, digne d'abord de la primitive Église, mais qui plus tard sous l'empire effaça le républicain Grégoire par le comte Grégoire ; Amar qui disait : *Toute la terre condamne Louis XVI. À qui donc appeler du jugement ? aux planètes* ; Rouyer, qui s'était opposé, le 21 janvier, à ce qu'on tirât le canon du Pont-Neuf, disant : *Une tête de roi ne doit pas faire en tombant plus de bruit que la tête d'un autre homme*; Chénier, frère d'André; Vadier, un de ceux qui posaient un pistolet sur la tribune; Panis, qui disait à Momoro : *– Je veux que Marat et Robespierre s'embrassent à ma table chez moi. – Où demeures-tu? – À Charenton. – Ailleurs m'eût étonné*, disait Momoro; Legendre, qui fut le boucher de la révolution de France comme Pride avait été le boucher de la révolution d'Angleterre; – *Viens, que je t'assomme*, criait-il à Lanjuinais. Et Lanjuinais répondait : *Fais d'abord décréter que je suis un bœuf*; Collot d'Herbois, ce lugubre comédien, ayant sur la face l'antique masque aux deux bouches qui disent Oui et Non, approuvant par l'une ce qu'il blâmait par l'autre, flétrissant Carrier à Nantes et déifiant Châlier à Lyon, envoyant Robespierre à l'échafaud et Marat au Panthéon; Génissieux, qui demandait la peine de mort contre quiconque aurait sur lui la médaille *Louis XVI martyrisé*; Léonard Bourdon, le maître d'école qui avait offert sa maison au vieillard du Mont-Jura; Topsent, marin, Goupilleau, avocat, Laurent Lecointre, marchand, Duhem, médecin, Sergent, statuaire, David, peintre, Joseph Égalité, prince. D'autres encore : Lecointre Puiraveau, qui demandait que Marat fût déclaré par décret «en état de démence»; Robert Lindet, l'inquiétant créateur de cette pieuvre dont la tête était le Comité de sûreté générale et qui couvrait la France de ses vingt et mille bras, qu'on appelait les comités révolutionnaires; Lebœuf, sur qui Girey-Dupré, dans son *Noël des faux patriotes*, avait fait ce vers : *Lebœuf vit Legendre et beugla.* Thomas Payne,

Américaine, et clément ; Anacharsis Cloots, Allemand, baron, millionnaire, athée, hébertiste, candidate ; l'intègre Lebas, l'ami des Duplay ; Rovère, un des rares hommes qi sont méchants pour la méchanceté, car l'art pour l'art eciste plus qu'on ne croit ; Charlier, qui voulait qu'on dît *vous* aux aristocrates ; tallien, élégiaque et féroce, qui fera le 9 thermidor par amour ; Cambacérès, procureur qui sera prince, Carrier, procureur qui sera tigre ; Laplanche, qui s'écria un jour : *Je demande la priorité pour le canon d'alarme* ; Thuriot, qui voulait le vote à haute voix des jurés du tribunal révolutionnaire ; Bourdon de l'Oise, qui provoquait en duel Chambon, dénonçait Payne, et était dénoncé par Hébert ; Fayau, qui proposait l'envoi d'une armée incendiaire dans la Vendée ; Tavaux, qui le 13 avril fut presque un médiateur entre la Gironde et la Montagne ; Vernier, qui demandait que les chefs girondins et les chefs montagnards allassent servir comme simples soldats ; Rewbell qui s'enferma dans Mayence ; Bourbotte qui eut son cheval tué sous lui à la prise de Saumur ; Guimberteau qui dirigea l'armée des Côtes de Cherbourg ; Jard-Panvilliers qui dirigea l'armée des Côtes de La Rochelle, Lecarpentier qui dirigea l'escadre de Cancale ; Roberjot qu'attendait le guet-apens de Rastadt ; Prieur de la Marne qui portait dans les camps sa vieille contre-épaulette de chef d'escadron ; Levasseur de la Sarthe qui, d'un mot, décidait Serrent, commandant du bataillon de Saint-Amand, à se faire tuer ; Reverchon, Maure, Bernard de Saintes, Charles Richard, Lequinio, et au sommet de ce groupe un Mirabeau qu'on appelait Danton.

En dehors de ces deux camps, et les tenant tous deux en respect, se dressait un homme, Robespierre. »

Quatre-vingt-treize, 1874.

Charles-Maurice de Talleyrand :
« Ce cerveau dans cet égoût. »

« 19 mai 1838.

Rue Saint-Florentin, il y a un palais et un égout.

Le palais, qui est d'une noble, riche et morne architecture, s'est appelé longtemps : *Hôtel de l'Infantado* ; aujourd'hui on lit sur le fronton de sa porte principale : *Hôtel Talleyrand*. Pendant les quarante années qu'il a habité cette rue, l'hôte dernier de ce palais n'a peut-être jamais laissé tomber son regard sur cet égout.

C'était un personnage étrange, redouté et considérable ; il s'appelait Charles-Maurice de Périgord ; il était noble comme Machiavel, prêtre comme Gondi, défroqué comme Fouché, spirituel comme Voltaire et boiteux comme le diable. On pourrait dire que tout en lui boitait comme lui ; la noblesse, qu'il avait faite servante de la république, la prêtrise, qu'il avait traînée au Champ de Mars, puis jetée au ruisseau, le mariage, qu'il avait rompu par vingt scandales et par une séparation volontaire, l'esprit, qu'il déshonorait par la bassesse. Cet homme avait pourtant sa grandeur.

Les splendeurs des deux régimes se confondaient en lui ; il était prince du vieux royaume de France et prince de l'empire français.

Pendant trente ans, du fond de son palais, du fond de sa pensée, il avait à peu près mené l'Europe. Il s'était laissé tutoyer par la révolution, et lui avait souri ; ironiquement il est vrai ; mais elle ne s'en était pas aperçue. Il avait approché, connu, observé, pénétré, remué, retourné, approfondi, raillé, fécondé tous les hommes de son temps, toutes les idées de son siècle, et il y avait eu dans sa vie des minutes où, tenant en sa main les quatre ou cinq fils formidables qui faisaient mouvoir l'univers civilisé, il avait pour pantin Napoléon Ier, empereur des Français, roi d'Italie, protecteur de la confédération du Rhin, médiateur de la confédération suisse. Voilà à quoi jouait cet homme.

Après la révolution de Juillet, la vieille race dont il était grand chambellan, étant tombée, il s'était retrouvé debout sur son pied et avait dit au peuple de 1830, assis, bras nus, sur un tas de pavés : Fais-moi ton ambassadeur.

Il avait reçu la dernière confession de Mirabeau et la première confidence de Thiers. Il disait de lui-même qu'il était un grand poète et qu'il avait fait une trilogie en trois dynasties : acte Ier, l'*empire Buonaparte* ; acte II, la *maison de Bourbon*, acte III, la *maison d'Orléans*. Il avait fait tout cela dans son palais et, dans ce palais, comme une araignée dans sa toile, il avait successivement attiré et pris héros, penseurs, grands hommes, conquérants, rois, princes, empereurs, Bonaparte, Sieyès, Mme de Staël, Chateaubriand, Benjamin Constant, Alexandre de Russie, Guillaume de Prusse, François d'Autriche, Louis XVIII, Louis-Philippe, toutes les mouches dorées et rayonnantes qui bourdonnent dans l'histoire de ces quarante dernières années. Tout cet étincelant essaim, fasciné par l'œil profond de cet homme, avait successivement passé sous cette porte sombre qui porte, écrit sur son architrave : HÔTEL TALLEYRAND.

Eh bien ! avant-hier..., cet homme est mort. Des médecins sont venus et ont embaumé le cadavre. Pour cela, à la manière des Égyptiens, ils ont retiré les entrailles du ventre et le cerveau du crâne. La chose faite, après avoir transformé le prince de Talleyrand en momie et cloué cette momie dans une bière tapissée de satin blanc, ils se sont retirés, laissant sur une table la cervelle, cette cervelle qui avait pensé tant de choses, inspiré tant d'hommes, construit tant d'édifices, conduit deux révolutions, trompé vingt rois, contenu le monde.

Les médecins partis, un valet est entré, il a vu ce qu'ils avaient laissé : Tiens ! ils ont oublié cela. Qu'en faire ? Il s'est souvenu qu'il y avait un égout dans la rue, il y est allé et a jeté ce cerveau dans cet égout.

Finis rerum. »

Adolphe Thiers : « Un petit homme à l'état complet »

« 1848. M. Thiers veut traiter des hommes, des idées et des événements révolutionnaires avec la routine parlementaire. Il joue son vieux jeu des roueries constitutionnelles en présence des abîmes et des effrayants soulèvements du chimérique et de l'inattendu. Il ne se rend pas compte de la transformation de tout ; il trouve des ressemblances entre les temps où nous sommes et les temps où il a gouverné, et il part de là ; ces ressemblances existent en effet, mais il s'y mêle je ne sais quoi de colossal et de monstrueux. M. Thiers ne s'en doute pas, et va son train. Il a passé sa vie à caresser des chats, à les amadouer par toutes sortes de procédés câlins et de manières félines ; aujourd'hui il veut continuer son manège, et il ne s'aperçoit pas que les bêtes ont démesurément grandi, et que ce qu'il a maintenant autour de lui, ce ne sont plus des chats, ce sont des tigres.

Spectacle étrange que ce petit homme essayant de passer sa petite main sur le mufle rugissant d'une révolution.

Quand M. Thiers est interrompu, il se démène, croise ses bras, les décroise brusquement, puis porte ses mains à sa bouche, à son nez, à ses lunettes, puis hausse les épaules et finit par se saisir convulsivement, des deux mains, le derrière de la tête.

Voici un mot de M. Thiers qui peint M. Thiers : "Je n'ai pas de collègues ! "

Parole vraie de Thiers. (Système hypothécaire.)

"Je ne suis pas novateur, je ne suis pas novateur, cependant, cependant, cependant *(crescendo)* je ne veux pas défendre des traditions fâcheuses, fâcheuses. Je vous accorde l'expérience, je vous l'accorde ; je ne vous accorde pas la routine, je ne vous l'accorde pas. Savez-vous pourquoi ? "

"Que si vous voulez imiter le système prussien, le système polonais, je ne m'y oppose pas pour ma part, je ne m'y oppose pas pour ma part. Ce à quoi je m'oppose, avec toute l'énergie dont je suis capable, c'est la création du papier forcé, du papier forcé, du papier-monnaie. Savez-vous pourquoi ? ”

M. Thiers, M. Scribe, M. Horace Vernet, c'est le même homme sous les trois espèces différentes de l'homme politique, de l'auteur dramatique et de l'artiste. Ce qui prouve que cela est vrai, c'est que l'assimilation leur plairait à tous les trois. Talents faciles, clairs, abondants, rapides ; sans imagination, sans invention, sans poésie ; sans science, sans correction, sans philosophie, sans style ; improvisateurs quelquefois charmants, mais toujours vulgaires, lors même qu'ils sont charmants ; prenant la foule par tous ses petits côtés, jamais par les grands ; bourgeois plutôt que populaires ; compris plutôt qu'intelligents ; faits à l'image du premier venu, par conséquent triomphant toujours ; ayant les défauts qui plaisent sans les qualités qui choquent ; capables au besoin d'un vaste tableau, d'une longue pièce ou d'un énorme livre, mais où le petit se fera toujours sentir ; hommes du présent, vivant dans la minute, sans le souvenir d'hier et sans la divination de demain ; n'ayant ni le sens du passé ni l'instinct de l'avenir ; également antipathiques aux nouveautés et aux traditions ; travaillant beaucoup, pensant peu ; promis à une immense renommée et à un immense oubli ; créés pour faire vite, et pour passer vite.

M. Thiers, c'est le petit homme à l'état complet. De l'esprit, de la finesse, de l'envie ; de la supériorité par instants, quand il a réussi à se hisser sur quelque chose ; force gestes pour dissimuler la petitesse par le mouvement ; de la familiarité avec les grands événements, les grandes idées et les grands hommes, pour marquer peu d'étonnement, et par conséquent quelque égalité ; de l'entrain, du parlage, de l'impertinence, des expédients, de l'abondance, qualités qui prennent les gens médiocres ; dans la conversation, ni rayons, ni éclairs, mais cette espèce particulière d'étincelles qui éblouit les myopes ; dans le style, beaucoup de vulgarité naturelle, que le gros des lecteurs érige en clarté ; par-dessus tout, de l'aplomb, de l'audace, de la confiance ; taille basse et tête haute ; derrière soi, à portée de la main, dans le bagage, une foule de théories de toutes dimensions, c'est-à-dire des échelles pour monter à tout.

J'ai toujours éprouvé pour cet illustre homme d'État, pour cet éminent orateur, pour cet historien distingué, pour cet écrivain médiocre, pour ce cœur étroit et petit, un sentiment indéfinissable d'enthousiasme, d'aversion et de dédain.

Thiers est un grand petit esprit. »

Victor Cousin : « Un esprit tenace et faux »

« 1848. Cousin a de l'imagination à la dose gênante ; trop pour un philosophe, pas assez pour un poète.

Cousin est un esprit tenace et faux. Pour lui-même, grand orateur ; pour ses amis, grand parleur ; pour moi, grand bavard. Son talent n'a que de la surface. Il parle clairement et pense obscurément. Il veut et ne veut pas, va et vient, affirme et nie, accorde et conteste, vole de ci et de là, bourdonne à toute question, se heurte à toute vérité, se cogne à toute vitre. Déclamateur banal, bouffi de lieux communs, rogue et pédant. Il est méchant, mais il est faible. Il fait ce qu'il peut, mais il ne peut qu'un avortement. Il veut faire une blessure et ne fait qu'une piqûre. Professeur, académicien, pair de France, ministre, jamais on n'a vu sortir une idée de sa tête, cette outre sonore. Il a toute la prétention d'un philosophe, toute l'apparence d'un charlatan, et toute la réalité d'un cuistre. »

Choses vues, 1887.

Louis-Napoléon Bonaparte : « Son grand talent, c'est le silence »

« Louis Bonaparte est un homme de moyenne taille, froid, pâle, lent, qui a l'air de n'être pas tout à fait réveillé. Il a publié, nous l'avons rappelé déjà, un Traité assez estimé sur l'artillerie, et connaît à fond la manœuvre du canon. Il monte bien à cheval. Sa parole traîne avec un léger accent allemand. Ce qu'il a d'histrion en lui a paru au tournoi d'Eglington. Il a la moustache épaisse et couvrant le sourire comme le duc d'Albe, et l'œil éteint comme Charles IX.

Si on le juge en dehors de ce qu'il appelle "ses actes nécessaires" ou "ses grands actes", c'est un personnage vulgaire, puéril, théâtral et vain. Les personnes invitées chez lui, l'été, à Saint-Cloud, reçoivent, en même temps que l'invitation, l'ordre d'apporter une toilette du matin et une toilette du soir. Il aime la gloriole, le pompon, l'aigrette, la broderie, les paillettes et les passequilles, les grands mots, les grands titres, ce qui sonne, ce qui brille, toutes les verroteries du pouvoir. En sa qualité de parent de la bataille d'Austerlitz, il s'habille en général.

Peu lui importe d'être méprisé, il se contente de la figure du respect.

Cet homme ternirait le second plan de l'histoire, il souille le premier. L'Europe riait de l'autre continent en regardant Haïti quand elle a vu apparaître ce Soulouque blanc. Il y a maintenant en Europe, au fond de toutes les intelligences, même à l'étranger, une stupeur profonde, et comme le sentiment d'un affront personnel ; car le continent européen, qu'il le veuille ou non, est solidaire de la France, et ce qui abaisse la France humilie l'Europe.

Avant le 2 décembre, les chefs de la droite disaient volontiers de Louis Bonaparte : *C'est un idiot.* Ils se trompaient. Certes, ce cerveau est trouble, ce cerveau a des lacunes, mais on peut y déchiffrer par endroits plusieurs pensées de suite et suffisamment enchaînées. C'est un livre où il y a des pages arrachées. Louis Bonaparte a une idée fixe, mais une idée fixe n'est pas l'idiotisme. Il sait ce qu'il veut, et il y va. À travers la justice, à travers la loi, à travers la raison, à travers l'honnêteté, à travers l'humanité, soit, mais il y va.

Ce n'est pas un idiot. C'est un homme d'un autre temps que le nôtre. Il semble absurde et fou parce qu'il est dépareillé. Transportez-le au XVIe siècle en Espagne et Philippe II le reconnaîtra ; en Angleterre, et Henri VIII lui sourira ; en Italie, et César Borgia lui sautera au cou. Ou même bornez-vous à le placer hors de la civilisation européenne, mettez-le en 1817 à Janina, Ali-Tepeleni lui tendra la main.

Il y a en lui du Moyen Age et du Bas-Empire. Ce qu'il fait eût semblé tout simple à Michel Ducas, à Romain Diogène, à Nicéphore Botoniate, à l'eunuque Narsès, au Vandale Stilicon, à Mahomet II, à Alexandre VI, à Ezzelin de Padoue, et lui semble tout simple à lui. Seulement il oublie ou il ignore qu'au temps où nous sommes, ses actions auront à traverser ces grands effluves de moralité humaine dégagés par nos trois siècles lettrés et par la révolution française, et que dans ce milieu ses actions prendront leur vraie figure et apparaîtront ce qu'elles sont, hideuses.

Ses partisans – il en a – le mettent volontiers en parallèle avec son oncle, le premier Bonaparte. Ils disent : "L'un a fait le 18 brumaire, l'autre a fait le 2 décembre ; ce sont deux ambitieux." Le premier Bonaparte voulait réédifier l'empire d'Occident, faire l'Europe vassale, dominer le continent de sa puissance et l'éblouir de sa grandeur, prendre un fauteuil et donner aux rois des tabourets, faire dire à l'histoire : Nemrod, Cyrus, Alexandre, Annibal, César, Charlemagne, Napoléon ; être un maître du monde. Il l'a été. C'est pour cela qu'il a fait le 18 brumaire. Celui-ci veut avoir des chevaux et des filles, être appelé monseigneur et bien vivre. C'est pour cela qu'il a fait le 2 décembre. – Ce sont deux ambitieux ; la comparaison est juste.

Ajoutons que, comme le premier, celui-ci veut aussi être empereur. Mais ce qui calme un peu les comparaisons, c'est qu'il y a peut-être quelque différence entre conquérir l'empire et le filouter.

Quoi qu'il en soit, ce qui est certain et ce que rien ne peut voiler, pas même cet éblouissant rideau de gloire et de malheur sur lequel on lit : Arcole, Lodi, les Pyramides, Eylau, Friedland, Sainte-Hélène, ce qui est certain, disons-nous, c'est que le 18 brumaire est un crime dont le 2 décembre a élargi la tache sur la mémoire de Napoléon.

M. Louis Bonaparte se laisse volontiers entrevoir socialiste. Il sent qu'il y a là pour lui une sorte de champ vague, exploitable à l'ambition. Nous l'avons dit, il a passé son temps dans sa prison à se faire une quasi-réputation de démocrate. Un fait le peint. Quand il publia, étant à Ham, son livre sur l'*Extinction du paupérisme*, livre en apparence ayant pour but unique et exclusif de sonder la plaie des misères du peuple et d'indiquer les moyens de la guérir, il envoya l'ouvrage à un de ses amis avec ce billet qui a passé sous nos yeux : "Lisez ce travail sur le paupérisme, et dites-moi si vous pensez qu'il soit de nature *à me faire du bien*."

Le grand talent de M. Louis Bonaparte, c'est le silence.

Avant le 2 décembre, il avait un conseil des ministres qui s'imaginait être quelque chose, étant responsable. Le président présidait. Jamais, ou presque jamais, il ne prenait part aux discussions. Pendant que MM. Odilon Barrot, Passy, Tocqueville, Dufaure ou Faucher parlaient, *il construisait avec une attention profonde*, nous disait un de ces ministres, *des cocottes en papier ou dessinait des bonshommes sur les dossiers*.

Faire le mort, c'est là son art. Il reste muet et immobile, en regardant d'un autre côté que son dessein, jusqu'à l'heure venue. Alors il tourne la tête et fond sur sa proie. Sa politique vous apparaît brusquement à un tournant inattendu, le pistolet au poing, *ut fur*. Jusque-là, le moins de mouvement possible. Un moment, dans les trois années qui viennent de s'écouler, on le vit de front avec Changarnier, qui, lui aussi, méditait de son côté une entreprise. *Ibant obscuri*, comme dit Virgile. La France considérait avec une certaine anxiété ces deux hommes. Qu'y a-t-il entre eux ? L'un ne rêve-t-il pas Cromwell ? l'autre ne rêve-t-il pas Monk ? On s'interrogeait et on les regardait. Chez l'un et chez l'autre même attitude de mystère, même tactique d'immobilité. Bonaparte ne disait pas un mot, Changarnier ne faisait pas un geste ; l'un ne bougeait point, l'autre ne soufflait pas ; tous deux semblaient jouter à qui serait le plus statue.

Ce silence cependant, Louis Bonaparte le rompt quelquefois. Alors il ne parle pas, il ment. Cet homme ment comme les autres hommes respirent. Il annonce une intention honnête, prenez garde ; il affirme, méfiez-vous ; il fait un serment, tremblez.

Machiavel a fait des petits. Louis Bonaparte en est un.

Annoncer une énormité dont le monde se récrie, la désavouer avec indignation, jurer ses grands dieux, se déclarer honnête homme, puis, au moment où l'on se rassure et où l'on rit de l'énormité en question, l'exécuter. Ainsi il a fait pour le coup d'État, ainsi pour les décrets de proscription, ainsi pour la spoliation des princes d'Orléans : ainsi il fera pour l'invasion de la Belgique et de la Suisse, et pour le reste. C'est là son procédé ; pensez-en ce que vous voudrez ; il s'en sert, il le trouve bon, cela le regarde. Il aura à démêler la chose avec l'histoire.

On est de son cercle intime ; il laisse entrevoir un projet qui semble, non immoral, on n'y regarde pas de si près, mais insensé et dangereux, et dangereux pour lui-même ; on élève des objections ; il écoute, ne répond pas, cède quelquefois pour deux ou trois jours, puis reprend son dessein, et fait sa volonté. Il y a à sa table, dans son cabinet de l'Élysée, un tiroir souvent entrouvert. Il tire de là un papier, le lit à un ministre, c'est un décret. Le ministre adhère ou résiste. S'il résiste, Louis Bonaparte rejette le papier dans le tiroir où il y a beaucoup d'autres paperasses, rêves d'homme tout-puissant, ferme ce tiroir, en prend la clef et s'en va sans dire un mot. Le ministre salue et se retire charmé de la déférence. Le lendemain matin, le décret est au *Moniteur*.

Quelquefois avec la signature du ministre.

Grâce à cette façon de faire, il a toujours à son service l'inattendu, grande force ; et ne rencontrant en lui-même aucun obstacle intérieur dans ce que les autres hommes appellent conscience, il pousse son dessein, n'importe à travers quoi, nous l'avons dit, n'importe sur quoi, et touche son but.

Il recule quelquefois, non devant l'effet moral de ses actes, mais devant l'effet matériel. Les décrets d'expulsion de quatre-vingt-quatre représentants, publiés le 9 janvier par *Le Moniteur*, révoltèrent le sentiment public. Si bien liée que fût la France, on sentit le tressaillement. On était encore très près du 2 décembre ; toute émotion pouvait avoir son danger. Louis Bonaparte le comprit. Le lendemain, 10, un second décret d'expulsion devait paraître, contenant huit cents noms. Louis Bonaparte se fit apporter l'épreuve du *Moniteur* ; la liste remplissait quatorze colonnes du *Journal officiel*. Il froissa l'épreuve, la jeta au feu, et le décret ne parut pas. Les proscriptions continuèrent, sans décret. »

Napoléon le petit, 1852.

Charles de Morny : « Tel était ce malfaiteur »

« Qu'était-ce que Morny ? Disons-le. Un important gai, un intrigant, mais point austère, ami de Romieu et souteneur de Guizot, ayant les manières du monde et les mœurs de la roulette, content de lui, spirituel, combinant une certaine libéralité d'idées avec l'acceptation des crimes utiles, trouvant moyen de faire un gracieux sourire avec de vilaines dents, menant la vie de plaisir, dissipé mais concentré, laid, de bonne humeur, féroce, bien mis, intrépide, laissant volontiers sous les verrous un frère prisonnier, et prêt à risquer sa tête pour un frère empereur, ayant la même mère que Louis Bonaparte et, comme Louis Bonaparte, un père quelconque, pouvant s'appeler Beauharnais, pouvant s'appeler Flahaut, et s'appelant Morny, poussant la littérature jusqu'au vaudeville et la politique jusqu'à la tragédie, viveur tueur, ayant toute la frivolité conciliable avec l'assassinat, pouvant être esquissé par Marivaux, à la condition d'être ressaisi par Tacite, aucune conscience, une élégance irréprochable, infâme et aimable, au besoin parfaitement duc ; tel était ce malfaiteur. »

Histoire d'un crime, 1877.

Jacques Laurent
(1919-2000)

Ce hussard-là était aussi artilleur. Quand on a été formé à l'école maurrassienne, il suffit que revienne la passion politique pour que soit oubliée, pour un temps, « Caroline chérie » et ses jupons brodés. Les combats de l'Algérie française, à la fin des années 1950 puis au début de la Ve, ont eu vite fait de réveiller les humeurs assassines de toute une génération nationaliste. Leur cible : de Gaulle et partant les gaullistes. Jacques Laurent montait au front, la plume au poing et sans armure. *Mauriac sous de Gaulle*, paru en 1964, lui a valu une condamnation pour offense au chef de l'État. Sans doute aurait-il été déçu qu'il en aille autrement. Ce pamphlet, qui se présente comme une réponse à l'essai hagiographique que le romancier catholique venait de consacrer au Général, vaut aussi par les portraits de ceux que Jacques Laurent considérait avec mépris comme ses affidés, oublieux de leurs convictions, au premier rang desquels Michel Debré, alors ancien Premier ministre, et Edmond Michelet, ancien résistant devenu garde des Sceaux.

Jacques Laurent

Michel Debré : « Serviteur avili »

« Dans le système gaulliste le dignitaire n'ignore pas le ton de commisération avec lequel le public traite ceux à qui de Gaulle confie des rôles importants pour qu'ils les jouent à ses pieds. Les chauffeurs de taxi accolent volontiers un "le pauvre" aux noms des plus notoires ministres de la Ve République. Il m'a semblé comprendre qu'ils tenaient les plus hauts personnages du régime pour des exécutants craintifs et rudoyés.

Chateaubriand a écrit : *Quelle honte de vivre sous le caprice d'un seul homme !* Encore l'homme dont il écrivait n'avait-il pas une règle de conduite telle qu'elle obligeait automatiquement ceux qui restaient soumis à son caprice à ne pas se respecter eux-mêmes.

Je tiens pour vrai que la plupart d'entre eux, tout éberlués de leur chance, en sont seulement à découvrir avec ravissement que leur parole, ce dont ils ne se seraient jamais avisés, avait donc une valeur puisqu'on leur en payait si bien le reniement.

N'exagérons pas : je n'ai jamais rencontré Debré ni Michelet, mais j'ai entendu parler d'eux par des gens qui semblaient les connaître bien et, dans leur récit, ils apparaissaient comme des hommes très différents de ceux que je viens de peindre. D'où l'intérêt que je prends à me demander comment des êtres honnêtes, après avoir été entraînés par la fatalité de la mécanique gaulliste à bafouer leurs convictions, s'arrangent avec leur conscience.

Cité à la barre des témoins, alors qu'il était encore Premier ministre, Debré eût pu satisfaire ma curiosité. Tixier-Vignancour, en présence d'un insurgé qui était Salan, avait demandé au Premier ministre s'il se rappelait avoir écrit et répété que face à un régime qui prétendrait abandonner l'Algérie, l'insurrection était un devoir. Le Premier ministre répondit qu'il se rappelait avoir soutenu cette thèse lorsqu'il était dans l'opposition, c'était à l'époque une thèse lucide, patriotique, donc gaulliste, mais dans l'entre-temps, c'est-à-dire depuis que Debré était devenu Premier ministre, elle avait perdu toute valeur. Il fit un discours en trois points afin d'expliquer pourquoi sa thèse, vraie en une certaine époque, avait cessé de l'être bientôt après.

Ces trois points étaient les suivants. D'abord le texte cité n'était plus valable parce que depuis qu'il avait été écrit le monde s'était prononcé contre la souveraineté française en Algérie. Ensuite, ce texte n'était plus valable parce que la démographie musulmane avait rendu impossible tout espoir d'intégration. Enfin, il n'était plus valable parce que le gouvernement en avait décidé ainsi et que le peuple l'avait approuvé.

Or, à l'époque où Michel Debré écrivait ce genre d'appel à l'insurrection en faveur du maintien de la souveraineté française sur l'Algérie, l'hostilité de l'ONU à l'Algérie française, et plus singulièrement l'hostilité de toutes les grandes puissances, était avérée. Or, entre le moment où il avait écrit ce texte et le moment où il le reniait, il n'y avait aucune révolution dans la courbe de la démographie algérienne. Or, si Michel Debré en avait appelé à l'insurrection, c'était bien, évidemment, contre le gouvernement et les représentants du pays, coupables d'avoir décidé l'abandon. Autrement dit, rien n'avait changé sauf Debré.

S'il fallait s'en convaincre, s'il en était besoin, il suffirait de reprendre la collection du *Courrier de la colère*, journal créé par Debré, afin de maintenir l'Algérie dans la France grâce au retour de de Gaulle au pouvoir. Il ne serait même pas utile de relire toute la collection. Le premier numéro suffit. Debré y expose pourquoi la IVe République doit être éliminée : parce qu'elle est incapable de maintenir française l'Algérie. Il accuse le monde et notamment l'Amérique et l'Angleterre de profiter de la faiblesse du régime pour lui imposer la négociation en Algérie ; le contexte politique qu'il décrit comme légitimant une action insurrectionnelle est exactement celui auquel il aura recours pour juger criminelle cette action.

Je disais qu'entre ces deux moments, seul Debré avait changé. Mais pourquoi a-t-il changé ? Parce que son maître a changé. Pourquoi Debré est-il méprisable ? Parce qu'il a été un sincère partisan de l'Algérie française, parce qu'au moment même où il témoigne devant les juges de Salan il a le cœur déchiré, amoureux qu'il est encore de cette cause et contraint qu'il est de la répudier. Mais contraint par quoi ? Je ne sais même pas si c'est par le plaisir d'être Premier ministre.

Il ne le restera pas longtemps. Très vite le maître écartera ce serviteur avili et le rejettera nonchalamment, sinon dans les ténèbres, du moins dans les pénombres extérieures. Alors, libéré par son infortune, Debré va-t-il se conduire en homme libre, raconter ce que ses reniements lui ont coûté, ce qu'il y eut de lâcheté, mais aussi de calculs et de secrets espoirs dans la multiplication de ses concessions ? Va-t-il attester la vérité ? Non, Debré est de ces affranchis romains qui ne rêvent que de reprendre du service auprès du maître. Il s'est soumis et il s'est tu après qu'il eut été renvoyé à sa grisaille comme s'il espérait, par ce silence et cette soumission, obtenir un jour un nouveau sourire de son seigneur. Voilà à quelle pitié de Gaulle réduit ses serviteurs. Et si rudement que nous les méprisions, nous ne les mépriserons jamais autant que de Gaulle les méprise. »

Edmond Michelet : « Il mentait avec l'autorité d'un licteur »

« En ce siècle, ce n'est pas l'aspect le moins extraordinaire de l'entreprise gaullienne que cette volonté du chef d'obtenir de ses collaborateurs une allégeance qui ne fut tolérable au Moyen Âge que parce qu'elle était étayée par les idées du temps, aussi bien religieuses que sociales. Dès les premiers mois de l'aventure de la France Libre, la gageure de de Gaulle fut visible : obtenir de ceux qui se ralliaient à son entreprise une adhésion qui n'allât pas à un régime, à une cause, à une idée, mais uniquement à lui-même et de telle sorte que la victime fût entraînée à trahir causes, idée, régime et à réserver sa fidélité pour le chef.

Cette mystique du chef, entre les deux guerres, tenta les sociétés bourgeoises, réussit avec Mussolini et Hitler, imprégna les réussites de Franco et de Salazar, parfuma les tentatives des La Rocque, Jean-Renaud, Doriot et Bucard, se retrouva dans le pétainisme et ne s'épanouit durablement et anachroniquement que dans le gaullisme dont elle orne la façade. À ses pieds, gît Debré parmi beaucoup d'autres gisants.

Sur mon bureau s'étalent même trop de dossiers sur trop de gisants et trop de noms d'hommes qui, pour cause de vassalité, se sont condamnés à ne considérer le morceau de leur vie qui précède le morceau qu'ils vivent en ce moment qu'en mourant de honte ou, cyniquement, en mourant de rire.

Ces noms vont d'un Frey à un Triboulet. On me saura gré de préférer traiter, après le cas Debré, celui de Michelet. Lui aussi a eu l'occasion et la liberté de s'expliquer. Il a écrit un livre qu'il n'a pas craint d'intituler *Le Gaullisme, passionnante aventure*. Tout comme la déposition de Debré, j'avais attendu ce livre avec plus que de la curiosité. Michelet avait été le chantre farouche de l'Algérie française, puis il avait tenu dans ses geôles ceux qui avaient commis le crime de combattre pour elle. Comment allait-il exposer son problème et le leur ?

À l'époque où il écrivit ce livre, tout esprit un peu libre était accoutumé à ne connaître le gaullisme qu'à travers ses reniements, ses décrets, ukases, ses condamnations à mort, ses emprisonnements arbitraires, bref, par le truchement d'un appareil tyrannique placé hors de toute discussion.

Or, Michelet écrivait un livre. Un garde des Sceaux de la Ve République peut bafouer toute loi, tolérer qu'on emprisonne celui qui vient d'être acquitté, qu'on juge sans recours, il peut répondre aux meilleures raisons par la force. Mais l'homme qui écrit pénètre dans un univers qui n'a pas les mêmes dimensions. Par là même, il accepte de se soumettre à l'analyse des autres, de se livrer à leurs critiques, il amorce une conversation, il suppose la liberté de la contradiction et du même coup l'on suppose que, se préparant à la recevoir, il se munit de raisons. Ministre, Michelet ne pouvait être contredit que par le divin maître ; auteur, il eût dû prévoir qu'il aurait maille à partir avec la mémoire, le bon sens, la morale et l'honneur de ses lecteurs.

À mon grand étonnement, je constatai dès les premières pages que Michelet mentait avec l'autorité d'un licteur. S'adressant à des gens qui, sans la contrainte de la force publique, avaient donné de l'argent pour le lire, il opérait comme si sa parole eût été aussi protégée de la réplique que s'il l'avait prise à la tête d'une compagnie de CRS. Telles sont les mauvaises habitudes que donne à un homme vertueux et craignant Dieu la participation à une tyrannie.

Michelet, comme si l'assurance de l'impunité lui tenait lieu d'éthique, traite du 13 mai d'une manière inoubliable.

Ce coup de force est le fait d'*émeutiers européens*. Non seulement le rôle des gaullistes est passé sous silence, ce qui permet de juger avec la sévérité qui convient les *émeutiers*, mais encore ceux-ci sont présentés comme des imbéciles à cause de l'aberration où ils sont tombés : ils ont cru de Gaulle favorable à l'Algérie française. Michelet exulte : *c'était bien mal connaître... de Gaulle que de se l'imaginer acquis d'avance à la solution d'intégration.* Cet homme, connu pour sa morale et sa religion, se marre.

Rien de plus cocasse à ses yeux que le spectacle de jobards qui croient de Gaulle acquis à l'intégration sous prétexte que de Gaulle crie : "Vive l'Algérie française !"

Cet homme de bien s'étrangle à la pensée que des centaines de milliers de naïfs aient cru que de Gaulle voulait faire l'intégration tout simplement parce que de Gaulle clamait : *il n'y a plus ici, je le proclame en son nom* (la France) *et je vous en donne ma parole, que des Français à part entière, des concitoyens...*

Cet habitué de la Sainte Table ne sait comment venir à bout de son fou rire. Ils l'ont cru ! *C'était bien mal connaître de Gaulle.* Hélas, oui, monsieur le ministre, ils le connaissaient de moins près que vous.

Il ne faudrait pas croire que l'exclamation de Michelet est seulement sarcastique. Elle contient de l'indignation, du scandale.

C'est l'indignation et le scandale d'un croyant. Un châtiment céleste doit, tôt ou tard, frapper ces gens d'Algérie qui connaissaient mal de Gaulle. Le mal connaître, c'est vivre en état de mécréance. Les pleurs et les grincements de dents sont le destin de ceux qui se tiennent éloignés de la Révélation, imperméables à la Grâce. S'ils ont mal connu de Gaulle, s'ils ont ignoré ce qu'était essentiellement son Verbe au point d'attribuer crédit au sens littéral de ses paroles, ils méritent l'extinction à laquelle les forces de l'ordre sont en train de procéder de la rue de l'Isly aux faubourgs d'Oran.

Michelet est particulièrement sévère pour Soustelle, comme il se doit. Dans toute religion on est toujours plus dur pour celui qui a reçu des lumières, et qui les a négligées, que pour celui qui constamment les a ignorées. Aux yeux de Michelet, Soustelle est un homme à qui la faveur avait été faite de voir le jour et qui a délibérément choisi les ténèbres. Il a renoncé aux bienfaits de la soumission et de la communion en se mettant à *jouer un jeu tout personnel.* C'est parce qu'il a osé, pensé et agi en dehors de de Gaulle que *notre ami Soustelle, animé de très purs sentiments patriotiques, bien sûr, s'est lancé dans la voie où nous le trouvons aujourd'hui.* Hors des sacrements gaulliens, les sentiments patriotiques ne peuvent plus être que factieux et coupables, vite criminels. Privé des Saintes Espèces, Soustelle est en état d'*aliénation.* Dans cet état il est normal, selon Michelet, qu'il fasse *cause commune* avec les anciens complices de Hitler.

À supposer, ce que j'ignore, que Soustelle ait fait *cause commune* avec Salan, Godard, Lacheroy, Gardes, Sergent, Argoud, Challe, Jouhaud, Saint-Marc, je cherche en vain, parmi eux, un ancien complice de Hitler. Susini n'en est pas un non plus, ni Dovecard, ni Degueldre, ni Bastien-Thiry, je cherche, mais en vain. Sans doute les lumières me font-elles défaut.

Il est vrai que Michelet est un croyant du Moyen Âge qui évoque bien facilement le diable, je veux dire Hitler. La preuve en est qu'à la fin d'un ouvrage qu'il publia, consacré à la gloire de l'Algérie française, quelques mois avant le 13 mai, il écrivait ceci : *les faits sont là que l'Histoire a déjà jugés. Elle offre une dernière chance aux Français de ne pas perdre le fruit des épreuves passées, de ne pas permettre cette victoire posthume d'Hitler que serait la retraite française d'Algérie.*

Qu'on ne compte pas sur moi pour tirer le parti qu'on peut tirer d'une assimilation établie, par Michelet lui-même, de Hitler avec celui qui abandonnerait l'Algérie. Je n'ai aucun goût pour enfoncer les portes ouvertes. Je n'ai que dégoût.

Des amis m'ont fiévreusement préparé des dossiers qui concernent les hauts personnages de ce régime. Ils ressemblent trop à ceux que je viens d'entrouvrir, ces dossiers. Mon seul soulagement c'est de les écarter, mon plaisir, c'est de ne plus les voir.

Je ne vaincrai ma répulsion que pour en finir avec Michelet et sans le secours de la raillerie. On ne peut pas tout à fait condamner ce chrétien, ce patriote, cet honnête homme qui est tombé tout naturellement dans l'idolâtrie dès qu'un être a pour lui incarné la patrie, a su lui faire croire qu'il l'incarnait et que, par une disposition de l'âme inclinée à l'adoration, il a retrouvé en face de lui les mouvements d'une foi qui s'égarait. »

François Mauriac : « L'idolâtrie la plus épaisse »

« Mauriac a des ressources d'esprit qui manquent à Michelet, pourtant l'idolâtrie dans laquelle il a sombré est plus épaisse encore que celle du pauvre Michelet.

Mauriac est un catholique averti et presque compétent, et assez respectueux pour que des *imprimatur* et des *nihil obstat* aient escorté ses œuvres, ce qui ne l'empêche pas (page 78 de son livre) de se demander si de

Gaulle prie, d'admettre comme possible que ce chrétien ne prie pas, de ne point le déplorer, de faire de cette abstention possible un mystère redoutable et vénérable. Mieux : dans le cas où de Gaulle prierait, Mauriac est à ce point en craintive adoration devant le Général qu'il lui semblerait choquant que celui-ci s'humiliât devant son créateur. Avec toutes les apparences du sérieux, Mauriac se demande comment son dieu terrestre s'adresse à son Dieu céleste, en inférieur, en égal ou… en chef? Au point où en est tombé Mauriac, on peut se demander s'il n'imagine pas avec un frisson sacré la tête de la Trinité et de la Vierge se faisant traiter par de Gaulle de quarteron à la télévision. Et pour vous prouver que j'exagère à peine, je cite : *sur le prie-Dieu de sa paroisse, à Colombey-les-Deux-Églises, ou peut-être le soir, au pied de son lit démesuré, que dit-il à l'Être Infini, s'il lui parle? Et de quel ton lui parle-t-il? Quelle est l'oraison de de Gaulle? Et fait-il oraison? Cela nous ne le saurons jamais.*

Il est regrettable que le premier baccalauréat ait été supprimé par l'*admirable Fouchet*, sinon le petit morceau qui précède eût sans doute été offert aux candidats pour qu'ils le commentent et le développent. On eût vraisemblablement attiré leur attention sur l'art avec lequel, et le tact, Mauriac, équitable dans son culte ambivalent, a réservé *démesuré* pour de Gaulle et *infini* pour Dieu. »

Mauriac sous de Gaulle,
La Table Ronde, 1964.

Maurice Martin du Gard
(1896-1970)

Comme son cousin Roger, mais plus en retrait de la scène littéraire de l'entre-deux-guerres, Maurice Martin du Gard est un témoin de son temps. Journaliste, romancier lui aussi, critique souvent inspiré, il a été un observateur attentif du théâtre des passions et des vanités ainsi que de la scène politico-mondaine. Le journal *Les Nouvelles Littéraires*, qu'il avait fondé puis dirigé de 1922 à 1936, fut sa tour de contrôle. On le retrouve intact dans son journal intitulé *Les Mémorables*, publié en trois tomes successifs à la fin de sa vie. Vichyste discret mais convaincu, il a assisté en 1941 à l'arrivée du général de Gaulle à Brazzaville. C'est ce portrait en situation faussement distancié et plein d'acidité qu'on peut lire ci-dessous.

Charles de Gaulle : « Une sorte de La Rochefoucauld façonné par Loyola »

« Celui qu'on nommerait, longtemps après, l'homme du 18 juin, pour avoir à Londres, ce jour-là, affirmé que, quoi qu'il arrivât, la flamme de la résistance française ne devait pas s'éteindre et ne s'éteindrait pas, parole superbe qui forme son titre imprescriptible, que tout le monde se louerait plus tard d'avoir entendue en même temps que cette autre : “La France a perdu une bataille ! La France n'a pas perdu la guerre ! ” qui ne fut jamais prononcée, mais qui éternise l'affiche, dans son cadre tricolore, apposée en juillet sur les murs de la capitale britannique, voilà Charles de Gaulle à Brazzaville.

La rébellion n'aurait pas suffi à l'asseoir avec cette rapidité sans la complicité des ondes dont il a pris possession comme d'un commandement suprême. La voix, enivrée de la patrie, l'est également d'elle-même, mais on ignore encore que celui qui se précipitait en avant de l'espérance jouait son propre destin. On attendait un soldat. On allait apercevoir l'enveloppe d'un être beaucoup moins simple qu'on ne l'imaginait.

Il s'approche, le pied lourd. On le voit. Il est là, haut, singulier, sans ailes, né ennuyé, les bras immenses, une main longue aux doigts délicats qu'il ne laisse pas longtemps aux pressions enthousiastes, la tête petite pour les épaules, des yeux gris qui vous quittent volontiers, mais un regard qui promet d'être beau sous la paupière lasse quand on ne sait quoi qui enrage dans ce grand corps incommode aura rencontré l'équilibre de l'amour et la durée du succès ; un menton sans force ni ténacité, trompeur comme le front bas et cette ombre incertaine sur tout le masque, qui dissimulent un esprit vaste, envahi de songes et irrité d'exploits ; les oreilles larges et décollées, mais le nez impérieux ; une respiration puissante, point de mollesse, non, dans l'obsession du balancement qui du corps gagne la phrase à son milieu ; comme une féminité sourde et involontaire, de la beauté, mais décadente, de la séduction, rarement, et par saccades. Il est loin. S'il parle, c'est avec lenteur, comme s'il étudiait encore ; les lèvres se relèvent sur des dents ingrates quand de sa voix rêche il martèle gravement les mots ; il se prête mal au dialogue, sa grandeur est d'être inaccessible, mais il retient tout ce qu'on lui dit, même ce qu'on souhaiterait lui confier ou ce que seulement l'on pense, et même ce qu'on lui cache, car sa mémoire est un prodige et il a plus d'antennes qu'on ne le soupçonnerait à le voir éteint, aux aguets sous la langueur espagnole. Son silence, pour ses affidés, est plus terrible que pour les autres ; il s'y flatte et peut-être s'y amuse-t-il ? Il ne met pas à l'aise, ne l'étant pas et ne voulant pas l'être, toujours entêté, sinon ferme. Jamais rien de fleuri, de source, d'inutile, nul sourire d'humanité ni de société. S'il rit, c'est seul.

Le mépris où il se promène et qui le conforte est la nature qui lui vint chez les jésuites, qui se développe à Saint-Cyr, et on l'expliquerait par les sots qui, raillant sa gaucherie, se réjouissaient qu'elle empêchât l'homme trop grand d'être le grand homme qu'il se voyait. C'est à cause d'eux peut-être qu'il vit toujours contre, et que sa présomption est si froide. On dirait qu'il n'a pas connu la liberté. La vie de l'a point gâté, et il en serait accablé sans la haute ambition qui dévore au foyer jusqu'au plus triste loisir. Sans jeunesse et sans bonheur qui lui soient encore personnels, à cinquante ans de Gaulle a la jeunesse, il a le bonheur des supérieurs qu'il s'est reconnus pour modèles et dont l'étude l'aiguillonne et le renouvelle, tous fort haut placés dans plusieurs siècles. C'est un monde de héros d'armes et de plumes. Il a de l'histoire, sa lecture est considérable, et par nature comme par réflexion et par calcul, il s'assimile le grand. Il y a de la magnificence chez lui, mais intérieure et littéraire. Il cherche à qui il ressemblera et il choisit bien. Ses compagnons secrets le rendent glorieux et font qu'il n'a pas besoin d'amis sur la terre. Le grand Condé, probablement, avec qui il a une ressemblance physique, ne lui interdit pas de s'insurger contre un pouvoir établi ni même de combattre des Français, mais pour le XVIIe siècle, de Gaulle n'a point seulement un appétit militaire et factieux ; à sa grande prose il s'est heureusement mesuré et c'est un moraliste.

L'on eût fort étonné cependant et déconcerté encore un peu Brazzaville si on lui avait appris que celui dont elle recevait la visite et qui, à ce moment-là, voulait s'établir au bord du Congo, c'était une sorte de La Rochefoucauld façonné par Loyola, retouché et excité par Nietzsche, et encore un héritier du Barrès nationaliste et boulangiste, François Sturel en cruel, mais qui avait gardé ses timidités d'enfant. C'était cela pourtant ; un littérateur qui, à propos de Bonaparte et de Napoléon, avait écrit sur lui-même et qui s'était quelquefois relu. Aujourd'hui tenait-il l'heure d'exécuter, comme au soir de Lodi, les grandes choses qui jusque-là occupaient sa pensée comme un rêve fantastique ?

Le destin que, jeune homme, une prédiction lui avait fait entrevoir et pour lequel il se crut préparé, brassait violemment son amère impatience et le jetait inconnu, et plus mystérieux encore qu'inconnu, dans la tragédie de la France. En si peu de mois, quelle métamorphose ! Des années, il avait piétiné, quoiqu'il eût échappé assez vite à la platitude des garnisons et qu'il lui eût été permis de mener de pair dans la capitale le labeur et la modeste intrigue ; on l'avait vu investir humblement la place de l'Opéra par *L'Écho de Paris* et le Parlement par quelques députés imaginatifs, Marcel Déat avec qui il entretient un brillant commerce, Paul Reynaud à qui il souffle sa campagne en faveur de la motorisation de l'armée et d'une stratégie que l'Allemagne innoverait contre en 1940. Le maréchal Pétain, le premier dans l'armée, avait reconnu ses qualités d'esprit et de suite ; il l'avait pris à son état-major et fait travailler auprès de lui au Conseil supérieur de la guerre ; pour le Maréchal, Charles de Gaulle n'avait que flatteries et les dédicaces de deux de ses ouvrages portent, dans une langue marmoréenne, témoignage de cette admiration alors sans bornes. Mais il avait fini par lasser son protecteur, non certes par l'ardeur qu'il mettait à le louer, mais plutôt par un caractère vain et crêté dont les faiblesses n'avaient pas de douceur et qui effarouchait déjà dans sa génération l'intérêt qu'on aurait dû avoir pour un esprit de cette étendue. »

Les Mémorables (1918-1945),
Gallimard, 1999.

Karl Marx
(1818-1883)

Dans les grands textes de Marx, il en est d'un genre particulier où l'économiste ou le sociologue laissent la place à l'historien du temps présent, principalement en France. Analyser, commenter, comprendre pour mieux armer les consciences : c'est là que sa plume devient arme de combat, y compris dans la polémique ou la stigmatisation. Du *18 brumaire de Louis Bonaparte*, écrit après le coup d'État du 2 décembre 1851, à *La Guerre civile en France*, tout entier consacré à l'épisode de la Commune de Paris de 1871, c'est le même fil que tire l'auteur du *Capital*. Dans ces deux textes, deux portraits dominent, d'une égale férocité : l'un du futur Napoléon III, l'autre d'Adolphe Thiers, républicain d'occasion bientôt père de la République conservatrice.

Karl Marx

Louis-Napoléon Bonaparte : « Le grave polichinelle »

« Lorsque l'Assemblée nationale se réunit de nouveau en novembre 1850, il sembla qu'à la place des escarmouches insignifiantes qu'elle avait livrées jusqu'alors au président une grande bataille impitoyable, une lutte à mort, fût devenue inévitable entre ces deux puissances.

Comme en 1849, le parti de l'ordre s'était, pendant les vacances parlementaires de cette année, divisé en ses différentes fractions, dont chacune était occupée de ses propres intrigues de restauration, qui avaient trouvé un nouvel aliment dans la mort de Louis-Philippe. Le roi des légitimistes, Henri V, avait même nommé un véritable ministère qui résidait à Paris et dans lequel siégeaient des membres de la Commission permanente. Bonaparte était donc en droit de faire, de son côté, des tournées dans les départements français et, suivant l'état d'esprit de la population de la ville qu'il honorait de sa présence, de faire connaître, de façon plus ou moins dissimulée ou ouverte, ses propres projets de restauration, et de recruter des partisans. Dans ces voyages, que le grand *Moniteur* officiel et les petits *Moniteurs* privés de Bonaparte ne pouvaient moins faire que de célébrer comme des tournées triomphales, il était constamment accompagné d'affiliés de la société du 10 Décembre. Cette société avait été fondée en 1849. Sous le prétexte de fondre une société de bienfaisance, on avait organisé le sous-prolétariat parisien en sections secrètes, mis à la tête de chacune d'entre elles des agents bonapartistes, la société elle-même étant dirigée par un général bonapartiste. À côté de "roués" ruinés, aux moyens d'existence douteux, et d'origine également douteuse, d'aventuriers et de déchets corrompus de la bourgeoisie, on y trouvait des vagabonds, des soldats licenciés, des forçats sortis du bagne, des galériens en rupture de ban, des filous, des charlatans, des lazzaroni, des pickpockets, des escamoteurs, des joueurs, des souteneurs, des tenanciers de maisons publiques, des portefaix, des écrivassiers, des joueurs d'orgues, des chiffonniers, des rémouleurs, des rétameurs, des mendiants, bref, toute cette masse confuse, décomposée, flottante, que les Français appellent la "bohème". C'est avec ces éléments qui lui étaient proches que Bonaparte constitua le corps de la société du 10 Décembre. "Société de bienfaisance", en ce sens que tous les membres, tout comme Bonaparte, sentaient le besoin de se venir en aide à eux-mêmes aux dépens de la nation laborieuse. Ce Bonaparte, qui s'institue le chef du sous-prolétariat, qui retrouve là seulement, sous une forme multipliée, les intérêts qu'il poursuit lui-même personnellement, qui, dans ce rebut, ce déchet, cette écume de toutes les classes de la société, reconnaît la seule classe sur laquelle il puisse s'appuyer sans réserve, c'est le vrai Bonaparte, le Bonaparte "sans phrase". Vieux roué retors, il considère la vie des peuples, leur activité et celles de l'État, comme une comédie au sens le plus vulgaire du mot, comme une mascarade, où les grands costumes, les grands mots et les grandes poses ne servent qu'à masquer les canailleries les plus mesquines. C'est ainsi que, lors de son voyage à Strasbourg, un vautour suisse apprivoisé représente l'aigle napoléonien. Pour son entrée à Boulogne, il affuble d'uniformes français quelques laquais de Londres, chargés de représenter l'armée. Dans sa société du 10 Décembre, il rassemble 10000 gueux, chargés de représenter le peuple tout comme Klaus Zettel représente le lion. À un moment où la bourgeoisie elle-même jouait la comédie la plus achevée, mais le plus sérieusement du monde, sans enfreindre aucune des exigences les plus pédantesques de l'étiquette dramatique française, alors qu'elle était elle-même à demi roulée, à demi convaincue par la solennité de ses propres actions d'État, c'était l'aventurier qui devait l'emporter, lui qui prenait la comédie tout simplement pour une comédie. C'est seulement quand il s'est débarrassé de son solennel adversaire, quand il prend lui-même son rôle impérial au sérieux et s'imagine, parce qu'il arbore le masque napoléonien, représenter le véritable Napoléon, qu'il devient lui-même la victime de sa propre conception du monde, le grave polichinelle qui ne prend plus l'histoire pour une comédie, mais sa propre comédie pour l'histoire. »

Le 18 Brumaire de Louis Bonaparte, 1852.

Adolphe Thiers : « Virtuose du parjure et de la trahison »

« Thiers, ce nabot monstrueux, a tenu sous le charme la bourgeoisie française pendant plus d'un demi-siècle, parce qu'il est l'expression intellectuelle la plus achevée de sa propre corruption de classe. Avant de devenir homme d'État il avait déjà fait la preuve, comme historien, de sa maîtrise dans le mensonge. La chronique de sa vie publique est l'histoire des malheurs de la France. Allié des républicains avant 1830, il se faufile au ministère sous Louis-Philippe, en trahissant son protecteur, Laffitte. Il s'insinue dans les bonnes grâces du roi en provoquant des émeutes contre le clergé, au cours desquelles l'église Saint-Germain-l'Auxerrois et l'archevêché furent pillés, et en se faisant l'espion-ministre, puis l'accoucheur-geôlier de la duchesse de Berry. Le massacre des républicains, rue Transnonain, et les infâmes lois de septembre contre la presse et le droit d'association, qui l'ont suivi, furent tous deux *son* œuvre. Quand il reparut comme président du Conseil en mars 1840, il étonna la France par son plan de fortifications de Paris. Aux républicains, qui dénonçaient ce plan comme un complot perfide contre la liberté de Paris, il répliqua de la tribune de la Chambre des députés :

"Eh quoi ! s'imaginer que des fortifications puissent jamais mettre la liberté en péril ! Et d'abord, on calomnie un gouvernement, quel qu'il soit, quand on suppose qu'il puisse un jour tenter de se maintenir en bombardant la capitale... Mais ce gouvernement-là serait cent fois plus impossible après sa victoire."

Certes, aucun gouvernement n'aurait jamais osé tourner contre Paris le feu de ses forts, si ce n'est le gouvernement même qui avait au préalable livré ces forts aux Prussiens.

Quelques jours avant la Révolution de février, irrité du long exil loin du pouvoir et de ses bénéfices, auquel l'avait condamné Guizot, et flairant dans l'air l'odeur d'un soulèvement populaire prochain, Thiers, dans ce style pseudo-héroïque qui lui a valu le surnom de *Mirabeau-mouche*, déclara à la Chambre des députés :

"*Je suis du parti de la révolution*, non seulement en France, mais en Europe. Je souhaite que le gouvernement de la révolution reste entre les mains des modérés ; mais si le gouvernement tombait entre les mains des ardents, fût-ce des radicaux, malgré cela je n'abandonnerais pas ma cause. Je serais toujours du parti de la révolution."

Survint la Révolution de février. Au lieu de remplacer le cabinet Guizot par un cabinet Thiers, comme le petit homme l'avait rêvé, elle remplaça Louis-Philippe par la république. Au premier jour de la victoire populaire, il se cacha soigneusement, oubliant que le mépris des travailleurs le mettait à l'abri de leur haine. Pourtant, avec son courage légendaire, il continua de fuir la scène publique, jusqu'à ce que les massacres de juin l'eussent nettoyée pour son genre d'activité. Alors, il devint le cerveau dirigeant du "parti de l'ordre" et de la République parlementaire, cet inter-règne anonyme pendant lequel toutes les factions rivales de la classe dirigeante conspiraient *ensemble* pour écraser le peuple, et *l'une contre l'autre* pour restaurer chacune la monarchie de son choix. Alors, comme aujourd'hui, Thiers dénonçait les républicains comme le seul obstacle à la consolidation de la république ; alors, comme aujourd'hui, il parlait à la république comme le bourreau à Don Carlos : "Je vais te tuer, mais c'est pour ton bien." Aujourd'hui, comme alors, il pourra s'écrier au lendemain de sa victoire : "L'empire est fait ! " dépit de ses hypocrites homélies sur les "libertés nécessaires" et de sa rancune personnelle contre Louis Bonaparte qui avait fait de lui sa dupe et flanqué dehors le parlementarisme, – et hors de son atmosphère factice, ce petit homme, il le sait bien, se ratatine et rentre dans le néant, – Thiers a trempé dans toutes les infamies du Second Empire, de l'occupation de Rome par les troupes françaises, jusqu'à la guerre avec la Prusse, à laquelle il poussa par ses farouches invectives contre l'unité allemande, – non pas parce qu'elle servirait de façade au despotisme prussien, mais parce qu'elle serait une atteinte au droit traditionnel de la France au morcellement de l'Allemagne. Aimant à brandir à la face de l'Europe, avec ses bras de nain, l'épée de Napoléon Ier dont il était devenu le cireur de bottes historiques, sa politique étrangère a toujours eu pour couronnement l'humiliation totale de la France, Thiers n'a été conséquent que dans son avidité de richesse, et dans sa haine des hommes qui la produisent. Entré pauvre comme Job dans son premier ministère sous Louis-Philippe, il le quitta millionnaire. Son dernier ministère sous le même roi (celui du 1er mars 1840) l'exposa à des accusations publiques de concussion à la Chambre des députés, auxquelles il se contenta de répondre par des larmes, denrée qu'il prodigue avec autant de facilité que Jules Favre ou tout autre crocodile. À Bordeaux, sa première mesure pour sauver la France d'une ruine financière imminente fut de se doter lui-même de trois millions par an, premier et dernier mot de la "république économe", qu'il avait fait miroiter à ses électeurs de Paris en 1869. Un de ses anciens collègues à la Chambre des députés de

1830, capitaliste lui-même et néanmoins membre dévoué de la Commune, M. Beslay, apostrophait dernièrement Thiers dans une affiche publique :

"L'asservissement du travail au capital a toujours été la pierre angulaire de votre politique, et depuis le jour où vous avez vu la république du travail installée à l'Hôtel de Ville, vous n'avez jamais cessé de crier à la France : Ce sont des criminels ! "

Passé maître dans la petite fripouillerie politique, virtuose du parjure et de la trahison, rompu à tous les bas stratagèmes, aux expédients sournois et aux viles perfidies de la lutte des partis au parlement, toujours prêt, une fois chassé du ministère, à allumer une révolution, pour l'étouffer dans le sang une fois qu'il y est revenu, avec des préjugés de classe en guise d'idées, de la vanité en guise de cœur, menant une vie privée aussi abjecte que sa vie publique est méprisable, – il ne peut s'empêcher, même maintenant où il joue le rôle d'un Sylla français, de rehausser l'abomination de ses actes par le ridicule de ses fanfaronnades. »

La Guerre civile en France, 1871.

François Mauriac
(1885-1990)

Il est des romanciers qui sont journalistes d'occasion, de même qu'il est des journalistes qui sont des romanciers de hasard. François Mauriac n'entre dans aucune de ces catégories. Chez lui, l'écriture journalistique et l'activité littéraire avancent de concert, sans hiérarchie ni préférences. C'est dans *Le Figaro littéraire* et surtout dans son «Bloc-notes» de *L'Express* qu'il a affiné son style dans un rapport à l'actualité à nul autre pareil. Mauriac a des têtes de Turc : les hommes du MRP, ces démocrates-chrétiens infidèles. Son mendésisme puis son gaullisme sans nuance d'après 1958 lui offrent une large palette de détestations. Dans les extraits présentés ici, André Malraux, le 11 février 1937, à peine rentré d'Espagne, essuie les plâtres. Vient ensuite une fournée de présidents du Conseil de la IVe, tous réduits en miettes : André Laniel (conservateur) ; Edgar Faure (radical) ; Guy Mollet (socialiste) ; Félix Gaillard (radical). On a gardé le meilleur pour la fin, avec le portrait assassin de Georges Bidault, ancien président du CNR, fondateur du MRP et ancien ministre des Affaires étrangères alors en exil après que son antigaullisme l'a conduit jusque dans les rangs de l'OAS.

François Mauriac

André Malraux : « L'esbroufeur myope »

« Sur un fond rougeâtre, le pâle Malraux s'offre, hiératique, aux ovations. L'avant-bras qu'il replie, le poing serré, va-t-il se multiplier et faire la roue autour de sa tête d'idole ? Les Indes et la Chine ont curieusement marqué ce Saint-Just. Pour moi seul, sans doute, dans cette foule, il rappelle Chan-Ock, le jeune pirate d'un récit de mon enfance, dans un *Saint Nicolas* des années 90.

Dès que Malraux ouvre la bouche, son magnétisme faiblit. Non qu'il n'y ait en lui de quoi faire un tribun, et même un grand tribun ; mais le littérateur lui coupe le sifflet. Les images qu'il invente, au lieu de réchauffer son discours, le glacent : elles sont trop compliquées, on y sent la mise au point laborieuse de l'homme de lettres. Ainsi l'aube pressentie de la victoire de Madrid devient pour Malraux ce reflet de chevaux de bois qui, dans la glace d'un café, révéla sa guérison à un milicien aveugle : ce n'était pas facile à expliquer, cela semblait interminable ; et nous n'en sortions plus.

Le problème de Malraux, futur commissaire du peuple, sera de passer du style écrit au style parlé. Dans les rares instants où il y réussit, son éloquence dégagée du larmoiement, du trémolo des vieux ténors politiciens, m'a paru sèche et coupante à souhait. Je doute qu'il en ait conscience, car il cherche à émouvoir comme les camarades ; mais la sensiblerie n'est pas son fort : dès qu'il veut attendrir, il ennuie.

Son exorde fut excellent. M'avait-il aperçu au fond de la salle ? À travers cette forêt de poings tendus, il reprenait un dialogue interrompu depuis des années, du temps que ce petit rapace hérissé, à l'œil magnifique, venait se poser au bord de ma table, sous ma lampe. Alors il m'adressait la même question qu'il me jette ce soir, du haut de cette estrade où l'aviateur, le risque-tout, éclipse de sa trouble gloire le troupeau des écrivains fonctionnaires – où les Chamson, les Cassou et les Jean-Richard Bloch sont les escabeaux de ses pieds.

"L'Église a eu ce peuple sous sa coupe... qu'en a-t-elle fait ?" Pas plus en public, aujourd'hui, qu'autrefois dans nos conversations privées, Malraux ne traite la religion avec dédain. Il hait peut-être, mais il ne méprise pas. Déjà, à dix-huit ans, quand il parlait du Christ, ce réfractaire savait de qui il parlait. Rien ne rappelle en lui cette horrible espèce de vieux radicaux maçons qui s'attendrissent sur le doux vagabond de Judée ; Malraux connaît le Christ : ce doux vagabond est toujours son dur adversaire.

S'il m'avait directement interpellé, je lui eusse répondu : "Je sais ce que les prêtres ont fait de ce peuple, parce que je sais ce que ce peuple a fait de ses prêtres : seize mille ecclésiastiques massacrés, onze évêques assassinés..." Le Frente popular brûle de zèle pour son Église : grâce à lui, elle ne manquera jamais de martyrs.

Le point faible de Malraux, c'est son mépris de l'homme – cette idée qu'on peut entonner n'importe quoi aux bipèdes qui l'écoutent bouche bée. Quoi qu'il ait raconté de lui, nous ne l'avons jamais cru tout à fait. Dieu sait pourtant que ce joueur, qui depuis l'adolescence s'engage à fond, perd sa vie, aurait le droit de ne rien ajouter à son histoire; mais il faut qu'il nous trompe : son démon l'exige.

Il y a de l'esbroufeur dans cet audacieux, mais un esbroufeur myope, qui n'a pas d'antennes, qui se fie trop à notre bêtise. Par exemple, lorsque l'autre soir, à la Mutualité, il affirmait que le général Queipo de Llano avait ordonné par radio de bombarder les hôpitaux et les ambulances "pour atteindre le moral de la canaille", il n'arracha pas à cette salle pourtant passionnée le rugissement d'horreur attendu : on ne le croyait pas. De même, après une description trop soignée de paysans espagnols faisant cortège à des aviateurs gouvernementaux blessés, il ajouta : "Chez l'ennemi, quand leurs aviateurs tombent, si l'on n'envoyait les carabiniers à leur secours, personne n'irait les relever..." À ce moment, il dut sentir quelque résistance dans la salle, car il ajouta *mezzo voce* : "Sauf en Navarre..."

Il ne sait pas mentir, voilà le vrai : il ment mal. Il ne sait pas plaire non plus, ce Malraux, en dépit des folles acclamations qui l'accueillent. Il ne mâche pas les mots à cette foule venue pour entendre des paroles consolantes. "Toute la question est de savoir si nous arriverons à transformer la ferveur révolutionnaire en discipline révolutionnaire..." Cette dure vérité, assenée d'une voix mauvaise, répandit la consternation. Des fascistes tapis dans les coins se pourléchèrent les babines. J'entendis mon voisin dire à mi-voix : "S'ils n'ont pas encore résolu le problème, ils sont cuits."

Lorsque le héros quitta l'estrade, la température de la salle avait baissé. Les acclamations tournèrent court. Malraux rentra dans sa solitude. »

Le Figaro, 11 février 1937.

André Laniel : « Il y a du lingot dans cet homme-là »

« 14 novembre 1953

Ils n'étaient pas si nombreux, du temps de la Troisième. À peine les entendions-nous venir. Ils appartenaient à l'espèce rassurante des présidents du Sénat, des ministres des Travaux publics, de la Marine ou du Commerce : l'espèce des serviteurs modestes qui ne se signalent pas par des gestes illustres, mais non plus par des désastres. Comme la tortue, ils s'étaient mis en route très tôt, d'un train si lent qu'on ne les voyait pas avancer, jusqu'au jour où leur effacement même les désignait tout à coup : ils étaient arrivés.

“Je vote pour le plus bête”, la boutade fameuse de Clemenceau n'est cruelle qu'en apparence. Elle signifiait : “Je vote pour le plus inoffensif.”

Le plus bête, aujourd'hui, de tous ces prétendants, qui aurait l'impertinence de le désigner ? Mais le plus inoffensif ? Voilà celui que la triste Pénélope aurait intérêt à connaître, elle qui n'espère plus que son Ulysse revienne jamais… (son Ulysse s'appelait Charles et il n'était pas “ingénieux”, s'il possédait de plus hautes vertus). Coûte que coûte, le 20 décembre, il lui faudra choisir l'un de ces bourdons qui la harcèlent, alors qu'il ne s'en trouve pas un seul dont, par quelque endroit, les états de service ne soient à faire frémir.

Ils aspirent à l'Élysée comme pour se reposer d'avoir cassé tant d'assiettes. Ils ne ressentent aucun trouble. Ce qui les rassure, j'imagine, c'est que les fautes politiques ne sont jamais le fait d'un seul homme : en politique, il n'existe guère que des crimes collectifs. Si jamais les nouvelles du Maroc leur devaient quelque jour donner de l'inquiétude, ils savent bien qu'aucun box assez vaste n'existe dans aucun tribunal pour accueillir tous les responsables du coup de force de Rabat. Et de même si les choses tournaient au pire en Indochine ou en Tunisie. Les fougueux prétendants se persuadent que la nation ne demandera jamais de comptes à tant de gens à la fois, ni à de si huppés. Voilà pourquoi c'est le palais de l'Élysée qui brille de mille feux dans leurs songes et non (comme on eût pu le croire pour certains d'entre eux) la Haute Cour de Justice.

Cependant nous autres, gens de la rue, nous les observons rêveusement, nous hochons la tête, nous soupirons... mais le choix ne dépend pas de nous.

Et puis nous sommes mal informés. Comment savoir si, derrière tel vieillard à bout de course, ne se dissimule pas une robuste Éminence grise, et si cette faiblesse n'est pas en réalité plus redoutable que la vigueur de tel autre rival bâti en force? Il faut rendre justice à M. Joseph Laniel : en voilà un qui ne trompe pas son monde! Ce président massif, on discerne du premier coup d'œil ce qu'il incarne : il y a du lingot dans cet homme-là. Sans doute ignore-t-il "le grand secret de ceux qui entrent dans les emplois" que nous livre le cardinal de Retz, et qui est "de saisir d'abord l'imagination des hommes". On ne saurait moins parler à l'imagination que M. Joseph Laniel. Ce président-là nous ferait découvrir rétrospectivement de la fantaisie chez M. Doumergue, et chez M. Lebrun, de la verve.

Qu'il aurait eu plus de droits au suffrage de Clemenceau que M. René Pleven, c'est ce que nous lui accorderons volontiers.

M. Laniel a pour lui de n'avoir rien fait, si l'on peut dire, que d'avoir laissé faire. Mais ce brillant félin de Pleven, lui, a marqué fortement ces dix dernières années de sa griffe légère. Un technicien saurait dire quelle juste part lui revient dans la prospérité des finances françaises et de notre économie en général. Il a recréé l'armée à son goût et à celui du comte de Chevigné. Enfin, on peut dire que sa signature est partout. Lorsque le général de Gaulle hésita entre deux routes et choisit celle que lui désignait René Pleven, c'est le moment de l'histoire, me disait un jour quelqu'un, où Jeanne d'Arc est abandonnée par ses voix.

Si c'est vrai, je n'en déciderai pas, non plus que je ne me reconnais le droit de dire mon mot au sujet de cette armée européenne qui a été la grande pensée de M. Pleven et qui, s'il entrait à l'Élysée, triompherait avec lui.

Qu'on me comprenne bien : nul ressentiment personnel ne m'inspire. Il n'est aucun de ces messieurs à qui je veuille du mal, ni dont l'échec ou le succès puisse retentir dans ma vie. Je n'ai pas plus d'intérêt à leur déconfiture qu'à leur triomphe. Je ne les connais pas. Que plusieurs d'entre eux aient prodigué de grands services à la nation, et qu'ils aient "résisté", et qu'ils aient des vertus privées, j'en demeure assuré. Mon seul désir est de les rendre conscients du dégoût qu'inspire à la jeunesse française cette ruée politicienne sur l'Élysée : ce dégoût que, dans le palais d'Ithaque, le fils adolescent d'Ulysse vouait aux prétendants de sa mère et à leur audace effrénée. Les nôtres croient s'ébattre dans un cirque vide : ils ne sentent pas sur eux ces millions de jeunes regards. »

Edgar Faure : « Le nez dans son jeu personnel »

« 11 novembre 1953

De tous les pavés qui pavent notre enfer, les bonnes intentions de M. Edgar Faure auront été les pires.

"Du moins celui-là est-il intelligent..." Ainsi nous rassurions-nous. Peut-être un imbécile eût-il mieux valu qui n'aurait rien fait que laisser faire. Des cartes, du moins, nous resteraient : aujourd'hui elles ont été risquées et elles sont perdues.

M. Edgar Faure les a jouées au cours d'une partie qui n'était pas celle de la France, qui était celle de M. Edgar Faure. Son excuse est que, dans son esprit, les deux causes se confondent, et qu'il importe au salut de la patrie que tout soit subordonné au maintien de M. Edgar Faure à la présidence du Conseil.

Qui n'est saisi par ce contraste : un avocat roué, mais myope, le nez sur son jeu personnel, s'embrouille dans ses combinaisons ; et ce serait comique si l'enjeu de la partie qui tient, pour M. Edgar Faure, dans la présence de M. Edgar Faure à l'hôtel Matignon, n'était, de surcroît, la destinée africaine de la France.

Nous voudrions que M. Edgar Faure fût sensible au risque de ce chapitre de l'histoire qui lui est destiné, qu'apprendront les écoliers qui ne sont pas nés encore et dont j'imagine cette première phrase : "On peut faire dater du ministère Edgar Faure le moment où tout a été résolu pour notre pays et où il a été engagé sans retour possible sur la pente qu'avant lui avait descendue l'Espagne. Ce fut lui qui livra l'État aux généraux."

Dans un temps marqué à l'effigie de M. Poujade, ne reculons pas devant les formules commerciales. Chaque matin, au seuil du cabinet présidentiel, le secrétaire particulier aurait dû répéter à son patron cette phrase rituelle : "Monsieur le président, évitez les contrefaçons."

Le démarquage du style de PMF par son successeur serait plaisant à déceler. Mais la nation l'a payé trop cher et il n'y a pas de quoi rire.

Oui, l'histoire du ministère Edgar Faure est l'histoire d'un démarquage et de ses suites. Nous nous rappelons les propos fameux de M. P.-H. Teitgen, lorsque Pierre Mendès France était au pouvoir. À l'entendre, il fallait chasser l'homme, mais garder le style. Ils ont chassé l'homme et ils ont cru garder le style… Hélas !

Ils ont cru qu'il suffirait de se fixer, à la face du monde, des délais spectaculaires. Les dates que vous prétendez mettre dans l'histoire y resteront en effet, mais pour notre malheur et pour votre honte.

Ce qu'un faible prend pour de l'audace, un homme d'affaires roué pour de la grande politique, un impuissant pour des manifestations de puissance, voilà, en bref, l'histoire de cet été sinistre. »

Guy Mollet : « Il n'a pas pris la foudre mais des tomates pourries »

« 11 février 1956

Nos actes ne nous ressemblent pas toujours. Le chef du parti socialiste dont le premier geste, au sortir de l'Élysée, fut d'écarter Pierre Mendès France du Quai d'Orsay, aurait pu ne pas ressembler à M. Guy Mollet. Hélas ! c'est bien le même homme qui a sacrifié Pierre Mendès France à la vieille majorité et le général Catroux à l'émeute. Nous n'en pouvons plus douter. Je m'incline devant ses vertus privées, mais aujourd'hui ses vertus civiques seules nous importent. (Faut-il ajouter que ce que j'écris ici n'engage que moi ?)

Qu'allait-il faire à Alger ? S'informer ? Il n'était donc pas informé ? Les réponses qu'il recevrait en Algérie ne lui étaient-elles pas d'avance connues ? Vous pouviez demeurer à l'hôtel Matignon, Monsieur le président du Conseil : pour vous renseigner sur place, un Aumeran, un Borgeaud eussent suffi.

Le voyage à Alger, un voyage d'information ? Quelle innocence ! Un voyage d'exécution, voilà ce qui s'imposait. Il s'agissait de faire entrer dans les faits les mesures arrêtées et mises au point à Paris par le gouvernement tout entier.

Alger eût dû apprendre un matin à son réveil que le président du Conseil occupait le palais du Gouvernement, qu'il l'occupait en force et que la poignée de hauts fonctionnaires locaux, aux ordres des fascistes, étaient déjà déplacés et tenus à l'œil.

Depuis que j'observe les milieux politiques, ai-je jamais rencontré chez un homme les vertus d'un chef de gouvernement ? Je ne pourrais citer que deux noms…

M. Guy Mollet, ce bon élève, a dû comme moi savoir par cœur l'Ode au roi Louis XIII de Malherbe :

"Prends ta foudre, Louis, et va comme un lion
Donner le dernier coup à la dernière tête
De la rébellion."

Hélas ! M. Guy Mollet n'a pas pris sa foudre. Il a pris des tomates pourries, mais sur le nez. Et si ce n'était que sur le sien, nous nous serions fait une raison. Mais c'est l'État qui a reçu cet outrage. Louis XIV avait certes moins le droit de dire : "L'État c'est moi" que vous ne l'aviez vous-même, consacré par les suffrages de l'Assemblée nationale. Vous avez délibérément livré l'État aux insultes d'une foule que protégeait, quelle ironie ! l'armée française soumise à vos ordres.

Qu'avez-vous cru ? Qu'espériez-vous ? Les méchants assurent qu'il n'existe que deux espèces de socialistes : ceux qui sont trop malins et ceux qui ne le sont pas assez. Mais quelques-uns de vos ministres suffiraient à prouver qu'il s'en trouve d'une autre race.

Mais vous, qui êtes-vous ? Un laïque stoïcien qui ne bronche pas sous les tomates ? Chez un chef de gouvernement, ce courage-là me laisse froid, et c'est trop peu dire. Je déteste Louis XVI, le 20 juin, coiffé du bonnet phrygien et faisant constater par un soldat que son cœur ne battait pas plus vite. J'aime les cœurs qui battent et, à certaines heures, furieusement.

Pourquoi revenir là-dessus? Pourquoi? Mais les forces fascistes se démasquent. Le temps n'est plus de se faire des politesses. Nous devons prendre la mesure des hommes qui occupent les postes de commandement, et donc celle de M. Guy Mollet.

Envers celui qui a sacrifié comme entrée de jeu Pierre Mendès France et le général Catroux, je ne me sens plus personnellement lié.

Le Front républicain? Qu'en avez-vous fait? Qu'en reste-t-il? Il s'agit bien du Front républicain! Cette journée du 6 février 1956 est grosse du même sombre enfant que celle de 1934. Ce Front populaire, objet de votre terreur, craignez qu'il ne naisse dans la rue, qu'il ne jaillisse des pavés.

Et c'est vous qui l'aurez fait naître, vous qui vous êtes fait le complice des membres de la famille pressés autour du lit de la malade, pour en interdire l'approche au grand médecin.

De M. Edgar Faure, emberlificoté dans ses propres toiles, nous pouvions attendre la soudaine invention, le sursaut d'une intelligence rusée. Mais ce magister immobile dans sa chaire, face à une classe hurlante, et qui cède aux boules de papier mâché, ne laisse aucun recours à l'espérance.

Et au-dehors, l'autre protagoniste, un peuple de huit millions d'hommes, observe et attend. »

Félix Gaillard : « Invisible à force d'être incolore »

« 26 février 1958

M. Félix Gaillard sera-t-il un taureau facile à tuer ? Je n'en jurerais pas. Toute la quadrilla est évidemment perplexe. Éparpillées sur l'arène, ces fines lames s'interrogent, observant de loin la bête qui est fuyante. Ils ont appris à se méfier d'un taureau "manso", comme on dit en Espagne.

Mais enfin, ce M. Gaillard, qui est-il ? Sur l'écran de la télévision, l'autre soir, nous avons pu l'observer à loisir. Il venait d'accepter les bons offices de M. Murphy. Toute la France était à l'écoute, toutes les femmes, toutes les mères qui ont découvert que le dernier quart d'heure de la guerre, annoncé par M. Lacoste, en était le premier.

J'étais curieux de déchiffrer notre destin sur ce beau visage un peu gras et sans regard : rien que des sourcils, pareils à deux ratures, et je doute s'il y eut jamais une voix plus neutre. Jamais quelqu'un devant une telle assemblée (des millions d'êtres humains peut-être) n'aura cherché et n'aura atteint si parfaitement à n'être personne : l'insecte se confondait avec l'écorce.

Il semblait nous dire : "S'il se passait quelque chose, je ne serais pas à ce point incolore. Si tout était perdu, je remuerais pieds ou pattes. Ma voix frémirait un peu. Je ne serais pas cet élève rusé qui subit une colle et qui passe à côté de la question."

C'est bien à un candidat qu'il ressemble, à un candidat pistonné qui a dit à l'examinateur : "Interrogez-moi sur la situation économique, c'est là-dessus que je suis le plus calé." De fait, il expédie le reste où la France entière l'attendait et, complaisamment, s'attarde sur les chiffres. Ils sont superbes : un vrai miracle. Jamais mauvaise politique n'aura donné de meilleures finances.

A-t-il cru qu'on le croyait? Quelle idée se faisait-il de ce peuple dans l'angoisse en train de le dévisager? Aucune j'en jurerais. M. Félix Gaillard doit appartenir à l'espèce qui constate mais n'imagine pas.

Au vrai, il ne voyait personne, sauf son interrogateur, notre sagace jeune confrère Michel Droit. Le plus malin des deux, et qui avait l'air de savoir quelque chose, c'était, comme toujours au bachot, celui qui posait les questions. Ce Michel Droit, que ne nous dirait-il pas, songions-nous, s'il était à la place de M. Gaillard!

Eh bien, non : ce garçon si vivant, à peine installé dans le fauteuil de Matignon, serait devenu lui-même invisible à force d'être incolore : à Paris, pour un président du Conseil, persévérer dans l'être c'est persévérer dans le néant. Il ne survit que dans la mesure où il consent à n'être rien – sinon le paravent derrière lequel une politique se cuisine à Alger, en vase clos… »

Georges Bidault : « Jamais il n'a dû perdre le sentiment de sa petitesse »

« 13 juin 1962

"Il n'y a plus d'État, le pouvoir est à prendre, il n'y a plus qu'à le prendre…" Ainsi parle Georges Bidault, à Vienne. Le croit-il encore? Mais qu'il l'ait cru, j'en demeure assuré. Sa conduite, qui paraît folle, lui aura été dictée par une analyse en apparence correcte. Bidault, petit homme pathétique, jusqu'où votre démon vous entraînera-t-il ? Ludion de la politique française, coquille de noix qu'il aura fallu un séisme pour faire danser durant des années à la crête de la vague… Le modeste professeur d'histoire, le rédacteur d'une feuille de chou, ce ne fut pas trop d'une guerre, d'une invasion, d'une révolution pour qu'il se trouvât assis un beau matin devant le bureau de Vergennes, et pour qu'il fît faire antichambre aux ambassadeurs.

De quoi devenir fou, et en fait il l'est devenu. Non qu'il n'y ait eu en lui une part admirable ; et d'abord cette volonté passionnée, maîtresse d'un corps si frêle et qui répugnait aux grossières nourritures terrestres. Fouetté d'un peu d'alcool, il allait, ce pauvre corps, où son maître exigeait qu'il allât : aux risques les pires, durant la Résistance ; ne l'oublions jamais.

A-t-il entrevu, dès les premiers jours, que la Résistance triomphante, ce serait aussi Georges Bidault triomphant ? À aucun moment de ce triomphe le petit homme ne dut perdre en tout cas le sentiment de sa petitesse : c'était la faute de ce de Gaulle – personnage démesuré, débarqué d'Angleterre, à qui les mérites acquis dans la Résistance intérieure en imposaient très peu, et qui aurait aussi bien logé Bidault dans la poche extérieure de sa vareuse. Pour finir, il le déposa sur le bureau de Vergennes mais comme un presse-papiers.

La possession enivrée du pouvoir aura été chez Bidault empoisonnée dès le départ. À quoi bon convoquer les ambassadeurs et leur parler d'une voix coupante, pour redevenir, dès qu'ils ne sont plus là, un petit lapin blanc qu'escamote le képi à deux étoiles de l'escamoteur? Mais un jour, le plus beau jour de la vie pour Bidault, il n'y eut plus de De Gaulle tout à coup. De Gaulle était parti enfin. Ce fut la grande époque bidaultienne de notre histoire fertile en catastrophes. Une suprême crise de *miserere* rappela d'urgence de Gaulle au chevet de la France.

Enfer et damnation! Enfer de Bidault, damnation de Bidault. Son démon le tenait désormais. Le parti aurait pu le sauver : les bassins de radoub du MRP servaient alors de refuge aux coques avariées de la démocratie chrétienne. Elles s'y refaisaient une beauté. Mais Bidault, lui, ne pouvait plus attendre. La souffrance de la frustration se prolongeait chez lui d'une rancune infinie. Cette passion furieuse n'eût tout de même pas suffi à l'entraîner loin des bassins MRP, si la réflexion ne l'y avait décidé, grâce à une analyse attentive de la conjoncture politique française : l'avenir était à droite, cela lui sautait aux yeux, et pour la première fois la droite aurait la force pour elle. De Gaulle concentrait sur sa tête orgueilleuse les charbons ardents de toutes les haines. Le premier général venu de l'armée d'Algérie ferait l'affaire. Pour la gauche, il en fallait penser ce qu'écrivait Sartre : "Elle pue, cette charogne." La raison de Bidault faisait le jeu de sa fringale. La raison le poussait par les épaules dans le sens de sa passion.

Il n'a pas vu, le petit homme pathétique, il n'a pas vu que, même s'il gagnait, il perdrait, parce que le pouvoir irait aux nageurs entre deux eaux, à toutes les variétés de Pinay et de sous-Pinay. Il avait tout calculé, rien ne lui avait échappé de l'échiquier, sauf que cet échiquier en vérité n'en est pas un, que les pièces ne s'y meuvent pas comme sur une tablette, qu'elles tiennent à une terre vivante, à un tuf, et que tout n'y pousse pas : de Gaulle, le grand chêne druidique, s'y enracine puissamment au-dessus des taillis et des broussailles de la droite et de la gauche, mais ce qui est fasciste n'y a jamais pu que végéter.

Ceux qui gagneront, pauvre Bidault, sont ceux qui attendent sagement dans les bassins de radoub de leurs partis respectifs que de Gaulle soit assassiné, ou qu'il en ait de nouveau assez, et qu'il se retire un beau matin en souhaitant bon appétit à tous ces affamés. Si j'étais l'un de ces messieurs, je n'y compterais pas trop : cette espèce de tendresse de De Gaulle pour Adenauer m'inquiéterait. Le vieux chancelier lui donne un funeste exemple : les vieillards d'aujourd'hui ont la manie de ne plus mourir, et de ne pas devenir gâteux, et même de paraître de plus en plus intelligents. Il y a là de quoi inquiéter les héritiers et les prétendants qui claquent du bec depuis déjà pas mal d'années, et qui envisagent avec terreur qu'un de Gaulle de quatre-vingt-cinq ans, cela les pousserait beaucoup plus loin qu'ils ne l'avaient entrevu dans leurs calculs les plus pessimistes : Mitterrand lui-même ne serait plus tellement frais…

Et Bidault ? Amnistié, pardonné, mais exilé à jamais du pouvoir, rien ne lui sera plus, plus ne lui sera rien. Il ira, la nuit, coller sa pauvre petite figure de défroqué M.R.P. aux grilles du quai d'Orsay. Depuis le trottoir il verra flamber les grands lustres, il imaginera l'huissier, les secrétaires tremblantes, le bureau de Vergennes, et cette ivresse permanente du pouvoir dont aucun alcool ne nous console, quand nous l'avons perdu. Alors Bidault pleurera, accroché des deux mains à la grille, jusqu'à ce qu'un agent paternel le prenne par l'épaule et lui dise doucement de circuler. »

Le Bloc-notes (1952-1962),
Robert Laffont, « Bouquins », 2020.

Charles Maurras
(1868-1952)

Charles Maurras publie *Trois idées politiques* en 1898, juste avant de fonder l'Action française. Avec lui, le livre est roi parce que l'écriture précède toujours l'action. La politique, ce sont des idées, et derrière les idées qu'il faut combattre, il y a aussi des hommes. Dans le viseur de Maurras : Chateaubriand, Michelet et Sainte-Beuve. Ils sont à la racine du mal. Ce sont des statues qu'il faut abattre. Parce qu'elles sont les plus incarnées, les pages concernant l'auteur des *Mémoires d'outre-tombe* dont on célèbre alors le cinquantième anniversaire de la mort constituent un bel exemple d'exécution *post-mortem*.

François-René de Chateaubriand : « Oiseau rapace et solitaire »

« Lorsque, ayant pris congé des sauvages de l'Amérique, François René de Chateaubriand retrouva sa patrie, elle était couverte de ruines qui l'émurent profondément. Ses premières ébullitions furent, il est vrai, pour maudire dans un *Essai* fameux ce qui venait d'ainsi périr. Peu à peu toutefois, l'imagination historique reprenant le dessus, il aima, mortes et gisantes, des institutions qu'il avait fuies jusqu'au désert, quand elles florissaient. Il leur donna, non point des pleurs, mais des pages si grandement et si pathétiquement éplorées que leur son éveilla, par la suite, ses propres larmes.

Il les versait de bonne foi. Cette sincérité allait même jusqu'à l'atroce. Cet artiste mit aux concerts de ses flûtes funèbres une condition secrète, mais invariable : il exigeait que sa plainte fût soutenue, sa tristesse nourrie de solides calamités, de malheurs consommés et définitifs, et de chutes sans espoir de relèvement. Sa sympathie, son éloquence, se détournait des infortunes incomplètes. Il fallait que son sujet fût frappé au cœur. Mais qu'une des victimes, roulée, cousue, chantée par lui dans le "linceul de pourpre", fît quelque mouvement, ce n'était plus de jeu ; ressuscitant, elles le désobligeaient pour toujours.

Quand donc la monarchie française eut le mauvais goût de renaître, elle fut bien reçue ! Après les premiers compliments, faits en haine de Bonaparte et qu'un bon gentilhomme ne refusait pas à son prince, Chateaubriand punit, du mieux qu'il le put faire, ce démenti impertinent que la Restauration infligeait à ses *Requiem*. Louis XVIII n'eut pas de plus incommode sujet, ni ses meilleurs ministres de collègue plus dangereux.

Enfin 1830 éclate, le délivre. Voilà notre homme sur une ruine nouvelle. Tous les devoirs de loyalisme deviennent aussitôt faciles et même agréables. Il intrigue, voyage, publie des déclarations. "Madame, votre fils est mon roi ! " La mort de Napoléon II lui donne un grand coup d'espérance ; si le duc de Bordeaux, lui aussi... ? Mais le duc de Bordeaux grandit. Cette douceur est refusée à M. de Chateaubriand de chanter le grand air au service du dernier roi ; il se console en regardant le dernier trône mis en morceaux.

La monarchie légitime a cessé de vivre, tel est le sujet ordinaire de ses méditations ; l'évidence de cette vérité provisoire lui rend la sécurité ; mais toutefois, de temps à autre, il se transporte à la sépulture royale, lève le drap et palpe les beaux membres inanimés. Pour les mieux préserver de reviviscences possibles, cet ancien soldat de Condé les accable de bénédictions acérées et d'éloges perfides, pareils à des coups de stylet.

Ceci est littéral. À ses façons de *craindre* la démagogie, le socialisme, la République européenne, on se rend compte qu'il les appelle de tous ses vœux. Prévoir certains fléaux, les prévoir en public, de ce ton sarcastique, amer et dégagé, équivaut à les préparer.

* * *

Assurément, ce noble esprit, si supérieur à l'intelligence des Hugo, des Michelet et des autres romantiques, ne se figurait pas le nouveau régime sans quelque horreur. Mais il aimait l'horreur ; je voudrais oser dire qu'il y goûtait, à la manière de Néron et de Sade, la joie de se faire un peu mal, associée à des plaisirs plus pénétrants.

Son goût des malheurs historiques fut bien servi jusqu'à la fin. Il mourut dans les délices du désespoir ; le canon des journées de Juin s'éteignait à peine. Il avait entendu la fusillade de Février. Le nécrologue des théocraties et des monarchies, qui tenait un registre des empereurs, des papes, des rois et des grands personnages saisis devant lui par la disgrâce ou la mort, n'entonna point le cantique de Siméon sans avoir mis sur ses tablettes l'exil des Orléans et la chute de Lamartine.

* * *

Race de naufrageurs et de faiseurs d'épaves, oiseau rapace et solitaire, Chateaubriand n'a jamais cherché, dans la mort et dans le passé, le transmissible, le fécond, le traditionnel, l'éternel ; mais le passé, comme passé, et la mort, comme mort, furent ses uniques plaisirs. Loin de rien conserver, il fit au besoin des dégâts, afin de se donner de plus sûrs motifs de regrets. En toutes choses, il ne vit que leur force de l'émouvoir, c'est-à-dire lui-même. À la cour, dans les camps, dans les charges publiques comme dans ses livres, il est lui, et il n'est que lui, ermite de Combourg, solitaire de la Floride. Il se soumettait l'univers. Cette idole des modernes conservateurs nous incarne surtout le génie des Révolutions. Il l'incarne bien plus que Michelet peut-être. On le fêterait en sabots, affublé de la carmagnole et cocarde rouge au bonnet. »

Trois idées politiques, 1898.

Jules Michelet
(1798-1874)

Son œuvre est une longue galerie de portraits : l'histoire, sous sa plume, est toujours incarnée. Celle de la Révolution française, publiée de 1847 à 1853, l'est sans doute plus que toute autre. Michelet a le sens du mot qui frappe et du détail qui surprend. C'est ainsi qu'il anime ses fresques et donne du souffle à son récit. Dans l'aventure révolutionnaire, ils sont peu nombreux, ceux auxquels Michelet n'accorde guère de circonstances atténuantes. En voilà deux, pourtant, qu'il a exécutés à sa façon : le duc d'Orléans, dit Philippe Égalité, qui finit sous l'échafaud après avoir voté la mort du roi, son cousin, et de Jean-Paul Marat, le rédacteur de *L'Ami du peuple* et délateur patenté, qui fut assassiné par Charlotte Corday.

Le duc d'Orléans : « Fini de corps et de cœur, faible d'esprit »

« Tout cela se passait, il faut bien le dire, sous les fenêtres du duc d'Orléans, sous les yeux de cette cour intrigante, avide, immonde… Hélas ! qui n'aurait pitié de notre Révolution ? ce mouvement naïf, désintéressé, sublime, épié, couvé des yeux par ceux qui croient un jour ou l'autre le tourner à leur profit !

Regardons à ces fenêtres. J'y vois distinctement une femme blanche, un homme noir. Ce sont les conseillers du prince, le vice et la vertu, Mme de Genlis et Choderlos de Laclos. Les rôles sont divisés. Dans cette maison où tout est faux, la vertu est représentée par Mme de Genlis, sécheresse et sensiblerie, un torrent de larmes et d'encre, le charlatanisme d'une éducation modèle, la constante exhibition de la jolie Paméla. De ce côté du palais est le bureau philanthropique où la charité s'organise à grand bruit la veille des élections.

Le temps n'est plus où le prince jockey pariait, après souper, de courir tout nu de Paris à Bagatelle. C'est aujourd'hui un homme d'État avant tout, un chef de parti ; ses maîtresses le veulent ainsi. Elles ont rêvé deux choses, une bonne loi de divorce et un changement de dynastie. Le confident politique du prince est cet homme sombre, taciturne, qui semble vous dire : "Je conspire, nous conspirons." Ce profond Laclos qui, par son petit livre des *Liaisons dangereuses*, se flatte d'avoir fait passer le roman du vice au crime, y insinue que la galanterie scélérate est un prélude utile au scélérat politique. C'est ce nom qu'il ambitionne, ce rôle qu'il joue à ravir... Plusieurs disent, pour flatter le prince : "Laclos est un homme noir."

Il n'était pourtant pas facile de faire un chef de parti de ce duc d'Orléans ; il était usé, à cette époque, fini de corps et de cœur, très faible d'esprit. Des fripons lui faisaient faire de l'or dans les greniers du Palais-Royal, et ils lui avaient fait faire connaissance du diable.

Une autre difficulté, c'est que ce prince, sous tous les vices acquis, en avait un naturel, fondamental et durable, qui ne finit pas par l'épuisement, comme les autres, qui reste fidèle à son homme. Je parle de l'avarice. "Je donnerais, disait-il, l'opinion publique pour un écu de six francs." Ce n'était pas un mot en l'air. Il l'avait bien appliqué, lorsque, malgré la clameur publique, il avait bâti le Palais-Royal.

Ses conseillers politiques n'étaient pas assez habiles pour le relever de là. Ils lui firent faire plus d'une démarche imprudente.

En 1788, le frère de Mme de Genlis, un jeune homme sans autre titre que celui d'officier de la maison d'Orléans, écrit au roi, pour demander... rien autre chose que le premier ministère, la place de Necker et de Turgot ; il se fait fort de rétablir en un moment les finances de la monarchie. Le duc d'Orléans se fait porteur de l'incroyable missive, la remet au roi, l'appuie et devient l'amusement de la Cour.

Les sages conseillers du prince avaient cru faire passer ainsi tout doucement le pouvoir entre ses mains. Trompés dans cette espérance, ils agirent plus ouvertement, essayèrent de faire un Guise, un Cromwell, se tournèrent du côté du peuple. Là aussi, ils rencontrèrent de grandes difficultés. Tous ne furent pas dupes ; la ville d'Orléans n'élut pas le prince et, par représailles, il lui retira brusquement les bienfaits par lesquels il avait cru acheter son élection.

Rien n'avait été épargné cependant, ni l'argent ni l'intrigue. Ceux qui conduisaient l'affaire avaient imaginé de coller une brochure tout entière de Sieyès aux instructions électorales que le duc envoyait dans ses domaines, et de placer ainsi leur maître sous l'affiche et le patronnage du grand penseur, alors si populaire, qui n'avait pourtant nul rapport avec le duc d'Orléans.

Quand les Communes firent le pas décisif de prendre le titre d'*Assemblée nationale*, on avertit le duc d'Orléans que le moment était venu de se montrer, de parler, d'agir, qu'un chef de parti ne pouvait rester un personnage muet. On obtint de lui qu'il lirait au moins un discours de quatre lignes pour engager la noblesse à se réunir au tiers. Il le fit, mais en lisant le cœur lui faillit, il se trouva mal. On vit, en le déboutonnant, que dans la crainte d'être assassiné par la Cour, ce prince trop prudent mettait, en guise de cuirasse, cinq ou six gilets l'un sur l'autre. »

Jean-Paul Marat : « Seul, avec son écritoire, il eût anéanti le monde »

« Marat, tout furieux et aveugle qu'il était, semble avoir senti le danger de cet esprit anarchique. De bonne heure il proposait la dictature d'un tribun militaire, plus tard la création de trois inquisiteurs d'État. Il semblait envier l'organisation de la Société jacobine. En décembre 90, il proposait d'instituer, sans doute à l'instar de cette société, une confrérie de surveillants et délateurs, pour épier, dénoncer les agents du gouvernement. Cette idée n'eut pas de suite. Marat fut à lui seul son inquisition. De toute part, on lui envoyait des délations, des plaintes, justes ou non, fondées ou non. Il croyait tout, imprimait tout.

Fabre d'Églantine a dit : “La sensibilité de Marat.” Et ce mot a étonné ceux qui confondent la sensibilité avec la bonté, ceux qui ignorent que la sensibilité exaltée peut devenir furieuse. Les femmes ont des moments de sensibilité cruelle. Marat, pour le tempérament, était femme et plus que femme, très nerveux et très sanguin. Son médecin, M. Bourdier, lisait son journal, et, quand il le voyait plus sanguinaire qu'à l'ordinaire, “et tourner au rouge”, il allait saigner Marat.

Le passage violent, subit, de la vie d'étude au mouvement révolutionnaire, lui avait porté au cerveau et l'avait rendu comme ivre. Ses contrefacteurs, ses imitateurs qui prenaient son nom, son titre, en lui prêtant leurs opinions, ne contribuaient pas peu à augmenter sa fureur. Il ne s'en fiait à personne pour les poursuivre; lui-même, il allait à la chasse de leurs colporteurs, les guettait aux coins des rues, parfois les prenait la nuit. La police, de son côté, cherchait Marat pour le prendre. Il fuyait où il pouvait. Dans sa vie pauvre, misérable, dans sa réclusion forcée, il devenait de plus en plus nerveux, irritable; parmi des mouvements violents d'indignation, de compassion pour le peuple, il soulageait sa sensibilité furieuse par des accusations atroces, des vœux de massacres, des conseils d'assassinat. Ses défiances croissant toujours, le nombre des coupables, des victimes nécessaires augmentant dans son esprit, l'Ami du Peuple en serait venu à exterminer le peuple.

En présence de la nature et de la douleur, Marat devenait très faible ; il ne pouvait, dit-il, voir souffrir un insecte, mais seul, avec son écritoire, il eût anéanti le monde. »

Histoire de la Révolution française,
1847-1853.

François Mitterrand
(1916-1996)

François Mitterrand savait avoir la dent dure. Il exécutait d'une formule : à propos de Jacques Chirac, par exemple, avant 1981, dont il disait qu'il parlait comme «une machine à écrire». Voilà bien un reproche qu'on ne saurait faire au premier président socialiste de la Ve République. Son verbe était comme sa plume : d'un style classique, parfois contourné, mais d'autant plus ample que le propos était vif et que derrière l'avocat pointait le procureur. Dans le genre, François Mitterrand n'a jamais fait mieux qu'en 1964, à la veille d'un de ses rebonds dont sa carrière est remplie, lorsque, dans *Le Coup d'État permanent*, il porte le fer contre le général de Gaulle, son vrai modèle et son unique adversaire.

Charles de Gaulle : « Par la patience et la ruse »

« Sous ma plume s'est glissé le vocable de dictature. De Gaulle serait-il dictateur ? Je ne cherche pas à l'abaisser en le plaçant dans une rubrique où ma génération s'est habituée à ranger pêle-mêle Hitler et Mussolini, Franco et Salazar, Staline et Pilsudski. Mais si de Gaulle n'imite personne, ne ressemble à personne sinon, à la rigueur, à un Louis-Napoléon Bonaparte qu'habiteraient les vertus bourgeoises de Louis-Philippe Ier, ce qui serait plutôt rassurant, le gaullisme, lui, porte des stigmates qui ne trompent pas. Son évolution évoque, avec une totale absence d'originalité, aussi bien les velléités des plus plates, des plus ternes, des plus molles dictatures, telle celle qu'à Vichy, sous couleur d'ordre moral, le maréchal Pétain infligea aux Français, que l'implacable volonté de puissance des consuls d'Occident qui, pour donner le change, s'érigent en défenseurs de la civilisation chrétienne. Mais en appeler au nazisme, au fascisme, dont les crimes ont marqué notre jeunesse, serait excessif. Cette analyse n'a pas besoin du secours de l'exagération pour déceler dans le gaullisme les plus dangereuses virtualités d'une dictature hypocrite en ses commencements, habile à progresser à pas feutrés et que la nécessité révélera soudain dans sa cruelle vérité.

Qu'est-ce que la Ve République sinon la possession du pouvoir par un seul homme dont la moindre défaillance est guettée avec une égale attention par ses adversaires et par le clan de ses amis ? Magistrature temporaire ? Monarchie personnelle ? Consulat à vie ? *pachalik* ? Et qui est-il, lui, de Gaulle ? *duce*, *führer*, *caudillo*, *conducator*, guide ? À quoi bon poser ces questions ? Les spécialistes du droit constitutionnel eux-mêmes ont perdu pied et ne se livrent que par habitude au petit jeu des définitions. J'appelle le régime gaulliste dictature parce que, tout compte fait, c'est à cela qu'il ressemble le plus, parce que c'est vers un renforcement continu du pouvoir personnel qu'inéluctablement il tend, parce qu'il ne dépend plus de lui de changer de cap. Je veux bien que cette dictature s'instaure en dépit de De Gaulle. Je veux bien, par complaisance, appeler ce dictateur d'un nom plus aimable : consul, podestat, roi sans couronne, sans chrême et sans ancêtres. Alors, elle m'apparaît plus redoutable encore. Peut-être, en effet, de Gaulle se croit-il assez fort pour échapper au processus qu'il a de son propre mouvement engagé. Peut-être pense-t-il qu'il n'y aura pas de dictature sans dictateur puisqu'il se refuse à remplir cet office. Cette conception romantique d'une société politique à la merci de l'humeur d'un seul homme n'étonnera que ceux qui oublient que de Gaulle appartient plus au XIXe siècle qu'au XXe, qu'il s'inspire davantage des prestiges du passé que des promesses de l'avenir. Ses hymnes à la jeunesse, ses élégies planificatrices ont le relent ranci des compliments de circonstance. Sa diplomatie se délecte à recomposer les données de l'Europe de Westphalie. Ses audaces sociales ne vont pas au-delà de l'*Essai sur l'extinction du paupérisme*. Au rebours de ses homélies "sur le progrès", les hiérarchies traditionnelles, à commencer par celle de l'argent, jouissent sous son règne d'aises que la marche accélérée du siècle leur interdisait normalement d'escompter.

Je ne doute pas que l'accusation d'aspirer à la dictature le hérisse. Sa réponse aux journalistes accourus à sa conférence de presse du palais d'Orsay pendant la crise de mai 1958 : "Croit-on qu'à soixante-sept ans je vais commencer une carrière de dictateur ?", exprimait le souci sincère d'épargner au personnage historique dont il a dessiné les traits dans ses *Mémoires* cette fin vulgaire. On le devine désireux d'exercer sur ses concitoyens une magistrature paternelle, un consulat éclairé. À la condition préalable et nécessaire toutefois que les Français s'abandonnent à lui pour le meilleur et pour le pire, pour la paix et pour la guerre, pour les grandes espérances et pour l'orgueilleuse solitude, pour la joie et pour le malheur de vivre, pour les poussières radioactives et pour le pain quotidien. Et si les Français renâclent, on fera leur bonheur malgré eux. On rétorquera : "Mais les Français ne renâclent pas ; ou du moins, pas encore. De Gaulle dictateur ? Tout au plus un père qui gourmande, qui corrige, qui châtie, non un bourreau d'enfants. Un père, qui pense à tout, qui pense pour tout le monde, n'est-ce pas commode pour tout le monde même si c'est commode pour de Gaulle ? Cessez ce paradoxe et ne reprochez plus à de Gaulle d'opprimer un peuple qui l'acclame."

À vrai dire le comportement de De Gaulle à l'égard du peuple et le comportement du peuple à l'égard de De Gaulle sont d'un intérêt secondaire. Ce n'est pas la première fois qu'un homme d'un grand éclat suscite l'amour des foules. Un passé glorieux, une bonne technique de la propagande et une police vigilante représentent trois atouts maîtres qui dans la même main, l'Histoire l'a cent fois prouvé, balaient les autres jeux. L'essentiel est de savoir que de Gaulle, le désirant ou le déplorant, pour rendre son pouvoir intouchable est contraint, quoi qu'il veuille, de le faire absolu. Non seulement par tempérament, par inclination, par goût, il évite le conseil et s'éloigne des représentants élus de la nation, non seulement par méthode et pour maintenir son prestige hors d'atteinte, pour affûter le réflexe des masses naturellement portées à se tourner à l'heure du péril vers l'homme qui n'a dévoilé ni les ressources de sa pensée ni les ressorts de son action, il use du silence et de la solitude, mais encore il pressent que tout pouvoir qui ne lui est pas soumis se transforme fatalement en pouvoir ennemi, que toute parcelle du pouvoir qui lui échappe pourrit, comme une gangrène, le pouvoir entier, qu'il n'y a pas de *no man's land* entre ses adversaires et lui, qu'une place qu'il n'occupe pas est déjà une place perdue. Et il ne peut pas en être autrement.

On va répétant que le gaullisme a réussi à dépolitiser la France, que hors de Gaulle aucune force politique n'existe, que l'opposition ne pèse pas lourd au regard du chef actuel de l'État, qu'il est donc vain de spéculer sur la chute du régime et sur la succession. Ces réflexions n'ont aucun sens. Que l'opposition soit ou non dotée d'un leader capable de supporter dans l'esprit public la comparaison avec de Gaulle, qu'elle reste divisée ou qu'elle se rassemble, le problème du régime, de sa durée, de sa survie demeurera pour longtemps inchangé. Ou bien de Gaulle aura assez d'audace et d'imagination pour faire de son coup d'État un coup d'État de tous les jours et donc une dictature cohérente, systématiquement oppressive, carrément arbitraire, ou bien l'aventure s'achèvera plus tôt qu'on ne le croit. Mais un coup d'État permanent suppose une extraordinaire mobilisation d'énergies, l'investissement radical de l'État jusqu'en ses infimes rouages, l'enracinement du parti majoritaire jusqu'à ce qu'il ressemble comme un frère à un parti unique. Un plan de si vaste envergure suppose, au départ, le secret. Car il convient d'anesthésier les réflexes et d'endormir la suspicion de ceux qui pourraient en contrecarrer le déroulement. Mussolini, trois années durant, a entretenu l'opinion internationale dans l'illusion qu'à quelques coups de pouce près la marche sur Rome n'avait pas altéré gravement la physionomie de la monarchie parlementaire italienne. Tout le temps nécessaire à son implantation, le nazisme a su cajoler la grande industrie allemande, l'allécher par son militantisme anticommuniste et lui faire payer chèrement le prix d'une sécurité mensongère. En 1958, le gaullisme, variété hybride et édulcorée du virus qui faillit naguère emporter l'Occident avait, il faut l'admettre, de quoi rassurer les républicains. Son astuce fut d'amener ceux-ci à le considérer comme un moindre mal, danger bénin auprès du péril mortel figuré par les communistes ("Jules Moch fait distribuer des armes aux milices populaires ! ") et par le putsch militaire ("Si vous n'avez pas le général, vous aurez les colonels ! "). C'est ainsi que par comparaison il devint aimable à la vue de ceux qui l'avaient, la veille, dénoncé et qui se mirent à spéculer sur d'imaginaires accommodements.

Pas de sang. Un vote d'investiture de l'Assemblée nationale. Le général de Gaulle, sous sa peau de mouton de président du Conseil, benoîtement logé à l'hôtel Matignon, comme un Ramadier ou un Queuille. Bref, on avait tremblé pour rien. Ce n'était ni Boulanger ni La Rocque. À peine Millerand ou Tardieu. On respira. Qu'était-on allé croire ? Manœuvrer l'adversaire, exercice d'école pour de Gaulle. Retirerai-je une once de son mérite en notant que le troupeau d'en face était prêt à l'avance à ne point remarquer que le loup s'était fait berger, pourvu qu'il voulût bien ne pas montrer les crocs ? La comédie du Comité consultatif constitutionnel dut procurer de bonnes pintes de rire au maître tacticien. Assembler la crème des démocrates patentés, leur donner un ours à lécher – et de quel poil ! –, tenir pour nulles leurs doctes observations et les entendre cependant simuler l'enthousiasme, inviter le peuple à voter sa Constitution, il y avait de quoi l'amuser, exciter le goût qu'il a des bons mots. La République empochée, les républicains divisés en deux clans, l'un pour qui de Gaulle avait tout sauvé, l'autre pour qui de Gaulle avait tout perdu (de même que Pétain, vainqueur de Verdun, avait validé la collaboration dans l'esprit de millions de bons Français, ce que n'aurait pu faire Laval, de même le chef de la France libre avait validé le coup d'État dans l'esprit de millions de bons républicains, ce que n'auraient pu faire ni les colonels de la fameuse action psychologique ni les frénétiques de l'activisme), celui-ci s'inspira du dernier des Horaces, isola tour à tour ceux qui, comme lui et donc fatalement contre lui, aspiraient au pouvoir et régla successivement leur sort.

Quoi de plus urgent pour un conspirateur heureux que de se débarrasser des complices auxquels il doit une part de son succès ? Il ne voit plus en eux que des concurrents virtuels, compétiteurs dans la même course, et donc adversaires à abattre avant qu'ils aient repris le souffle et les seuls qui vaillent d'être pris au sérieux, puisque les tenants du régime disparu ou bien sont ralliés ou bien sont réduits à l'impuissance. Le rappel d'Alger de Salan, le rôle subalterne réservé à Soustelle puis son élimination, la guerre des "gorilles" déclenchée contre quiconque s'obstinait à donner au gaullisme une signification répudiée par de Gaulle, s'inscrivirent dans l'ultime marche vers le pouvoir absolu. Là encore beaucoup de républicains s'y trompèrent, croyant discerner dans ce qui n'était qu'un règlement de comptes pour le partage du butin le retour du général de Gaulle aux normes de la légalité.

De Gaulle écartait-il du plat de l'épée les barricades d'Ortiz et de Lagaillarde, réduisait-il après trois jours de doute le putsch de Challe et voilà que, l'imagination enfiévrée, ces mêmes républicains rêvaient tout haut d'un Monk qui serait des leurs et qui, préférant l'honneur à la gloire et le droit au pouvoir, s'empresserait de leur passer la main. Que de temps gagné pour l'homme qui sait où il va et qui, après avoir liquidé les républicains avec l'aide des activistes, liquide les activistes avec l'aide des républicains ! Quand, blessés à mort ou copieusement tailladés, les antagonistes gisants font entendre leurs gémissements alternés, comme il est facile de désigner du doigt ces fâcheux qui troublent la paix publique et d'ordonner qu'on les jette hors les murs ! La place nette, il ne reste plus qu'à gouverner comme on l'a toujours prévu et voulu.

Tel est le point où, au terme de cinq années de prudents tâtonnements entrecoupés d'actions soudaines, se trouve aujourd'hui le général de Gaulle. "Après l'opération-sédition, l'opération-séduction", s'était écrié le député de Meurthe-et-Moselle, Kriegel-Valrimont, devant de Gaulle assis au banc du gouvernement lors de la narquoise visite qu'au lendemain de son investiture il fit à l'Assemblée nationale. Mais de la séduction l'heure est maintenant passée. Que voulez-vous qu'un militaire, et surtout celui-là, faute de chevauchées vers Moscou, de soleils d'Austerlitz, ou de Chemin des Dames, fasse de sa vocation qui est de conquérir ? Où rassembler une armée ? Où la mener ? Et quelle armée ? Guerre et politique sont les formes variables d'un même combat et si leurs moyens diffèrent, d'identiques principes d'action les inspirent. Filles de la même volonté de puissance, l'une parachève l'autre. En bon lecteur de Clausewitz, tant qu'il s'agit d'enlever les positions adverses, le général de Gaulle, alliant les concepts du génie aux pratiques du métier, manœuvre admirablement sur ce champ de bataille moderne qu'est la politique, le seul endroit où se meuvent encore de grandes masses. Par la patience. Par la ruse. Et quand vient le moment de l'action, par la rapidité et la sûreté de l'exécution. »

Le coup d'État permanent,
Plon, 1964.

Yann Moix
(né en 1968)

Dans la génération de Yann Moix ne sont pas nombreux les écrivains qui, lorsqu'ils abordent la politique, ne se munissent pas de la brosse à reluire, comme s'ils voulaient partager un peu de la gloire qu'ils astiquent. La plupart, cela dit, préfèrent se retirer sur leur Aventin. Yann Moix, en ce sens, est un cas. C'est son côté tête brûlée. *Dehors*, publié en 2018, est un essai fulminant contre le double langage d'un pays, la France, qui se prétend généreuse avec les réfugiés et qui en fait se verrouille à double tour. Les responsables et, partant, les coupables ? Emmanuel Macron et son ministre de l'Intérieur de l'époque, Gérard Collomb. La pointe ici est en acier trempé.

Yann Moix

Emmanuel Macron : « Sur l'ambon des Hautes Platitudes »

« Un manuscrit, monsieur le Président, dort paraît-il dans vos tiroirs. J'espère qu'il y dormira longtemps, tant les mots pour vous sont de la fausse monnaie ; les mots des écrivains ne sont jamais ceux des politiciens. Pour vous, dire la vérité, c'est changer de mensonge. Pour vous, dire la vérité, c'est dire à ceux qui vous écoutent des choses qui leur plaisent. Vous vous croyez éloquent : vous n'êtes que démagogue.

Flattant tout le monde, ce sont les mots que vous insultez. Chacun de vos discours annule le précédent ; chacune de vos paroles rature la suivante. Vous ne mentez jamais, puisque le menteur a besoin d'une vérité à trahir, d'une réalité à travestir.

Vous n'êtes pas tant un rhéteur qu'un bavard ; vous admirez Gide ? Mais Gide eût refusé, monsieur le Président, de vous serrer la main. Je me souviens parmi le catalogue de vos discours verbeux, scolaires et insipides, d'un discours à la Sorbonne. Il fut prononcé par vous le 26 septembre 2017.

Acribologue du lieu commun, tous vos discours, prononcés sur l'ambon surélevé des Hautes Platitudes, ressemblent à des exposés de Sciences Po, le souci de la synthèse en moins ; à l'Institut d'études politiques, vous l'aurez oublié, nous avions le devoir d'être denses et précis, nous avions la mission d'être clairs et concis, là où vous êtes confus et disséminé, touffu et éparpillé.

Chez vous, le lieu commun semble s'écouler dans sa propre fusion, ainsi que la lave; il se répand brûlant de toutes ses formules ressassées, de toutes ses pensées révolues, de tous ses dégagements flétris. Essayez, monsieur le Président, d'écouter ce que vous prononcez : vous embrassez toutes les évidences, vous convoquez toutes les tautologies.

Dans ces discours, il vous arrive même de disparaître, de mettre votre existence entre parenthèses, de vous oublier, de vous absenter – mais où êtes-vous donc, dans quel archipel ensoleillé, dans quel lagon diaphane, tandis que vous ânonnez ces alignements d'énarchies sonores ? On ne peut être moins au monde que vous l'êtes quand vous subissez, presque à votre insu, ces suites de mots inanimés, mis bout à bout jusqu'à ce que tombe comme la feuille morte de l'arbre une promesse sans conséquence, une menace sans suite, une annonce sans avenir.

Je me souviens, disais-je, d'un discours à la Sorbonne. Ce sommet de verbiage convenu, ce chef-d'œuvre du panache rapetassé et de l'éloquence flapie fut péroré, disais-je encore, le 26 septembre 2017.

Dans cette terne envolée, vous sortez les grands mots comme jadis, le dimanche, on sortait le haut-de-forme. Dès la première minute, les mots “histoire”, “identité”, “horizon”, “avenir” jaillissent de votre bouche comme, sur le parvis du centre Beaubourg, les flammes du cracheur de feu torse nu qui se gargarise d'essence à briquet.

Lorsqu'un mot est trop grand, on prend le risque de flotter dedans. C'est pourquoi vous les faites rétrécir jusqu'à ce qu'ils vous siéent. Otages de votre parole, qui n'a de cesse de les anémier afin qu'ils se tiennent tranquilles, les mots, réduits par vous au silence, ne bougent plus ; ils sont dévitalisés ; ils sont enfin prêts à l'emploi que vous allez faire d'eux. Assommés, rapetissés, arraisonnés, les mots "histoire", "identité", "horizon" et "avenir" viennent, dociles parce que drogués, coopératifs parce qu'abrutis de somnifères, obéir sans broncher à votre toujours pénible démonstration. Les voici vidés de leur sève, livrés sans pitié à tous les poncifs, comme jadis les martyrs aux fauves.

Anesthésiée, l'histoire ne signifie plus rien qu'un morceau de passé vaguement convoqué ; galvaudée, l'identité prend les airs d'un couteau suisse ; prostitué, l'horizon, qu'on trouve facilement au rayon poésie de tous les supermarchés du gaullisme, ressemble à un caddie pléthorique ; atrophié, l'avenir, devenu le réceptacle de tous les possibles et la poubelle de toutes les promesses, est conçu comme un vague cousin du futur. J'ai entendu à Cuba des discours de Castro où ces mêmes mots signifiaient davantage.

Que les mots n'aient pour vous aucun sens, c'est un fait ; mais du moins en ont-ils pour eux. Du moins en ont-ils pour moi.

On a connu la présidence incarnée, c'était avec de Gaulle. On a connu la présidence limitée, c'était avec Pompidou. On a connu la présidence infatuée, c'était avec Giscard. On a connu la présidence invétérée, c'était avec Mitterrand. On a connu la présidence abandonnée, c'était avec Chirac. On a connu la présidence hystérisée, c'était avec Sarkozy. On a connu la présidence hébétée, c'était avec Hollande. On connaît maintenant – on connaît désormais – la présidence surjouée : c'est avec vous. »

Gérard Collomb : « Une feuille morte remontée dans l'arbre »

« Et ce pauvre ministre, monsieur le Président, Javert cacochyme jailli de son placard comme un génie de sa fiole, et que vous nommâtes à l'Intérieur, pour assurer la sécurité de notre pays.

M. Gérard Collomb, à force de miser beaucoup, a fini par gagner un peu. Relégué, depuis tant de lustres, aux bâtiments de l'oubli ; frotté à tous les grattoirs de l'humiliation, son frein était presque tout entièrement rongé quand le miracle est venu le soustraire au bain de vinaigre dans lequel il s'aigrissait. M. Collomb n'a jamais cessé d'espérer, même à partir du jour où son avenir commença de basculer dans le passé. Proust écrit : “Savoir qu'on n'a plus rien à espérer n'empêche pas de continuer à attendre.” Tout M. Collomb loge dans cette phrase. Bien qu'ayant fait son temps, il attendait son heure. Et c'est à la dernière minute que cette heure est arrivée – grâce à vous, monsieur le Président.

Sauvé par votre gong, la carrière qu'il avait derrière lui allait pouvoir commencer. Ainsi, la fin de M. Collomb a dû *in extremis* céder la place à ses débuts. Après cinquante années passées à faire des pompes dans les geôles verminées de la politique, à se tatouer sur la peau des hiéroglyphes de vengeance en maugréant des anathèmes, il était normal que le cerbère, chez lui, vînt déchiqueter toutes les manifestations de l'amour du genre humain.

Dans l'œil fatigué de votre ministre remue encore et toujours, monsieur le Président, la lueur jouissive et décomplexée des humiliations en cours de réparation. Revenu de tout sans être jamais allé nulle part, il exerce son pouvoir avec l'insatiable appétit de celui qui, après un demi-siècle de solfège, peut enfin s'asseoir au piano. Il faut toujours se méfier de ceux dont le printemps est venu après l'hiver. Ils n'agissent que pour se venger, et leurs décisions ne sont prises que pour effacer la cuisson des vieilles gifles.

Suturé de part en part, trahi par tous ceux qu'il avait prévu de trahir, M. Collomb n'aurait pas assez de dix quinquennats pour essuyer en lui les outrages qu'une existence dans les tons beiges lui aura donné l'occasion de subir avant qu'il ne les fasse subir aux Français. Hors d'atteinte, le voici désormais installé au sommet de l'État et de la rancune. Il ne prend pas de décisions ; il prend sa revanche.

Le sourire de M. Collomb, à peu près permanent, n'est pas l'expression d'une joie, mais la dissimulation d'une tristesse. Pour lui, tout arrive au moment où tout s'achève. À la jeunesse, nul vieillard n'est tenu. Avec ce gouvernement de galopins, il n'a de commun que la morgue.

Cinquante années de non-carrière ont enfin quelques mois pour s'exprimer. Attifé comme un notaire de la IIIe République, endimanché comme un bourgeois de Charleroi, M. Collomb ânonne, avec une componction sacerdotale, les salmigondis les plus indigents sur tous les sujets qu'il effleure. M. Collomb a le verbe poussif, l'expression morne et le débit paralytique. On sent que, dès qu'il s'exprime, chaque mot tente laborieusement une percée, comme un prisonnier qui s'évade. Quand le mot est enfin lâché, qu'il virevolte à l'air libre, il vibre sur la corde monotone d'une hésitation, prête à le raturer, à le reprendre, à le convoquer pour qu'il se taise.

Rien ne glisse dans cette élocution freinée qui a peur des idées dont elle manque et ne s'abreuve qu'à la source de dogmes répétés, de leçons repassées – de discours révisés. L'expression de M. Collomb est si peu fluide qu'on dirait qu'il parle des cailloux.

J'ai déjà eu l'occasion, monsieur le Président, d'avoir votre impayable M. Collomb en face de moi : lui demandant si des milices, si des gangs, si des organisations criminelles libyennes étaient rétribués par l'Europe, en particulier par l'Italie, pour faire de la “rétention de migrants” – ce qui est pleinement, ce qui est totalement, ce qui est définitivement avéré –, votre M. Collomb, de la même manière qu'un évêque flapi eût pendant la messe chassé une mouche à bœufs d'un mouvement flegmatique de la main, balaya ma question avec une lassitude dominicale, débonnaire, plombée. Rien, en dehors de la vanité qui le transperce, ne parvient à pénétrer le déperlant saint Sébastien de Beauvau.

Je vis physiquement ma question, monsieur le Président, se fracasser contre le mur de verre dressé non sans génie par votre thuriféraire qui occupe le poste de Clemenceau avec une légitimité semblable à celle de Gargamel prenant dans le cœur du Narrateur la place de Charles Swann. Rien, il est vrai, ne saurait perturber ce capitaine de la mauvaise foi aux airs de bouddha chimiothérapique.

Tandis que je regardais les débris de mon accusation – car ma question était une accusation – virevolter dans l'air glacial, M. Collomb, le teint isabelle, bêlant comme à son habitude, commença de raconter une blague éculée. Je venais de l'accuser d'un crime ; son air était celui d'un homme qu'on complimentait sur son nœud de cravate. Traitez-le d'assassin, il vous répond que vous manquez de modération. Il est fort ; très fort – un fossile, mais d'acier.

Ce croque-mort de Morris, qui rappelle également le vautour – mais un vautour éclamé –, fut trop effacé, trop sacrifié, trop outragé pour ne s'être pas fait à lui-même la douce promesse de faire pogoter son existence au moment du dernier slow. Apôtre de la matraque, poète du gourdin, chantre de la massue, le vieil agrégé des lettres aime à raconter, dans un rictus polaire, qu'il "hésita à accepter la fonction". Sans doute l'hésitation fut-elle moins longue que les trois jours annoncés. Quand on a passé sa vie à faire fuir les biographes, on ne méprise pas les carillons de la gloire au-delà d'une minuscule minute. Premier cocu des portefeuilles, "Gégé" le premier des porte-flingues. Suinteront alors de sa tristesse infinie, par discrets à-coups, des signes effrayants d'exaltation et de contentement repu. Gégé la Poisse, la ventouse des purgatoires, voit sa patience de reptile récompensée par la providence en marche.

Gérard Collomb : une feuille morte miraculeusement remontée dans l'arbre. Il avait jusque-là toujours eu tort ; cela lui donne aujourd'hui le droit d'avoir raison. François Mitterrand l'avait excommunié pour ses tribulations rocardiennes. Lionel Jospin l'avait trouvé plus présentable dans les oubliettes que sur les podiums et plus indispensable au radiateur qu'à l'estrade. François Hollande ne voulut point priver de leur favorite proie les mânes du pourrissement et les harpies de l'anonymat. Collomb Gérard resterait l'abonné des pénombres.

Cette piaculaire punaise de Jupiter, dont le fiel est proportionnel à l'onction, se prétend "proustien" ; Proust qui, parlant du duc de Guermantes, écrit qu'"on sait gré de leur douceur aux méchants". M. Collomb a la douceur méchante quand vous avez, monsieur le Président, davantage la méchanceté douce. M. Collomb se prétend "proustien" – cela n'engage à rien, et moi-même ce matin je me sentais quelque peu faulknérien. Ce soir, ce serait même plutôt stendhalien. À la vérité, M. Collomb, cette corrodante éprouvette d'acide faite homme, est aussi éloigné de la *Recherche* qu'une méduse l'est du *Sefer Yetsirah* et de Marcel Proust qu'un poulpe l'est de Rabbi Akiva. »

Dehors, Grasset, 2018.

Arnaud Montebourg
(né en 1962)

Comme Patrick Buisson avec Nicolas Sarkozy en virée au Vatican, Arnaud Montebourg saisit sur le vif François Hollande en goguette à Washington, en février 2014. La déception et la honte sont des puissants ressorts pour les enfants perdus de toutes obédiences lorsqu'ils règlent leurs comptes. Tous ont en tête un épisode qui à lui seul justifie la rupture. Dans *L'Engagement*, récit de ses aventures malheureuses au gouvernement, Arnaud Montebourg dessine en comparant : c'est la figure de Barack Obama qui réduit à néant celle de François Hollande.

François Hollande : Un « petit garçon hilare en culottes courtes »

« Les deux gouvernements se faisaient maintenant face. Côté fenêtre, donnant sur la roseraie et sa colonnade, le dos à la lumière, Barack, flanqué à sa droite de Joe Biden son vice-président et à sa gauche de John Kerry son secrétaire d'État. Nous, autour du président, Fabius à droite, Moscovici et moi à gauche. Les ministres déléguées Fioraso, Pellerin, Bricq, sont ordonnées autour. Les conseillers Aquilino, Ortiz et Macron sont bien là tout près, mais derrière. Un interprète pour chaque côté.

Le président américain me fit immédiatement penser à l'un de ces félins sveltes, véloces et de haute stature. Son élégance sautait aux yeux ; bien que stricte, elle rejoignait une prestance hors du commun qu'il s'amusait à relâcher avec facétie. Nous avions l'impression de jouer avec lui, en Nike et short rouge au pied du panier de basket des Chicago Bulls après un tir réussi de sa part, tant il nous donnait le sentiment que nous formions une équipe. On ne pouvait pas instinctivement ne pas aimer cet homme tant il était beau, doté d'un intellect supérieur et d'un charme insurmontable, alliance si personnelle de décontraction et de méticuleux respect des formes. Il n'avait pas seulement rendu amoureuses de lui toutes les Américaines, il avait dû certainement séduire toutes les statues de marbre de la Maison-Blanche et les faire rosir chaque jour sur son passage.

Doté d'un surmoi exceptionnel, sa maîtrise de lui-même était parfaite. Pourtant, j'avais vraiment l'impression en cet instant de partager une bière avec un copain qu'on voit une fois par an, habillé en tee-shirt, tout en parlant macro-économie. Ce président avait un jean dans sa tête. Il nous forçait soudain à enlever nos costards-cravates pour nous mettre, tout comme lui, en falzar. [...]

Depuis deux ans, le gouvernement des États-Unis, l'intelligentsia américaine, les prix Nobel d'économie en tête, tous soutenus par le Fonds monétaire international, cherchaient avec une juste obstination à éviter que ne se répètent les mêmes erreurs de pilotage qu'au cours des années 30 en Europe. Ils n'avaient pas tort. La Grande Récession était cousine de la Grande Dépression, et les décisions de cette époque, inspirées par les conservateurs d'alors, conduisirent à l'aggravation de la Grande Crise, le tout finissant avec l'arrivée au pouvoir des nazis par les urnes en Allemagne. À cette époque, tous les gouvernements prenaient des décisions appauvrissant leur population et aggravant la dépression. Les États-Unis préférèrent quant à eux réformer de fond en comble leur pensée économique, en adoptant les idées novatrices de John Maynard Keynes, un Anglais professeur d'économie qui avait écrit une thèse apologétique qui révolutionna le monde en 1936, *Théorie générale de l'emploi, de l'intérêt et de la monnaie*. Ce triste scénario se répétait. Barack Obama avait appliqué avec succès les mêmes vieilles recettes éprouvées de ce bon vieux Keynes, ce qui lui avait valu sa réélection. Les Américains nous disaient et répétaient que les solutions germano-bruxelloises austéritaires prolongeraient inutilement les souffrances des classes moyennes en Europe. Personne ne les écoutait, ils en étaient consternés.

Barack attaqua avec autant de courtoisie que de fermeté. Ainsi commença précisément la discussion :

"*Frwançoois*, que se passe-t-il en Europe ? Ici, on s'est sorti de la crise. Ça va mieux, *we made the job.* C'est nous qui tirons désormais la croissance mondiale. Nous ne pouvons pas seuls tirer toute l'économie planétaire. *What's going on in Europe ?*"

La fine politesse en forme d'humour du grand félin, qui faisait mine de ne pas comprendre, ne s'attendait certainement pas à cette réponse du président français. Aucun de ceux présents au Cabinet Room non plus. Après un court silence, le successeur du général de Gaulle crut faire œuvre utile en utilisant son arme favorite, l'humour :

"On voit que vous ne connaissez pas madame Merkel !"

Cette première phrase de François Hollande devait dissimuler sous le rire une affreuse vérité qui n'était pourtant pas dissimulable. Cette phrase répandit immédiatement la gêne des deux côtés de la table d'acajou. Il y eut comme un gentil malaise. Parce qu'elle portait en elle l'aveu désolé, immédiat et cinglant que la France ne comptait pas et qu'elle n'y pouvait strictement rien. Finalement, la France n'était rien, et le disait elle-même à la première puissance. Elle en faisait même une blague. La France était donc assise sur le porte-bagages de la moto d'Angela, s'excusant avec le sourire de ne pas savoir conduire. Un petit garçon hilare en culottes courtes venait de dire : “C’est pas moi, monsieur, c’est la maîtresse qui nous a dit de faire comme ça.” Ce petit garçon était la France, sous-incarnée. »

L’Engagement,
Grasset, 2020.

Paul Morand
(1888-1972)

Morand n'aimait que lui. Face à ses contemporains, son aigreur était jalouse et sale. Elle empuantit sa correspondance privée aujourd'hui révélée. L'élégance, le sens du trait, le goût du sec, tout ce qui fait son style appartient à un autre registre littéraire ; celui des romans, des reportages et des biographies. Dans celle de Nicolas Fouquet, sur l'intendant des Finances sacrifié par le jeune Louis XIV sur l'autel de sa gloire, c'est sa propre dualité que Morand met en scène : le Sud et le Nord, « le soleil offusqué » d'un côté, de l'autre « le méchant homme de bien », c'est-à-dire Colbert. Quand tombe la hache de l'écrivain, c'est l'Histoire qui s'inverse et la tête qui roule dans la sciure est celle du bourreau.

Paul Morand

Jean-Baptiste Colbert : « Ses armes sont à la couleuvre en pal tortillé d'azur »

« Un commis, avec son sac de velours noir, plein de papiers, et sa méchanceté de velours noir. Depuis ma douzième année, je le vois comme dans Alexandre Dumas, qui, d'ailleurs, utilise Choisy : "D'une taille médiocre, l'œil enfoncé, la mine basse, le cheveu gros, noir et rare, ce qui lui fit prendre de bonne heure la calotte; un regard plein de sévérité, une sorte de raideur, *un garçon d'ordre*..." Du génie dans l'ordre et de l'ordre dans la méchanceté; cet ordre qui, pendant l'agonie de Mazarin, assoit Colbert à une petite table et lui fait relever les noms des visiteurs; l'ordre, sa passion unique, une application exaspérante; le détail ennuyait Fouquet; c'est dans le détail que Colbert triomphe; c'est par là qu'il a son crédit auprès de Mazarin et qu'il s'élargit jusqu'au Roi; au Cardinal, il n'expose pas de vues d'ensemble : il lui commande des bottes fourrées et une robe de chambre. Une prodigieuse continuité dans le dessein et une concentration non pareille. Dès qu'il a condamné Fouquet, en son for intérieur, son plan est fait : constituer un tribunal d'exception pour le juger, avec recherche rétroactive des abus; cette chambre ardente, il l'attendra dix ans, mais il l'aura, et elle aura Fouquet.

Ses armes sont à la couleuvre (*Coluber* = Colbert) en pal tortillé d'azur. Non pas une couleuvre, mais un terrible serpent au dard perçant, dressé sur sa queue.

Sorti de l'échoppe de drapier *Au Long Vestu*, Colbert se piquera naturellement d'une grande naissance ; il "a, là-dessus, un furieux faible" (Choisy). Il s'invente des ancêtres écossais, les Kolbert, venus d'Écosse au XIIIe siècle, et, détail bouffon, se fabrique une fausse pierre tombale devant laquelle il force son gendre, authentique gentilhomme, à s'agenouiller. Après quoi, de sa haute lignée "les preuves s'en trouvèrent chez d'Hozier qui était en réputation de créer des généalogies à ceux qui le payaient bien" (abbé Legendre).

Cet homme épineux, sans éclat, à jeu couvert, d'une ambition damnable, on le verra ramasser une à une toutes les idées de Fouquet ; les opérations sur les rentes, sur les fermes, l'allégement des tailles, les dégrèvements, les grandes manufactures, la politique navale et coloniale ; bref toutes les idées et les vastes réformes qui feront sa gloire posthume, il les a prises à Fouquet, comme Louis XIV lui a pris ses poètes, ses livres et ses caisses d'orangers.

Formé par Richelieu, Colbert est entré au ministère de la Guerre, puis il a chiffré les dépêches de Mazarin. (Il a cette qualité de tous les chiffreurs professionnels, le culte du secret.) Avare et avide, son premier geste, qui eût ravi Stendhal, sera de refuser une gratification de mille écus, que le Cardinal lui offre. Mais trois mois plus tard, il est déjà candidat à tout ; il achète une charge et la revend aussitôt avec bénéfice ; il lui faut un régiment pour un frère, la direction des prises de mer pour un cousin, un bénéfice pour un de ses fils. Le voilà même candidat à la charge de capitaine des volières des Tuileries ; celles qu'il ne peut garder, il les négocie, ou pour lui ou pour Mazarin, à qui il écrit : “Pour vos charges d’intendants, je n’ai trouvé aucun marchand qui ait voulu conclure à douze mille écus ; je les fais annoncer partout.”

Mazarin avait commencé par “lui tourner le derrière” et Colbert, commissaire des troupes, ne lui avait pas pardonné : “Je ne souffre qu’avec beaucoup de peine et de répugnance ces sortes de traitements, et particulièrement d’un homme pour qui je n’ai aucune estime.” Mais Mazarin, qui ne parlait politique qu’à sa guenon, est obligé de s’accommoder d’un Colbert “qui pense continuellement aux affaires” et qui, à toute occasion, “sort le portefeuille” (le dossier). Quand Mazarin, jouant la comédie de l’indignation, reproche à Colbert ses accusations contre Fouquet, Colbert répond : “Mais je n’ai fait que résumer tout ce que vous m’avez dit contre lui.” Et sublime : “Je ne souhaite la place de personne ! ”

Quel étrange personnage que Colbert et sa *maxime de l’ordre*, opposée à la *maxime de la confusion* de son ennemi. Sa haine contre les rentiers, sa passion pour les *états au net* ; son sens de la justice sociale ; si inextricablement liés en lui l’amour du bien public et la haine des possédants qu’il sera jusqu’au bout impossible de déterminer ce qui l’emporte. Seize heures par jour de travail, et voulant faire travailler la France entière à ce rythme-là. Son “peu de goût pour le commerce des dames” ; son caractère affreux, “colérique, rogue, méchant et insociable”. Le célèbre mot de Mme de Sévigné le résume entier : “Colbert, c’est le Nord.” »

Fouquet ou le Soleil offusqué,
Gallimard, 1961.

Didier Motchane
(1931-2017)

Derrière le haut fonctionnaire de la cour des Comptes se cachait un brigand. Ses pamphlets de jeunesse, écrits avec son compère Chevènement, il les signait d'ailleurs Mandrin. « Sus à l'énarchie », clamaient ces deux énarques. Au Ceres, ce courant de la gauche du PS qui était alors leur repère, Didier Motchane se chargeait d'allumer les fusées avec une inventivité sans cesse renouvelée. Il fallait bien qu'un jour un de ces tirs frappe de plein fouet un éléphant du parti. Mitterrand en son temps était une trop grosse bête pour qu'on aille ainsi le courser. C'est finalement Jospin qui a pris la mitraille, sur le tard. Mochtane, le chasseur, pour cela, a attendu son heure – celle de la retraite – dans un livre de souvenirs trempé dans le curare dont le seul titre signale l'ambition : *Voyage imaginaire à travers les mots du siècle*.

Lionel Jospin : « Narcisse inconsolable gonflé de frustrations »

« Il me souvient pourtant de François Mitterrand me disant de Jospin, en 1973 je crois, en tout cas bien après le congrès d'Épinay, au moment de se décharger sur un successeur ou un fondé de pouvoir du titre – mais non vraiment de ses pouvoirs – de premier secrétaire du Parti socialiste, "vous ne le connaissez peut-être pas encore ; sans doute n'est-il pas du bois dont se font d'habitude les hommes publics, mais c'est le meilleur des fonctionnaires".

On comprend que François Mitterrand ait souhaité trouver pour fondé de pouvoir un homme qui fût dans sa main saris être à sa botte. Un homme qui, à ses côtés, mais tellement décalé qu'à nul autre qu'à elle-même sa silhouette ne pût faire de l'ombre, repose les militants de la flamboyance spadassine et de l'humour assassin du Godefroy de Bouillon de nos modernes croisades pour l'Élysée.

C'est dans son acharnement pathétique à forcer son retour au premier rang de la vie politique, c'est dans la rage d'avoir été battu par le Front national au premier tour de l'élection présidentielle de 2002 que Jospin, capable de susciter chez certains – Daniel Vaillant, par exemple – des sentiments d'attachement vraiment désintéressés, trouva, malheureusement pour lui, l'occasion de donner toute sa mesure. L'homme, qui avait de grandes qualités d'intention et d'attention, ne pouvait s'empêcher de les ruiner tout seul : ce champion du principe de précaution oublia de se l'appliquer à lui-même, Narcisse inconsolable gonflé de frustrations, il ne put en fin de compte se retenir d'en faire éclater la baudruche.

J'avais fait la connaissance de Jospin vers 1969, à l'occasion d'un enseignement d'économie et de philosophie politiques que je donnais à l'IUT de Sceaux. Nous avions la responsabilité lui et moi des deux départements dits de gestion de cet établissement, dirigé par une femme remarquable, Alice Saunier-Seïté, agrégée de géographie, ancienne danseuse de ballet, ancien recteur d'université et future secrétaire d'État à l'Enseignement supérieur.

Alice Saunier-Seïté, assez exempte de préjugés pour ne pas m'empêcher de recruter comme directeur des études de mon département un universitaire communiste (alors qu'elle était RPR), venait quand j'arrivai à l'IUT de perdre un mari à peine épousé. Elle berçait sa tristesse en conviant certains de ses enseignants à partager dans son bureau les aménités d'un bar et d'une libre conversation. Je ne me souviens pas que Jospin y eût sa part.

J'eus l'occasion, dans les années qui suivirent, de le pratiquer hebdomadairement au bureau exécutif du Parti socialiste, puis au secrétariat national du parti, dont François Mitterrand, Louis XI socialiste, décida de couper en deux le département des relations internationales pour en répartir les morceaux : à Jospin la partie noble, je veux dire riche, l'Europe, l'Amérique et les relations avec l'Internationale socialiste ; à moi-même les autres, ce qu'on appelait encore inexactement les pays du tiers-monde. Nos relations étaient bonnes, de son côté toujours pavées de bonnes intentions, d'un luxe de scrupules et totalement dépourvues d'humour. François Mitterrand venait à peine de confier la charge de premier secrétaire à Jospin que celui-ci dut recevoir la visite des responsables de *Repères*, la revue du Ceres, dont je m'occupais, afin de diffuser l'envoi en nombre d'un appel à l'abonnement aux adhérents du Parti socialiste. La grimace, arborée par Jospin, évidemment idéologiquement très correcte, lorsque nous lui mîmes sous les yeux le petit mot de son prédécesseur, m'est inoubliable. Plus encore que le souci de faire paraître la souffrance, d'ailleurs sincère, d'endurer l'entorse faite à l'honnêteté – puisqu'il s'agissait assurément d'un passe-droit –, c'était la douleur de se montrer à nous, lui, le nouveau Premier secrétaire et successeur de Mitterrand, lui tellement soucieux d'avoir su se faire porter par le courant de la mitterrandie sans garder ces traces de flagornerie – ou même d'aveugle allégeance – qui collent à la peau de ceux qui en avaient traversé à la nage les eaux mêlées, tout de même incapable de ne pas déférer à ce qu'il n'aurait pas manqué d'appeler, s'il l'avait osé, un dernier caprice de son prédécesseur. S'il ne faut pas douter que les contorsions affligeantes du clientélisme et le pullulement des bassesses de cour lui déplussent assez pour ne pas en rajouter du sien, il se croit toujours le cœur assez haut pour surmonter ses haut-le-corps et continuer d'y laisser profitablement barboter son innocence. Pasteur ouvrier d'une bande d'ingénus ou de malfrats, mordillant les mollets des troupeaux bêlants de la Mitterrandie, Lionel Jospin parvint à peu près toujours à garder, sur une planche savonneuse, le remarquable équilibre qui ne manqua pas de finir par le consacrer, lui, infatigable hérault de l'exigence morale, mais tout de même socialiste central et ventral, en fin de compte comme le *Juste du Milieu.* En s'arrangeant, dans un usage dextrement consommé de la restriction mentale, pour que nombre d'intellectuels de la bien-pensance, dans un vertueux contresens, n'hésitent pas, tel Alain Duhamel le 26 septembre 2007, à saluer en lui l'Alceste des socialistes, victimes comblées d'une pompeuse supercherie. Vendanges tardives, vitupérations furtives de qui n'a pas su faire mûrir la récolte que la France lui offrait, la solitude ne fut jamais son choix.

Endosseur obstiné des costumes du hérault de la grande conscience, Lionel Jospin s'affairait à sculpter sa propre statue. Comme pour déjouer l'incertitude que la vie ne puisse changer le plâtre en bronze. Elle lui permit d'être cinq ans Premier ministre, beau cadeau de l'histoire républicaine. En 1997, quand il franchit le seuil de Matignon, il lui importe extrêmement d'inclure Jean-Pierre Chevènement dans son gouvernement. Sans doute pour l'y enclore : c'était le bronze le plus visible (et le plus retentissant) que l'on pût trouver à gauche dans l'espace politique français. Un an plus tard, Jospin s'avisait que sa propre silhouette pâlissait à l'ombre du Commandeur dont il avait souhaité la protéger.

Je me suis laissé dire que son revirement brusque et complet sur la Corse, qu'il savait inacceptable pour son ministre de l'Intérieur, avait beaucoup pour motif d'être l'infaillible ressort d'une démission de Chevènement.

Je ne sais quel crédit accorder à cette hypothèse. Aucun doute en tout cas que la vendetta corse du *Monde* et de son directeur Jean-Marie Colombani contre Chevènement ait pesé lourd dans l'esprit d'un Premier ministre, champion de France du principe de précaution.

Le quinquennat et l'interversion de l'ordre de succession des élections législatives et présidentielles sont l'héritage désastreux de cette vertueuse débandade, imposture qui fortifie un présidentialisme masqué dans le fonctionnement des institutions de la République, sous couleur de le placer décidément dans la main des citoyens téléspectateurs.

Voyage imaginaire à travers les mots du siècle,
Fayard, 2010.

Catherine Nay
(née en 1943)

Souvenirs, souvenirs... : cela se chante. Cela s'écrit aussi. Catherine Nay, telle qu'en elle-même quand vient le temps des mémoires : un coup d'œil à nul autre pareil, une acidité informée plus moqueuse que méchante, un sens inné de la scène saisie au vol qui vaut toujours mieux qu'un long discours (ou un article sans fin). C'est à l'école de *L'Express* qu'elle fit ses premières armes, sous la houlette de Françoise Giroud. Dans son bestiaire, avant qu'elle ne publie la suite, se côtoient vieux lions édentés et jeunes renards d'une époque révolue : ici, un Premier ministre éphémère et un président de la République intérimaire. Plus qu'une signature, Catherine Nay est une griffe.

Catherine Nay

Maurice Couve de Murville :
« Tout cela n'est pas très convenable »

« Dans la famille gaulliste, on respectait celui que l'on appelait "Couve" (son père, à l'instar de celui de Valéry Giscard d'Estaing, avait rallongé le patronyme d'une particule dans les années 25). Ce pur produit de la HSP, d'allure très british avec ses costumes croisés en flanelle rayée l'hiver et en tweed l'été, cultivait l'ennui distingué… Grand, mince, des cheveux blancs, frisés, crantés lui faisaient une tête de camomille. Le teint plutôt hâve et des lèvres charnues. "Un nègre blanc", moquait Alexandre Sanguinetti. Pendant neuf ans, Couve ne prenait la parole qu'une fois par semaine en Conseil des ministres. D'une voix chuchotée, servie par une diction parfaite et lente, comme s'il mastiquait chaque syllabe, il rendait compte de l'histoire du monde où la France, bien sûr, tenait une place prépondérante. Parfois, le Général l'apostrophait : "Monsieur le ministre des Affaires étrangères, sans être tonitruant, voudriez-vous parler plus fort", ce qui faisait rire ses collègues.

Une personnalité qui tranchait avec son prédécesseur. Couve, c'est clair, n'était pas un meneur d'hommes ni un bretteur. Avec Pompidou, pas un ministre ne bougeait sans son accord. Avec Couve, les ministres parlaient, agissaient en ordre dispersé et multipliaient les couacs. En plus il n'avait pas que des bonnes nouvelles à annoncer au pays. Le joli mois de mai, avec ses grèves et les accords de Grenelle, était un boulet très lourd pour le pays. Il fallait faire des économies. Couper dans les dépenses. Et le Général lui avait donné dix-huit mois pour redresser les comptes. Pour commencer, tout augmentait : le prix du gaz, les transports, les timbres… Cette majorité obèse n'avait pas de véritable patron. Des députés venaient-ils se plaindre ou lui faire part de leurs observations, il les écoutait sans les interrompre pour trancher à la fin de l'entretien par une de ses formules favorites : "Tout ça n'est pas très convenable" (phrase que, bizarrement, Jacques Chirac utilisera des années durant à tout propos) ou bien : "Tout ça va tourner en eau de boudin." Les députés repartaient décontenancés. Pire, même : vexés par ce Premier ministre plus doué pour fermer la discussion que pour l'ouvrir. »

Alain Poher : « Tout était gris chez lui : le costume, le poil, la moustache »

« Alain Poher, président du Sénat, s'installait à l'Élysée pour assurer l'intérim. En avril, Claude Imbert m'avait demandé d'aller le voir pour faire un portrait de celui – un inconnu pour la classe journalistique – qui menait la fronde contre le référendum. Il m'avait reçue dans son bureau au Sénat. Un petit homme très affable, un bon père de famille. Tout était gris chez lui : le costume, le poil, la moustache. Son credo : le rassemblement des centres pour constituer une force entre le gaullisme et le communisme, et la défense du Sénat. Il s'interrogeait sur le nom du candidat à la présidentielle ; lui-même paraissait peu désireux d'y concourir.

Pendant qu'il me parlait, moi je ne voyais que sa cravate sombre, sur laquelle il y avait une énorme tache jaune en relief. Je n'avais pu m'empêcher de lui dire :

"Je sais ce que vous avez mangé aujourd'hui…

— Ah oui, et quoi ?

— Une omelette.

— Cela fait au moins quinze jours que je n'en ai pas mangé."

Au retour, j'avais écrit qu'il était "plus net dans ses propos que dans sa mise", formule que Claude Imbert avait laissée passer, mais qui m'avait valu un petit mot manuscrit très sec de JJSS pour cette "phrase inconvenante". »

Souvenirs, souvenirs…,
Robert Laffont, 2019.

Charles Péguy
(1873-1914)

Péguy, c'est le feu. Il brûlait de colère. Ses indignations de croisade allaient jusqu'à l'incandescence et, devant l'incendie, il sonnait le tocsin avec cette obstination butée qui est son style véritable. En ce sens, il ne faisait pas de quartier. Dieu reconnaîtra les siens ! Les mots qui tuent, il ne les craignait pas pourvu qu'ils soient au service d'une cause confondue, à ses yeux, avec celle de la vérité. Ainsi Jaurès qui fut son ami et qu'il estimait trop pour ménager ses coups. Dreyfus les avait réunis à l'heure du combat, il les a séparés à l'heure de la victoire. Éthique *vs* politique, socialisme d'essence libertaire *vs* socialisme républicain, patriotisme guerrier *vs* pacifisme patriotique. Contre Jaurès, Péguy s'y est pris à deux fois : dans *Notre Jeunesse* en 1910 puis dans *L'Argent (suite),* en 1912. C'est la seconde salve qu'on publie ici.

Jean Jaurès : « Un roulement de tambour pour couvrir cette grande voix »

« Je ne veux point revenir ici sur ce nom de Jaurès. L'homme qui représente en France la politique impériale allemande est tombé au-dessous du mépris qui puisse s'adresser le plus bas. Ce représentant en France de la politique impérialiste allemande, capitaliste allemande, et particulièrement coloniale allemande est tombé dans un mépris universel. Ce traître par essence a pu trahir une première fois le socialisme au profit des partis bourgeois. Il a pu trahir une deuxième fois le dreyfusisme au profit de la raison d'État. Et à quels autres profits. Il a pu trahir ces deux mystiques au profit de ces deux politiques. Il a essayé de trahir une troisième fois. Il a essayé de trahir la France même au profit de la politique allemande. Et de la politique allemande la plus bourgeoise. Il a ici rencontré une résistance qui doit l'avertir de ce qui l'attend dans le honteux couronnement de sa carrière et que tant de turpitudes ne trouveront peut-être pas toujours une égale réussite. Ce qu'il avait fait du socialisme, ce qu'il avait fait du dreyfusisme, il voulait le faire de la France aussi. Une misérable loque. Mais il s'est trouvé que la France était mieux gardée.

Je demande pardon au lecteur de prononcer ici le nom de M. Jaurès. C'est un nom qui est devenu si bassement ordurier que quand on l'écrit pour l'envoyer aux imprimeurs on a l'impression que l'on a peur de tomber sous le coup d'on ne sait quelles lois pénales. L'homme qui a infecté de radicalisme et le socialisme et le dreyfusisme. Cette espèce de Mac Mahon de l'éloquence parlementaire. L'homme qui a toujours capitulé devant toutes les démagogies. Et non seulement qui a capitulé niais qui a toujours enguirlandé toutes les capitulations des festonnements de ses airs de bravoure. Et non seulement qui a toujours capitulé lui-même et pour lui-même, mais qui a toujours eu la manie, maladive, la monomanie, de capituler non seulement pour toutes les causes qu'il représentait, plus ou moins utilement, mais pour un tas de causes que jamais personne n'avait pensé à lui confier, et dont il avait la manie de se charger lui-même. Il a tellement le vice et le goût abject de la capitulation que non seulement il capitule chez lui et dans ses propres causes, mais il s'empare partout de n'importe quelles causes, uniquement pour les faire capituler. Ce tambour-major de la capitulation. Cet homme qui n'a jamais été qu'un radical, et même un radical opportuniste, un radical centre gauche, et qui a infecté de radicalisme précisément tout ce qui était le contraire du radicalisme, tout ce qui pouvait espérer échapper un peu au radicalisme.

Ce que je veux dire aujourd'hui de M. Jaurès, c'est ceci seulement. Que peut-il y avoir de commun entre cet homme et le peuple, entre ce gros bourgeois parvenu, ventru, aux bras de poussah, et un homme qui travaille. En quoi est-il du peuple. En quoi sait-il un peu ce que c'est que le peuple. Qu'est-ce qu'il a de commun avec un ouvrier. Et n'est-ce pas la plus grande misère de ce temps, que ce soit un tel homme qui parle pour le peuple, qui parle dans le peuple, qui parle du peuple.

Tout ce que je voulais dire aujourd'hui, c'est que ce grand mépris que l'on a universellement pour M. Jaurès empêche de voir que tout le monde (je dis dans les partis politiques), fait du jauressisme, et ainsi du radicalisme. Le gouvernement en fait beaucoup moins, même quand il est radical, même quand c'est le même personnel, parce que le radicalisme est bon pour exploiter un pays, mais que tout le monde, et même les radicaux, le trouvent vraiment impossible pour le gouverner.

Sous cette réserve tout le monde fait du jauressisme et ainsi dedans tout le monde fait du radicalisme. Je dis tout le monde dans les partis politiques. Et même et peut-être surtout ceux qui se vantent le plus de n'en pas faire, et de faire le contraire. Les unifiés en font, mais les syndicalistes aussi en font, et autant, et le même. En France tout le monde est radical. (Je ne dis pas dans le gouvernement, je dis dans la politique). Le peu qui ne sont pas radicaux sont cléricaux, et c'est la même chose.

C'est une grande misère que de voir des ouvriers écouter un Jaurès. Celui qui travaille écouter celui qui ne fait rien. Celui qui a un outil dans la main écouter celui qui n'a dans la main qu'une forêt de poils. Celui qui sait enfin écouter celui qui ne sait pas, et croire que c'est l'autre qui sait.

[...] Je suis un bon républicain. Je suis un vieux révolutionnaire. En temps de guerre il n'y a plus qu'une politique, et c'est la politique de la Convention Nationale. Mais il ne faut pas se dissimuler que la politique de la Convention Nationale c'est Jaurès dans une charrette et un roulement de tambour pour couvrir cette grande voix.

L'Argent (suite), 1912.

Patrick Rambaud
(née en 1946)

André Ribaud pastichait Saint Simon dans *Le Canard enchainé* pour raconter la cour du Général (voir p. 317). Quelques décennies plus tard, Patrick Rambaud pastiche André Ribaud qui pastichait Saint-Simon pour faire la chronique du règne de Nicolas 1er, de François le petit puis d'Emmanuel 1er. La vie politique est un éternel recommencement ! Ceux qui prennent la plume pour en faire le feuilleton sur un mode satirique suivent tous la même recette. À la manière de… Patrick Rambaud, il est vrai, est un pasticheur invétéré : Barthes, Duras et même Mitterrand en ont fait les frais, à leur tour. Il dit le vrai avec du faux. Il écrit comme d'autres dessinent. Il caricature, en l'espèce, des présidents caricaturaux.

Nicolas Sarkozy : « Selon une voyante, il avait son Jupiter bien placé »

« Sa Majesté avait l'œil encapoté mais vif, quoique tiré vers le bas, un nez qui pointait pour occuper tout le milieu du visage, le cheveu sombre et ondulant comme des vaguelettes peignées. Même parvenu, Notre Précieux Souverain ne trouva point la paix en lui-même, tant il restait secoué en continu par des nervosités. Qui l'a vu fixe et arrêté ? Il ne bougeait que par ressorts. Si vous le retardiez dans sa course, vous démontiez la machinc. Il marchait des épaules, avec une façon personnelle de se dévisser le cou, remuant par courtes saccades comme s'il était engoncé dans un costume que lui taillait pourtant à ses mesures un artiste italien en renom. Il ne tenait pas en place. Quand il parlait au public, plusieurs fois dans une même journée, il se rengorgeait ainsi qu'un pigeon et se livrait à de curieuses contorsions pour animer ses dires, dont la teneur importait peu car ses discours valaient par leur forme plutôt que par un fond très changeant selon les auditoires ; pour cela il était bien pourvu d'une panoplie complète de mines et de tics qui ponctuaient ses paroles, les versant tantôt vers l'évidence, tantôt vers l'ironie, tantôt vers l'enflure. Ces turbulences passèrent pour une énergie : tel qu'il était il plut, et une moitié du peuple le porta sur le trône pour qu'il y fît des merveilles. Une voyante n'avait-elle point affirmé, dans une gazette féminine, qu'il avait son Jupiter bien placé ?

Rien, cependant, rien ne disposait à de pareils honneurs Notre Trépidant Souverain. Il avait en effet connu l'enfance malaisée des fils d'immigrés, à la périphérie de notre capitale, dans une banlieue aux murs salis par les vapeurs automobiles et mal pourvue en logements sociaux. À Neuilly. Ainsi commença dans la plus parfaite modestie la légende de ce Chef Rutilant qui sentit monter en lui, très tôt et jusqu'à la migraine, le sang bouillonnant de ses ancêtres. Son père venait de Budapest et, pendant l'hiver glacial de 1948, on le vit dormir à même une grille du métro parisien, toutefois près de l'Arc de Triomphe. Époque bénie! Clémente République! Désireux de regrouper une famille autour de lui mais sans vrai travail et sans un sou, ce père serait aujourd'hui reconduit en autocar à la frontière hongroise. Le cours de l'Histoire en eût été changé.

Très jeune, Notre Bien-Aimé Monarque dut rêver dans sa chambrette à son lointain parent Michel, un héros massacré par l'envahisseur turc. C'est lui qui apporta à sa lignée des armoiries de belle noblesse que nous verrons un jour décorer le blanc de nos drapeaux : un loup armé d'un cimeterre. Plus en arrière dans le temps, Notre Admirable Prince dut s'enticher d'Attila, le fils du roi des Huns, Mundzuk, qui régentait la Hongrie. On présentait Attila en barbare alors qu'il savait le latin et le grec, car élevé à la cour d'Honorius dans la très civilisée ville de Ravenne. Ses exploits gonflèrent la tête de Sa Future Majesté. Attila fut son premier modèle, auquel il pensa ressembler et dont il tira bien des leçons – nous allons voir pourquoi. Attila était petit, environ un mètre soixante, avec un visage allongé en museau, des poils follets au menton, des cheveux teints en rouge et un gros nez. Malgré son aspect peu attrayant, il savait négocier et monter des alliances comme nul autre. Ce Hongrois voulait unifier les Francs et les Wisigoths de la Gaule contre un Empire romain défaillant qu'il ambitionnait de reconstituer à son profit. Attila commença par apprendre les faiblesses de l'adversaire, puis il se fit une réputation sauvage pour effrayer quiconque se mettrait en travers de sa route. Il composa une horde à sa dévotion, avec des Huns, mais aussi avec des Bulgares, des Turcs, des Alains qui jouaient du lasso, des Gélons peints et tatoués, armés de faux, des Germains, des Ostrogoths… Sa Majesté s'inspirera plus tard de cet exemple, en jetant contre une République décousue et molle des troupes disparates qu'elle voulut de tous bords. Pour l'heure, si jeune encore, Notre Souverain se contentait de rêver, imaginant ces terribles guerriers huns aux joues terme par la tuberculose. Bien avant de régner, et sachant tout cela, Notre Souverain s'aspergeait d'Eau sauvage de M. Dior comme Napoléon d'eau de Cologne : à son exemple, un jour, il serait lui aussi un empereur géant de petite taille. »

Chronique du règne de Nicolas Ier,
Grasset, 2008.

Lucien Rebatet
(1903-1972)

Le soir du 6 février 1934, Charles Maurras était à sa table de travail : il peaufinait, paraît-il, un poème écrit en provençal destiné à la femme de son ami Léon Daudet. On a connu des factieux moins délicats. Ce Maurras-là, certains, dans les rangs de l'Action française, ne l'ont plus supporté. Lucien Rebatet est l'un d'entre eux. Journaliste, critique musical, il avait trouvé des trompettes davantage à son goût dans les colonnes de *Je suis partout*. Dès le début de l'Occupation, il s'engage dans la voie d'une collaboration sans nuance. Son livre de souvenirs, *Les Déracinés*, connaît en 1942 un succès retentissant. C'est dans ces pages qu'on trouve le portait aussi vrai que féroce du fondateur de l'Action française, à travers le récit d'une de ses journées ordinaires.

Charles Maurras : « Des escouades de douairières, des marquises de répertoire... »

« Chaque soir, Maurras arrivait vers sept heures à son bureau de la rue du Boccador, vaste et orné à profusion de moulages et de photographies de sculptures grecques, de portraits dédicacés, Barrès, la famille royale, Mussolini en place d'honneur, d'une foule de sous-verres saugrenus et naïfs d'on ne savait quels admirateurs, bibelots de foire, poupées-fétiches, images de première communion, petits lapins de porcelaine.

Haut, massif, plein de barbe, trottinant sur de grandes jambes molles, Maurice Pujo, le rédacteur en chef, qui rythmait sa vie sur celle de Maurras, l'avait précédé de quelques minutes au plus. Pujo, qui sortait de son lit, ne tardait du reste pas à s'offrir, dans la quiétude de son cabinet, un petit acompte de sommeil.

Maurras s'enfermait avec des visiteurs variés. C'étaient avant tout, comme on l'affirmait dans les journaux à échos de la gauche, des escouades de douairières qui possédaient un véritable abonnement à ces séances, des marquises de répertoire comme on n'imaginait plus qu'il pût en exister encore, ou de ces vieilles timbrées, emplumées et peintes comme des aras, qui rôderont toujours autour des littérateurs académisables. L'une des plus notoires des "jeunes filles" royalistes, pucelle de cinquante-cinq ans au cuir boucané et moustachu, qui se nommait Mlle de Montdragon ou quelque chose de ce genre, était venue dire au Maître dans les débuts du Front populaire : “Les communistes préparent un grand coup. Ils ont des dépôts d’armes dans beaucoup de maisons. Ils les ont désignés en dessinant sur les portes des pistolets. Voyez, j’en ai pris le modèle.” Et elle exhiba, soigneusement relevé par sa vertueuse main, un superbe et classique braquemart de murailles, assorti de ses pendentifs. Je peux faire certifier l’anecdote par dix témoins à qui la demoiselle avait d’abord confié sa terrible découverte.

Maurras, harcelé par les besognes d’un parti et d’un quotidien, commençant ses journées avec un retard invraisemblable, perdait ainsi deux heures et parfois plus à recueillir gravement les ragots de salons du Faubourg Saint-Germain qui sentaient déjà le moisi sous Louis-Philippe, des caquets d’antiques folles d’une indiscrétion éhontée, quêtant l’avis du prince de la raison sur les opinions politiques du nouveau vicaire de Saint-François-Xavier, révélant la fâcheuse pente libérale que prenait telle comtesse, et dont les voix perçantes de cacatoès parlant à un sourd retentissaient jusqu’à l’autre bout de la maison.

Pendant ce temps, l’infortuné rédacteur chargé de soumettre à Maurras copies ou suggestions pour le numéro du jour, droguait devant sa porte en songeant aux imprécations du metteur en page qui l’accueilleraient à l’imprimerie. Il n’était pas rare qu’une sommité de l’industrie ou de la presse, un étranger éminent poireautât à ses côtés, dans l’attente d’une audience qu’il sollicitait depuis huit jours.

De quart d’heure en quart d’heure, le secrétaire de Maurras téléphonait à quelque maîtresse de maison des

Invalides ou d'Auteuil qui avait eu la témérité de promettre un dîner avec le Maître à une douzaine de dames, d'officiers supérieurs et de financiers catholiques. À partir de neuf heures et demie, M. Maurras faisait prier que l'on se mît à table sans lui. Sur le coup de dix heures, il partait vers le lieu de son dîner.

Toujours précédé à dix minutes de distance par son fourrier Pujo, Maurras surgissait à l'imprimerie de la rue Montmartre aux alentours de minuit. À l'heure où tous les journaux de Paris et de France étaient sous presse, les deux maîtres de *L'Action française* commençaient leur tâche de directeur et de rédacteur en chef. Chacun de son côté se plongcait dans un jeu des épreuves du jour. Cette lecture avait sur Pujo un effet infaillible. Avant la cinquième colonne, il dodelinait de la tête et s'endormait le nez sur la sixième. Maurras tenait le coup jusqu'au bout du pensum. Mais c'était pour s'octroyer aussitôt un petit somme qu'il faisait incontinent, à la renverse dans son fauteuil.

Vers une heure du matin, son chauffeur, l'un des correcteurs ou moi-même avions la charge de le secouer vigoureusement. De ses beaux yeux graves et perçants, couleur d'eau de mer, il regardait la pendule. À ce moment, tout le papier imprimé de Paris roulait vers les gares ou vers les portes dans les camions d'Hachette. Maurras daignait s'atteler enfin à son article quotidien.

J'admirais chaque fois, avec la même surprise, cet instant-là. Comme des servantes fidèles veillant sur le repos de leur maître, guettant son premier geste, toutes les pensées du vieillard prodigieux étaient rassemblées, alertes et innombrables, dans la seconde où il sortait du sommeil le plus accablé.

Sa main nouée sur un porte-plume de deux sous galopait et volait, mais si rapide fût-elle, elle était aussitôt devancée par le flot des arguments. Dès le deuxième feuillet, elle ne traçait plus que des arabesques hautaines et mystérieuses. Et il y avait ainsi, zébrées d'éclairs, sabrées de paraphes qui voulaient dire ou bien France ou bien tartine, des soixante-dix et des quatre-vingts pages arrachées une à une à un cahier d'écolier.

Un cryptologue attitré, sexagénaire se prévalant d'un titre de "chevalier", se faisant la tête d'Henri IV sur une blouse grise, suprêmement vain de son talent d'expert en hiéroglyphes maurrassiens, le seul qui eût jamais logé dans sa cervelle, se penchait longuement sur ce majestueux rébus et le dictait mot à mot au meilleur de nos linotypistes.

Vers les trois heures du matin, cette opération infernale aboutissait à une douzaine de colonnes de plomb.

Alors commençait le grand drame des corrections. Selon un immuable rite, on alignait sur le "marbre" une lampe, un encrier, une rame de papier blanc. Maurras se plantait debout devant cette écritoire improvisée, entouré de ses épreuves, et bouleversait à la Balzac son premier jet, renversant les paragraphes, rajoutant, biffant, jurant et trépignant à chaque coquille. Cette seconde version, à peine remise au net, subissait incontinent le même sort. Trois, quatre séries d'épreuves n'épuisaient pas toujours son génie de la rature.

Depuis longtemps, les clicheurs, les rotativistes, les chauffeurs des messageries ronflaient dans tous les coins d'un sommeil d'autant plus serein qu'on le leur payait au double tarif nocturne.

Vers cinq heures enfin, Maurras abandonnait à regret sa prose, qu'il venait le plus souvent de ramener à sa première version. Il remontait, d'un pas à peine un peu plus lourd, son escalier aux murs étoilés d'encre, salis de graffiti. Il regagnait son bureau, antre méphitique qu'obstruait aux trois quarts le sommeil affalé de Pujo. Il se mettait alors à paperasser indéfiniment dans les sept ou huit mètres cubes de brochures écornées, de revues noires de poussière, de journaux jaunis, de gigantesques enveloppes surtout, bourrées de notes, de vieilles lettres, de coupures, qui faisaient sur sa table un énorme rempart, lui laissant à peine un étroit créneau pour poser son cahier et sa main, qui assiégeaient les tables voisines, grimpaient en piles branlantes vers le plafond. Une de ces montagnes s'effondrait, l'avalanche frôlait Pujo qui grognait sourdement dans sa barbe ; Maurras sacrait, hurlait à l'aide, retrouvait enfin dans la poche de son vieux veston noir le bout de papier convoité. Il se calmait, cisaillait les franges de ses manches élimées, repartait à la recherche d'une strophe de Raymond de La Tailhède ou de Moréas, bâillait un peu, puis s'attaquait à sa correspondance : vingt, trente, quarante lettres, le plus souvent de vrais plis, d'un formidable volume, et dont les destinataires médusés ou affolés battraient Paris pendant des jours, à la recherche d'un traducteur, déchiffrant deux lignes avec le secours d'un initié, trois adjectifs avec l'aide d'un autre et quelquefois rien du tout.

Pujo commençait enfin à s'ébrouer sur son siège, se frottait les yeux, repiquait un somme, se réveillait pour de bon, entreprenait à son tour quelque lettre, griffonnait dix mots, en biffait cinq, entrait devant les cinq autres dans une inextricable méditation, puis, de guerre lasse, hélait le chauffeur et s'allait fourrer dans ses draps jusqu'au soir.

Aux environs de sept heures, dans ses jours d'avance, le plus souvent à huit, quelquefois à dix ou onze, Maurras levait à son tour le camp et partait se coucher, le pied vif et l'œil net, après cette nuit de veille dans une immonde canfouine empoisonnée par les vapeurs de plomb.

Maurras avait habité pendant de nombreuses années rue de Verneuil, jusqu'à ce que le déluge des livres et des papiers eût envahi même son lit. Il avait mis ce capharnaüm sous verrous et émigré rue de Bourgogne. Sa porte y était consignée à tout visiteur. Quelques messagers, pour qui il fallait cependant qu'elle s'entr'ouvrît, rapportaient des descriptions effarantes. On se frayait accès jusqu'au Maître entre des tranchées de bouquins et de dossiers entassés du parquet au plafond, on piétinait une litière de papiers. La découverte d'un document parmi ces stratifications relevait de la géologie.

On ne s'étonnait plus depuis longtemps, dans les restaurants du VIIe arrondissement, de voir vers les quatre heures de l'après-midi, Maurras arriver en coup de vent, la canne agressive et chargé de journaux comme un camelot. Il s'installait pour déjeuner au milieu de la salle déserte et s'étonnait violemment de voir biffés sur la carte les meilleurs plats de midi. Puis il plongeait de nouveau dans de mystérieuses besognes. À sept ou huit heures, rue du Boccador, il reprenait enfin le cycle de ses singulières journées. »

Le Dossier Rebatet. Les Décombres,
Robert Laffont, « Bouquins », 2015.

Charles de Rémusat
(1791-1875)

Journaliste libéral proche des « doctrinaires » de Guizot sous la Restauration, Charles de Rémusat fut ministre de l'Intérieur sous la monarchie de Juillet et ministre des Affaires étrangères, lié à Thiers, en 1871. La politique a occupé l'essentiel de la vie de celui qui fit par ailleurs un indéboulonnable député de Haute-Garonne. Mais ce sont ses *Mémoires*, rédigées à partir de 1858 et publiées intégralement un siècle plus tard qui ont assuré la postérité de celui qu'on a pu surnommer « le Saint-Simon du monde parlementaire ».

Charles-Maurice de Talleyrand : « Une figure blafarde, inanimée »

« Je commençais par monter chez M. Bertrand, ce vieil ami de mon père qui logeait dans la maison. Après avoir causé de grec, d'anglais et d'économie politique avec M. Bertrand qui me conseillait dans mes lectures, je descendais à ce qu'on pourrait appeler le lever du prince de Talleyrand. C'était une curieuse représentation. Vers onze heures ou onze heures et demie, il paraissait dans un salon ou grand cabinet de toilette. Il était grand et très large, ayant une certaine carrure des épaules et des hanches, et toujours des vêtements amples et flottants. À cette première apparition, on ne voyait qu'un assemblage énorme de flanelle, de molleton, de futaine, de percale, une masse blanchâtre qui venait en se traînant, en se dandinant, et saluant légèrement la compagnie, s'asseyait devant sa cheminée, où trois valets de chambre l'attendaient ; l'un, grand, poudré, habillé comme son maître, en bas de soie noire, surveillait la toilette plutôt qu'il ne la faisait ; les deux autres en tablier, en habit gris de perruquier, préposés particulièrement à la coiffure. On commençait aussitôt par dépouiller ses jambes de bas de laine et de bandes de flanelle et on les plongeait dans un petit seau d'eau de Barèges. Tout le monde sait qu'il était estropié. Comme tous les infirmes, il voulait que ce fût le résultat d'un accident et non de son organisation. C'était sa nourrice qui l'avait laissé tomber, lui avait cassé les pieds et n'en avait rien dit. Le fait est qu'il avait deux pieds assez longs, mais faibles et contournés, et deux petites jambes atrophiées qu'on ne cachait guère, mais qu'il convenait de ne pas regarder. On lui apportait une tasse de camomille, il en prenait encore une ou deux pendant la séance et c'était tout son déjeuner. Le reste de sa personne était couvert de caleçons, de gilets, de robes de chambre, avec toutes sortes de loques qui lui pendaient de partout, et sur sa tête une espèce de tiare en percale, serrée d'un ruban de couleur pâle, se couvrait de béguins et de serre-tête qui descendaient aux sourcils et surmontaient une figure blafarde, inanimée, aux yeux couleur de jonc, limitée inférieurement par d'épaisses cravates où se cachait un assez court menton. La coiffure était enlevée et laissait voir des cheveux fins et abondants qui devaient avoir été blonds, plus blanchis peut-être par la poudre que par l'âge. Il y mettait quelque prétention et les conserva assez touffus jusqu'à la fin de sa vie. Ils tombaient assez bas tout autour de sa tête avec une petite queue imperceptible. Ils étaient disposés à peu près comme la coiffure alors usitée des premiers rôles au Théâtre-Français. Les deux valets de chambre se mettaient alors en devoir de le peigner, de le friser, de le pommader, de le poudrer, et pendant ce temps on lui présentait une cuvette d'argent où il plongeait des frottoirs pour se débarbouiller le visage. Parmi tous ces soins de toilette, assez curieux pour qu'on ne fût pas trop dégoûté d'y assister, un des plus remarquables était la consommation d'un ou deux grands verres d'eau tiède qu'il aspirait par le nez et rejetait, plus ou moins, comme l'éléphant, par sa trompe. Quand sa coiffure était achevée, on avait eu ordinairement le temps de lui essuyer les pieds, de lui passer des bas de laine, des bas de soie blanche, une culotte de soie noire, et de lui mettre de longs souliers à boucles. Alors il se levait assez péniblement, laissait tomber ses deux ou trois robes de chambre, et aussitôt on lui passait dextrement une chemise, mais par-dessus une telle quantité de vêtements de dessous que rien n'était plus décent que cette opération. Le premier valet de chambre lui roulait alors autour du col plusieurs cravates de mousseline blanche ; et à ce moment on lui mettait son chapeau, parce qu'il n'était pas d'une parfaite élégance, autrefois, que les cheveux parussent tout frais sortis des mains du coiffeur. Ordinairement sa chemise au lieu d'être rentrée dans sa culotte de soie noire tombait par-dessus et flottait comme une blouse : et il restait assez souvent dans cet accoutrement, le chapeau sur la tête, à causer avec les assistants, parmi lesquels il y avait quelquefois des femmes. On contait qu'il avait reçu ainsi l'empereur de Russie. Quand il jugeait à propos de s'habiller, il passait, outre un long et large gilet, un grand habit très ample, à formes carrées, et dont il boutonnait les trois ou quatre boutonnières d'en haut. Il était alors ordinairement une heure après-midi, et comme il n'aimait ni à se presser, ni à changer ses habitudes, on citait bien peu d'occasions où, sous la République, l'Empire ou la Restauration, il eût regardé les circonstances comme assez graves pour rien déranger à ce cérémonial. »

Mémoires de ma vie, 1960.

Cardinal de Retz
(1613-1679)

Homme d'Église, homme d'État, homme de cour et d'arrière-cour, frondeur invétéré, mauvais sujet s'il en est, mémorialiste hors-pair : tel est Jean-François de Gondi, cardinal de Retz. Ses *Mémoires*, rédigées durant les toutes dernières années de sa vie agitée et publiées plus de cinquante ans après sa mort, couvrent pour l'essentiel « les premières années du règne de Louis XIV ». Témoignage précieux sur une époque de troubles, elles valent surtout par le style de l'auteur et la qualité des portraits qu'il dresse de la haute société de son temps.

Cardinal de Mazarin : « Il porta le filoutage dans le ministère »

« Sa naissance était basse et son enfance honteuse. Au sortir du Colisée, il apprit à piper, ce qui lui attira des coups de bâtons d'un orfèvre de Rome appelé Moreto. Il fut capitaine d'infanterie en Valteline ; et Bagni, qui était son général, m'a dit qu'il ne passa dans sa guerre, qui ne fut que de trois mois, que pour un escroc. Il eut la nonciature extraordinaire en France, par la faveur du cardinal Antoine, qui ne s'acquérait pas, en ce temps-là, par de bons moyens. Il plut à Chavigni par ses contes libertins d'Italie, et par Chavigni à Richelieu, qui le fit cardinal, par le même esprit, à ce que l'on a cru, qui obligea Auguste à laisser à Tibère la succession de l'empire. La pourpre ne l'empêcha pas de demeurer valet sous Richelieu. La Reine l'ayant choisi faute d'autre, ce qui est vrai quoi qu'on en dise, il parut d'abord l'original de *Trivelino Principe*. La Fortune l'avant ébloui et tous les autres, il s'érigea et l'on l'érigea en Richelieu ; mais il n'en eut que l'impudence de l'imitation. Il se fit de la honte de tout ce que l'autre s'était fait de l'honneur. Il se moqua de la religion. Il promit tout, parce qu'il ne voulut rien tenir. Il ne fut ni doux ni cruel, parce qu'il ne se ressouvenait ni des bienfaits ni des injures. Il s'aimait trop, ce qui est le naturel des âmes lâches ; il se craignait trop peu, ce qui est le caractère de ceux qui n'ont pas de soin de leur réputation. Il prévoyait assez bien le mal, parce qu'il avait souvent peur; mais il n'y remédiait pas à proportion, parce qu'il n'avait pas tant de prudence que de peur. Il avait de l'esprit, de l'insinuation, de l'enjouement, des manières; mais le vilain cœur paraissait toujours au travers, et au point que ces qualités eurent, dans l'adversité, tout l'air du ridicule, et ne perdirent pas, dans la plus grande prospérité, celui de fourberie. Il porta le filoutage dans le ministère, ce qui n'est jamais arrivé qu'à lui; et ce filoutage faisait que le ministère, même heureux et absolu, ne lui seyait pas bien, et que le mépris s'y glissa, qui est la maladie la plus dangereuse d'un État, et dont la contagion se répand le plus aisément et le plus promptement du chef dans les membres.»

Anne d'Autriche : «Plus d'aigreur que de hauteur»

«La Reine avait, plus que personne que j'aie jamais vu, de cette sorte d'esprit qui lui était nécessaire pour ne pas paraître sotte à ceux qui ne la connaissaient pas. Elle avait plus d'aigreur que de hauteur, plus de hauteur que de grandeur, plus de manières que de fonds, plus d'inapplication à l'argent que de libéralité, plus de libéralité que d'intérêt, plus d'intérêt que de désintéressement, plus d'attachement que de passion, plus de dureté que de fierté, plus de mémoire des injures que des bienfaits, plus d'intention de piété que de piété, plus d'opiniâtreté que de fermeté, et plus d'incapacité que de tout ce que dessus.»

Gaston d'Orléans : « Frayeur et irrésolution »

« M. le duc d'Orléans avait, à l'exception du courage, tout ce qui était nécessaire à un honnête homme ; mais comme il n'avait rien, sans exception, de tout ce qui peut distinguer un grand homme, il ne trouvait rien dans lui-même qui pût ni suppléer ni même soutenir sa faiblesse. Comme elle régnait dans son cœur par la frayeur, et dans son esprit par l'irrésolution, elle salit tout le cours de sa vie. Il entra dans toutes les affaires, parce qu'il n'avait pas la force de résister à ceux qui l'y entraînaient pour leurs intérêts ; il n'en sortit jamais qu'avec honte, parce qu'il n'avait pas le courage de les soutenir. Cet ombrage amortit, dès sa jeunesse, en lui les couleurs même les plus vives et les plus gaies, qui devaient briller naturellement dans un esprit beau et éclairé, dans un enjouement aimable, dans une intention très bonne, dans un désintéressement complet et dans une facilité de mœurs incroyable. »

François de La Rochefoucauld :
« Jamais capable d'aucune affaire »

« Il y a toujours eu du je-ne-sais-quoi en tout M. de La Rochefoucauld : il a voulu se mêler d'intrigues, dès son enfance, et dans un temps où il ne sentait pas les petits intérêts, qui n'ont jamais été son faible, et où il ne connaissait pas les grands, qui, d'un autre sens, n'ont pas été son fort ; il n'a jamais été capable d'aucune affaire, et je ne sais pourquoi, car il avait des qualités qui eussent suppléé, en tout autre, celles qu'il n'avait pas. Sa vue n'était pas assez étendue, et il ne voyait pas même tout ensemble ce qui était à sa portée ; mais son bon sens, très bon dans la spéculation, joint à sa douceur, à son insinuation et à sa facilité de mœurs, qui est admirable, devait compenser plus qu'il n'a fait le défaut de sa pénétration. Il a toujours eu une irrésolution habituelle, mais je ne sais même à quoi attribuer cette irrésolution : elle n'a pu venir en lui de la fécondité de son imagination, qui n'est rien moins que vive ; je ne la puis donner à la stérilité de son jugement, car, quoiqu'il ne l'ait pas exquis dans l'action, il a un bon fonds de raison : nous voyons les effets de cette irrésolution, quoique nous n'en connaissions pas la cause. Il n'a jamais été guerrier, quoiqu'il fût très soldat ; il n'a jamais été par lui-même bon courtisan, quoiqu'il ait eu toujours bonne intention de l'être ; il n'a jamais été bon homme de parti, quoique toute sa vie il y ait été engagé. Cet air de honte et de timidité que vous lui voyez dans la vie civile, s'était tourné, dans les affaires, en air d'apologie ; il croyait toujours en avoir besoin : ce qui, joint à ses *Maximes*, qui ne marquent pas assez de foi en la vertu, et à sa pratique, qui a toujours été de chercher à sortir des affaires avec autant d'impatience qu'il y était entré, me fait conclure qu'il eût beaucoup mieux fait de se connaître, et de se réduire à passer, comme il l'eût pu, pour le courtisan le plus poli qui eût paru dans son siècle. »

Mémoires, 1962.

François de La Rochefoucauld,
1613-1680

Prince de Marcillac, François de La Rochefoucauld appartient à l'une des plus prestigieuses familles de son temps. De l'aristocratie frondeuse, il a eu toutes les qualités et les tares. Plus que sa valeur militaire ou son rôle dans les multiples complots auxquels il a pris part, c'est sa plume qui l'aura fait entrer dans l'histoire, avec ses *Maximes*, publiées de son vivant, mais aussi avec ses *Mémoires* consacrées à la régence d'Anne Autriche, qui firent scandale lorsque de larges extraits furent révélés sans son autorisation. À ce titre, François de La Rochefoucauld apparaît comme une sorte de double inversé du cardinal de Retz, dont il fut par ailleurs le féroce procureur.

Cardinal de Retz : « Faux dans la plupart de ses qualités. »

« Paul de Gondi, cardinal de Retz, a beaucoup d'élévation, d'étendue d'esprit, et plus d'ostentation que de vraie grandeur de courage. Il a une mémoire extraordinaire ; plus de force que de politesse dans ses paroles ; l'humeur facile, de la docilité et de la faiblesse à souffrir les plaintes et les reproches de ses amis ; peu de piété, quelques apparences de religion. Il paraît ambitieux sans l'être ; la vanité, et ceux qui l'ont conduit lui ont fait entreprendre de grandes choses, presque toutes opposées à sa profession ; il (y) a suscité les plus grands désordres de l'État, sans avoir un dessein formé de s'en prévaloir, et bien loin de se déclarer ennemi du cardinal Mazarin pour occuper sa place, il n'a pensé qu'à lui paraître redoutable, et à se flatter de la fausse vanité de lui être opposé. Il a su néanmoins profiter avec habileté des malheurs publics pour se faire cardinal ; il a souffert sa prison avec fermeté, et n'a dû sa liberté qu'à sa hardiesse. La paresse l'a soutenu avec gloire, durant plusieurs années, dans l'obscurité d'une vie errante et cachée. Il a conservé l'archevêché de Paris, contre la puissance du cardinal. Il a conservé l'archevêché de Paris, contre la puissance du cardinal Mazarin ; mais après la mort de ce ministre, il s'en est démis sans connaître ce qu'il faisait, et sans prendre cette conjoncture pour ménager les intérêts de ses amis et les siens propres. Il est entré dans divers conclaves, et sa conduite a toujours augmenté sa réputation. Sa pente naturelle est l'oisiveté ; il travaille néanmoins avec activité dans les affaires qui le pressent, et il se repose avec nonchalance quand elles sont finies. Il a une grande présence d'esprit, et il sait tourner à son avantage les occasions que la fortune lui offre, qu'il semble qu'il les ait prévues et désirées. Il aime à raconter ; il veut éblouir indifféremment tous ceux qui l'écoutent par des aventures extraordinaires, et souvent son imagination lui fournit plus que sa mémoire. Il est faux dans la plupart de ses qualités, et ce qui a le plus contribué à sa réputation est de savoir donner un beau jour à ses défauts. Il est insensible à la haine et à l'amitié, quelques soins qu'il ait pris de paraître occupé de l'une ou de l'autre ; il est incapable d'envie et d'avarice, soit par vertu, soit par inapplication. Il a plus emprunté de ses amis, qu'un particulier ne pouvait espérer de leur pouvoir rendre ; il a senti de la vanité à trouver tant de crédit, et à entreprendre de s'acquitter. Il n'a point de goût ni de délicatesse ; il s'amuse à tout et ne se plaît à rien ; il évite avec adresse de laisser pénétrer qu'il n'a qu'une légère connaissance de toutes choses. La retraite qu'il vient de faire est la plus éclatante et la plus fausse action de sa vie ; c'est un sacrifice qu'il fait à son orgueil, sous prétexte de dévotion : il quitte la cour, où il ne peut s'attacher, et il s'éloigne du monde, qui s'éloigne de lui. »

Mémoires, 1717.

Jean-François Revel
(1924-2006)

Philosophe de formation, auteur prolixe connu et reconnu, Jean-François Revel est l'un des éditorialistes les plus brillants de la fin du XXᵉ siècle. Sa carrière journalistique commencée au *Nouvel Observateur* s'est achevée au *Point* après qu'il eut dirigé la rédaction de *L'Express*. On trouve dans ce parcours un bon résumé de son évolution intellectuelle et politique. Homme de gauche, très engagé dans le combat pour l'indépendance de l'Algérie, Revel est devenu au fil des ans un des porte-drapeaux d'une pensée libérale marquée par un anticommunisme virulent. Sa rupture avec la gauche date d'ailleurs de la signature du programme commun en 1972. Sa cible favorite est à cette époque Georges Marchais, le secrétaire général du PC (parti communiste). Longtemps proche de François Mitterrand, chargé de la culture dans son contre-gouvernement de 1966, Revel raconte cet épisode de sa vie d'une plume acide dans *Le Voleur de la maison vide* publié en 1997.

François Mitterrand : « Incapable de distinguer une analyse sérieuse d'une ânerie chimérique »

« François Mitterrand établit avec moi, de 1960 à 1970, des relations cordiales, sinon amicales, mais qui, en ce qui me concernait du moins, devinrent vite assez limitées dans leur substance en raison d'un trait fondamental de sa personnalité : son manque total d'intérêt pour les questions politiques.

J'entends les questions politiques de fond, et je ne suis inspiré, ce disant, par aucun goût du paradoxe facile. Mitterrand se passionnait, certes, pour les instruments de la politique, pas pour ses objectifs ; pour ses moyens, pas pour ses fins ; pour la conquête et la conservation du pouvoir, pas pour les éventuels desseins que le pouvoir permet de réaliser. C'est le dessein même qui devenait l'un des instruments. S'interroger sur son bien-fondé intrinsèque, hors sa relation avec la stratégie du pouvoir, n'avait pour Mitterrand aucun sens. Seule comptait son efficacité momentanée sur l'opinion publique en vue de la prise ou de la consolidation d'une position. Dans la conversation, je n'ai jamais entendu Mitterrand s'étendre que sur deux thèmes : la pure tactique politique et ses propres souvenirs. Il ressassait son autobiographie avec l'opiniâtreté répétitive d'un vieillard, quoiqu'il n'eût pas atteint cinquante ans quand je le connus. La véracité dans ces récits de sa jeunesse n'était au demeurant pas son fort, ainsi que je le découvris plus tard. Quant à la réflexion politique, à la connaissance des faits, Mitterrand était si incurieux des idées générales, des visions d'ensemble tirées de l'examen scrupuleux du réel que, précisément à cause de son indifférence à la pensée, ce réaliste était incapable de distinguer une analyse sérieuse d'une ânerie chimérique. Justes ou fausses, les notions influaient selon lui sur le jeu des forces politiques et sur le succès ou l'échec dans l'exercice du pouvoir aussi peu que les musiques militaires sur l'issue des guerres. Se figurer que connaître les données exactes composant une société, façonnant une époque, pouvait aider l'homme d'action à en résoudre les problèmes, c'était là, pour lui, une naïveté risible et méprisable. Il feignait, certes, d'accorder sa considération aux intellectuels, tout en ne retenant dans son entourage, au fil du temps, que les flagorneurs, miroirs de son narcissisme, et les charlatans, pourvoyeurs de ses contrefaçons. Mais même quand il tolérait les autres, c'était pour s'en faire une parure, parce que leur réputation lui paraissait une verroterie souhaitable à son collier, jamais pour recueillir leur avis, encore moins pour le solliciter, en tout cas pas pour le suivre. »

Mémoires. Le voleur dans la maison vide,
Plon, 1999.

André Ribaud
(1921-1999)

Sous le nom de André Ribaud se cachait Roger Fressoz, plume du *Canard enchaîné*, dont il fut longtemps le directeur. Chaque semaine, dans l'hebdomadaire satirique, il a tenu la chronique de « La cour » puis du « Règne » du général de Gaulle dans un récit inspiré par le style des plus grands mémorialistes du XVIe et du XVIIe siècle. Cette chronique, alors illustrée par les dessins de Moisan, constitue l'une des meilleures – et l'une des plus féroces – introduction à l'histoire de la République gaullienne.

André Ribaud

Charles de Gaulle : « Grand combinateur de stratagèmes et d'artifices »

« Le Roi est un grand homme de six pieds quatre pouces, qui avait passé septante ans, gris, avec peu de cheveu, mais beaucoup de nez et énorme, creusé de rides, raviné de sillons, qui s'était augmenté considérablement par l'âge. Long, il avait été maigre avant qu'assez de gros ne se mît à son estomac, jusqu'à lui faire la taille épaisse et fort tombée. La majesté de son air, qu'il voulait suprême en toutes circonstances, en eût été affaissée et abaissée, sous l'habit militaire qu'il se piquait de porter dans les conjonctures les plus cérémonielles, s'il n'eût eu soin de procurer le remède par une ruse légale et singulière. Dans les tout premiers jours de son second règne, il avait fait publier par Guillaumat, lors son secrétaire d'État de la Guerre, un règlement général prescrivant le retranchement du ceinturon de la garde-robe des officiers afin de n'avoir plus à s'incommoder lui-même d'un objet qui démasquait et tout ensemble opprimait l'excès de son embonpoint.

Sa physionomie promettait beaucoup d'esprit et n'était pas trompeuse ; le Roi en avait infiniment, très orné de lecture, châtié de grec, sachant mettre la plus brillante latinité au service d'un français pur, coulant, raffiné, mais que sa dissimulation naturelle lui persuadait de faire équivoquer, par calcul ou par goût, aux endroits les plus scabreux, dans tout le ménagement subtil des ombres et du clair-obscur. La parole aimait à s'assaisonner d'un sel fin, âcre, semé de poivre, et de prouesses de mots, d'expressions mordantes qui frappaient souvent par leur cruauté, quelquefois par leur justesse, toujours par leur singularité. Le débit était éloquent, facile, choisi, habile à moduler, dans une pompe et une autorité séductrices, les dissertations les plus savantes, mais qui pouvaient se relâcher soudainement en platitudes, en non-sens, en rotures de style, en grossièretés de tours les plus exécrables, et il était surprenant alors d'entendre tomber d'aussi haut des propos aussi bas.

Peu de grâce au maintien, mais un visage noble, quoique rechigné, hautain. L'œil, fort court en vue, était d'un rond étrange comme celui d'un éléphant, sous de pesantes paupières, au milieu d'un cerne profond et noir, semblant toujours goguenarder le restant des humains quand il n'était pas simplement éteint par l'indifférence ou l'ennui de les devoir regarder. Il ne s'allumait, mais alors s'embrassait, que de cette passion de soi-même, qu'elle fût orgueil, colère, jouissance, qui consumait le Roi, car c'était un homme uniquement personnel et qui ne comptait les autres, quels qu'ils fussent, que par rapport à soi, prêt à hasarder mille fois l'État pour son unique grandeur. Rien dans cet œil qui marquât jamais la bonté, la tendresse, la pitié, même la simple considération d'autrui. Entiché d'humanités, le Roi était fort peu embarrassé d'humain, et les entraînements de son cœur le laissaient toujours éloigné des lieux dont les mouvements de sa rhétorique, par parade, par politique, l'approchaient quelquefois.

Sa gloire, sa vanité, car ce sont deux choses, étaient en lui au plus haut point. Sa politesse était extrême, mais pour s'en faire rendre autant, se prenant aux louanges, aux déférences, aux ovations, avec les dernières faiblesses. Toujours sur les échasses pour la morale, l'honneur, la plus rigide probité, les sentences et les maximes : toujours le maître des conversations et des compagnies. Il parlait beaucoup, et beaucoup trop, mais si agréablement qu'on lui passa longtemps ces débordements de discours.

Avec cela, secret, grand combinateur de stratagèmes et d'artifices dans les alambics impénétrables de son esprit, ténébreux, avec le goût de l'être, supérieur, particulier et, par hauteur, difficile à apprivoiser, mais aisé, quoi qu'on crût, à fléchir sur quantité de matières considérables pourvu qu'on ne fît pas semblant de lui voir mordre à l'hameçon qu'on lui tendait. Inexorable sur les bienséances et les bas-détails, il ployait souvent sur les grands intérêts et l'essentiel même de ses États. Sous un extérieur de constance, il se montrait changeant sur l'important car il n'était pas moins irrésolu qu'obstiné, cachant le flexible du roseau sous l'écorce du chêne. Tranchant avec superbe un jour pour, un jour après, retrancher avec plus de superbe encore, et dans l'apparence, l'affectation de la rigueur la plus continuelle. Cette chimie engendrait les plus violents désordres – on le vit bien dans les affaires barbaresques et toutes les autres principales de son royaume. Seules ses haines étaient authentiquement irréfragables, comme sa bonne opinion de soi était inentamable. Même s'il se roidissait à paraître s'en départir, il ne s'en dépouillait jamais entièrement. Peut-être faisaient-elles le roc de sa vie. Car, à le bien sonder, on ne lui découvrait aucun vrai dessein d'État, aucune vaste philosophie qui méritassent de lui survivre et de fonder solidement sa renommée dont il était si anxieux, dans les siècles à venir. Il régnait, par désir de se faire sentir à tout et à tous du dedans comme du dehors, animé davantage de la fureur d'étonner et de foudroyer les humains que de l'application de les gouverner et de les relever. C'était un prince au fond très malheureux, sous le masque de l'impassible, qui s'aigrissait à proportion qu'il semblait s'apaiser, abusé de soi-même autant que désabusé des autres, lassé du monde sans être dépris du trône, borné dans son pouvoir à mesure qu'il était augmenté dans son arbitraire, redouté en tout, obéi en rien. Il avait cru être né pour commander à l'univers, il n'était pas le maître de son royaume, ni même de sa Cour. Et il sentait bien qu'il allait abandonner ses peuples plus déchirés, diminués, meurtris, qu'il ne les avait trouvés, car s'il avait la mine d'un grand roi, il n'en avait pas le jeu. Peut-être avait-il l'étoffe d'un grand capitaine : il ne le fut que dans des livres.

S'il était contraint, ce n'était jamais par ses ministres. Car il les comprenait, et plus que d'autres, dans le mépris universel. Un gentilhomme lui ayant déclaré sa surprise qu'il en eût mis un dans son Conseil, dont l'indignité était publique, le Roi lui répondit, en se riant : “Hé, Monsieur, Dieu le Père ne fit-il point l'homme avec de la boue ? ”»

La Cour. Chronique du royaume,
Julliard, 1962.

Angelo Rinaldi
(né en 1940)

Romancier, critique littéraire redoutable et redouté à *L'Express*, puis plus brièvement au *Nouvel Observateur*, Angelo Rinaldi ne s'est intéressé aux responsables politiques que pour corriger – c'est le bon mot – le style et la grammaire de leurs écrits, ce qui était une façon détournée de dresser leurs portraits d'apprentis écrivains. Jean-François avait déjà choisi cette méthode pour exécuter Charles de Gaulle lors de son retour aux affaires (*Le Style du Général*, 1959). Dans un article publié dans *Libération* le 18 avril 1988, Angelo Rinaldi la reprend à son compte en plus courte et plus cinglante encore pour commenter « La lettre à tous les Français » que François Mitterrand, alors candidat à sa réélection, avait publiée à grand renfort de publicité dans des journaux alors unanimes à vanter la qualité de sa plume.

François Mitterrand : « Tournures fautives et pataques »

« En choisissant le genre épistolaire, Monsieur Mitterrand honore l'écrit, dans un monde dominé par l'image. Nous en sommes heureux. Il y a moins de bonheur, cependant, à la lecture de cette lettre, qui a sans doute souffert de n'avoir pas été relue par l'auteur avec le soin qu'il apporte d'ordinaire à la rédaction de ses livres. Dans la mesure où il peut lutter contre l'assoupissement, le lecteur notera tournures fautives et pataquès. Que signifient, par exemple, ces "velléités qui rentrent dans l'ordre", le propre de la velléité étant de n'être pas suivie d'effet ? "Conséquent" est utilisé à la place d'"important". Une catastrophe n'a pas besoin d'être qualifiée d'épouvantable, car il n'en est jamais de légères ni de charmantes. Bizarres, ces "grandes manœuvres" de l'Allemagne et de la France au cours desquelles les armées de ces deux pays "s'interpénètrent", font-elles l'amour ou font-elles la guerre ? Incompréhensible, cette "Europe qui revient d'une longue absence". La "dégradation" du chômage est soulignée. Le chômage est-il donc une œuvre d'art ? On ne parle pas de coupes sombres mais de coupes claires, pour signifier un retranchement ou une diminution.

"Éviter la déviation d'une Sécurité sociale à deux vitesses" relève, pour le moins, du jargon. Comme "l'importance qu'il y aurait à abolir les hiérarchies traditionnelles". Des lois n'acquièrent pas "droit de cité".

On ne règle pas "de" Paris les affaires de Landerneau, mais "depuis" Paris ("à partir de" serait aussi correct que lourdingue). Blocus se dit d'un port ou d'un pays et non d'un immeuble (notre ambassade à Téhéran). On ne fourbit pas des revanches, mais les armes qui serviront à l'accomplissement de celles-ci. Créer des emplois est "de" la responsabilité des entreprises et non "la responsabilité". Si "la France ne se reconnaissait aucun ennemi au Moyen-Orient", faut-il entendre qu'elle avait choisi de s'aveugler ? Quant au "libre champ de ses initiatives et de sa présence dans le monde", il est surtout un champ dont la clôture est impénétrable.

Notons une préciosité – "celer" – pour cacher ou dissimuler, et la répétition d'"âme", par laquelle Monsieur Mitterrand renoue avec la réthorique barrésienne de sa génération. L'ensemble relève de l'éloquence parlementaire traditionnelle où le flou des principes admis par tous évite les précisions souhaitées par chacun ; il ne s'humanise et ne se simplifie que dans la description de la "nouvelle pauvreté". Pour finir, le président de la République demande à ses compatriotes de croire à ses "fidèles sentiments". Or, si l'on éprouve tel ou tel sentiment, sensation, impression, penchant, disposition, chacun lui donne une durée selon les nécessités de son cœur, bien qu'il y ait des saisons en amour et des plaisirs pour tous les âges. Cette durée n'est pas déterminée à l'avance. Quels sont, au fait, ces sentiments que Monsieur Mitterrand s'abstient de définir ? »

«La Lettre à la lettre»,
Libération, 18 avril 1988.

Henri Rochefort
(1831-1913)

Une formule a suffi, à la fin du Second Empire, pour lui donner un nom et une réputation : « La France compte trente-six millions de sujets, sans compter les sujets de mécontentement. » La suite de sa carrière de journaliste et de polémiste hors pair est du même tonneau. Anti-bonapartiste, communard, républicain, boulangiste, antidreyfusard, proche à la fin de sa vie des milieux nationalistes et antisémites, Henri Rochefort « salait et poivrait fort », comme disait son ami et collègue Léon Daudet. Il tirait également court et souvent en brèves rafales, ainsi qu'en témoigne ce portrait, qui n'avait pas besoin d'être assassin puisque la victime, un ancien ministre de l'Intérieur du Second Empire, venait de se suicider.

Adolphe de Forcade Laroquette : « Tout trahir, tout fouler aux pieds »

« Il règne en ce moment une épidémie de suicides sur les anciens ministères de l'Intérieur. Celui que nous appelions, sous l'Empire, Forcade de Sainte-Pélagie, vient de mettre, de sa propre main, un terme à ses souffrances d'amour-propre. On sait aujourd'hui que M. Forcade Laroquette s'est empoisonné.

Il était père de famille, riche et Grand Croix de la Légion d'Honneur, l'opinion publique se perd en conjectures sur les motifs qui ont pu pousser cet être fortuné au suicide. L'opinion publique ne s'imaginera jamais en effet, dans sa loyauté, par quelles hallucinations et quels délires est hanté l'homme politique atteint de la fièvre du pouvoir. La voracité aurifère du mineur d'Australie passant des journées, sans manger ni boire, à creuser le roc dans l'espoir d'une pépite, est le sang-froid et le désintéressement mêmes, si on le compare au *sacra fames* d'un aspirant ministre à la recherche d'un portefeuille. Une fois qu'il tient entre ses doigts crispés ce merle blanc ou tricolore, l'idée de le perdre lui apparaît comme Roméo mourant apparaît à Juliette, comme le navire s'effaçant aux yeux de Philoctète abandonné. Tout démentir, tout trahir, tout fouler aux pieds, renier ses opinions passées, faire arrêter au besoin ses anciens amis, livrer son propre père au bras séculier, mais garder son ministère ! Et le jour où, malgré les mensonges, les imprudences, les apostasies, il faut évacuer la place qu'on a si amoureusement chauffée pour un autre, alors c'est fini. Le feu tutélaire se courbe, s'avachit, s'effiloche à cette affreuse pensée qu'il ne verra plus sa porte flanquée de deux esclaves à chaîne d'acier, que cinquante-deux fois par après-midi on ne viendra plus lui glisser ces mots si doux : “Son Excellence est-elle visible ?” Oh ! ne pas être appelé à la troisième personne et au féminin ! subir les regards impertinents des députés de la gauche, qui viennent en ricanant vous demander, comme à un valétudinaire, des nouvelles de votre santé !

Trouver en rentrant une femme qui vous apostrophe de la façon suivante : “Tu te feras donc mettre à la porte de partout ? – J'ai vu aujourd'hui Madame Cumont dans la tribune ministérielle, en robe de velours nacarat avec un poignard de cristal dans les cheveux. Son mari est toujours en place à celle-là. J'étais moi, dans la tribune des anciens députés. Elle m'a à peine saluée, tu es le dernier des idiots.” »

La Lanterne, 15 août 1874.

Jean-Marie Rouart
(né en 1943)

Écrivain, journaliste et critique littéraire au *Figaro*, aujourd'hui académicien français, Jean-Marie Rouart est l'auteur de plusieurs biographies remarquées allant de Napoléon à Morny, en passant par le cardinal de Bernis. Il a publié en 2019 dans un recueil de ses œuvres quelques «Portraits acides» qui portent bien leurs noms, tous consacrés aux hommes et femmes politiques qu'il a eu l'occasion de croiser au cours de sa carrière. L'un d'entre eux, Valéry Giscard d'Estaing, dont Jean-Marie Rouart fit l'hommage lors de son accueil sous la Coupole, a eu droit à un traitement particulier qui n'était pas sans rapport avec la critique sarcastique qu'il avait signé dans les colonnes du *Figaro*, à la sortie d'un roman de Valéry Giscard d'Estaing intitulé *Le Passage.*

Valéry Giscard d'Estaing : « Un œil aussi noir que le canon d'un fusil de chasse »

« Quelle drôle d'idée de la part d'un homme aussi raisonnable que Giscard, d'un polytechnicien, d'un inspecteur des Finances, de s'engager sans précaution sur les sables mouvants de la littérature ! Fût-il demeuré dans son domaine, je n'eusse jamais porté aucune critique contre lui. Mais écrivant un roman, *Le Passage*, il tombait sous ma juridiction. Je m'efforçai d'être impartial. Quelque indulgence que m'inspirât le bon souvenir de notre rencontre, je ne pouvais nier l'évidence : ce roman ne passait pas la rampe. Giscard s'était fourvoyé, pris à son propre piège. À force de se croire apte à répondre à tous les défis, à toutes les questions qu'il se posait – les seules intéressantes à ses yeux –, il était entré dans un syllogisme pervers : si seul un homme sur des millions détient la capacité de devenir président de la République, comment celui-ci ne serait-il pas en mesure d'écrire un roman aussi bien que ces dizaines de romanciers qui chaque année encombrent la devanture des libraires et reçoivent indûment les éloges de la critique ?

Après avoir reçu avec aisance toutes les distinctions réservées aux brillants sujets, Giscard voulait cette fois obtenir les récompenses réservées aux cancres. C'est ainsi qu'il lança à l'aventure sa cocotte en papier imprimé dans la rentrée littéraire avec la certitude et la candeur d'un enfant qui pousse son bateau à voiles dans le bassin des Tuileries et s'imagine qu'il va voguer jusqu'aux Amériques.

Je n'aime pas les bourreaux. Je ne voulais pas infliger de supplice à l'ancien président déchu. Mais je devais dire la vérité. Je regrettais que mes études chez les Jésuites aient été écourtées de leur fait : j'aurais certainement tiré de leur enseignement matière à me tirer d'affaire. Je fis de mon mieux. Au *Figaro*, je demandai à Renaud Matignon de m'aider dans cette besogne. Il résuma ainsi le roman : "C'est dans le meilleur des mondes que le narrateur fait la connaissance de Natalie sur le bord d'une route. En veste de chasse façon Hermès, il la séduit lentement jusqu'au moment où ils seront 'enlacés dans la sensualité de la nuit', avant qu'elle reparte vers son destin. Ainsi s'évanouit un amour fou imaginé par Maupassant qui aurait fait la connaissance de la comtesse de Ségur ou par un Grand Meaulnes qui aurait croisé Bécassine." Sous le titre "Périlleux", je me contentais d'adresser un conseil à l'ex-président : "La Rochefoucauld disait : 'Il y a des hommes qui n'auraient jamais aimé s'ils n'avaient jamais entendu parler de l'amour. Gageons qu'il y a aujourd'hui beaucoup de ministres qui n'auraient jamais écrit une ligne s'ils n'avaient jamais entendu parler de Pivot. Mais loin de nous l'idée de chercher à dissuader les politiques de faire une carrière littéraire – surtout s'agissant d'un ancien président de la République – ils en ont le droit autant que les autres. Du moins leur conseillerons-nous respectueusement l'emploi d'un pseudonyme. Sinon par décence, du moins par prudence. Surtout quand leur prend la lubie de publier leur

Monsieur Choufleury restera chez lui' (titre d'un opéra-bouffe écrit par Morny sous le nom de M. de Saint-Rémy)."

Ces clauses de style furent inutiles. La foudre présidentielle tomba Robert Hersant, qui ne m'appelait jamais et qui, contrairement à sa réputation, répugnait à intervenir dans le travail des journalistes, me téléphona. Avec la douceur des boxeurs professionnels qui craignent toujours d'abuser de leur force, il usa d'un grand luxe de précautions pour me dire que cet article le mettait dans une situation embarrassante : Giscard était furieux, il demandait réparation de l'injure. Tout en admettant que nous n'avions fait que notre devoir, le patron de presse ne voulait pas être ingrat envers un homme qui lui avait rendu de grands services. Que faire ? On ne pouvait pas se déjuger, mais il était impossible de mécontenter Giscard. C'était une situation hautement figaresque. Après nous être enlisés pendant un bon quart d'heure entre ce qui était souhaitable et ce qui était réalisable, Hersant me dit : "Je vais réfléchir." Formule qui visait à ménager mon amour-propre. Une semaine plus tard, il me rappela. "Décidément Giscard ne veut pas céder. Pourriez-vous lui accorder un entretien, quelque chose de gentil, vous voyez ce que je veux dire ? Ainsi nous aurons la paix." Giscard obtint donc gain de cause.

Les années passèrent. Je ne pensais plus à Giscard, ni à son roman, encore moins à l'article.

Je reçus une nouvelle invitation de la comtesse de Ribes qui me précisa que le président serait à nouveau de la fête. J'y prêtai d'autant moins d'attention que j'avais alors d'autres préoccupations : la veille de ce dîner avait lieu à l'Académie une élection qui ne me laissait pas indifférent, j'étais candidat. Je fus élu. Fort de ce petit succès, je m'apprêtai donc à revoir Giscard. Je pressentais que cet homme à la longue mémoire et à la digestion lente n'avait toujours pas avalé ce malheureux article. Confiant dans son élégance, plus encore dans sa bonne éducation, je me rendis sans crainte au dîner. J'étais même assez émoustillé de connaître sa réaction tant la nature humaine m'intéresse, surtout chez ces spécimens de haute volée, quand bien même je devrais en faire les frais.

Dès que Giscard pénétra dans le salon surchauffé, avant même de le voir, je sentis passer un vent glacé qui me prévint de sa présence. Je levai les yeux : j'aperçus son œil noir qui, traversant la foule, me fixait; un œil aussi noir que le canon du fusil de chasse avec lequel il foudroyait les éléphants, les lions, les hyènes et les phacochères dans la steppe africaine. De cet œil braqué sur moi, dans le repli de sa paupière asiatique, je n'attendis dès lors rien de bon. D'autant que cet œil noir comme le regard de Dieu le Père poursuivant Caïn ne cessait de me fixer, quelque effort que je fisse pour lui échapper dans les recoins du salon. Je sentais Giscard décidé à ne pas lâcher sa proie. J'espérais que le destin qui venait de me favoriser m'épargnerait encore une fois. “Pourvu que je ne sois pas à sa table”, pensai-je lâchement.

Ma faveur même me condamnait au supplice. Je me rendis donc bravement à la place qui m'était assignée à la table de la maîtresse de maison. Je ne doutais pas que ce fût celle où se trouvait aussi Giscard. Ainsi l'heure des comptes allait sonner. Je saluai l'ex-président avec le bon dosage de respect, de dignité, sans en rajouter dans la courtisanerie. Il me rendit mon salut d'un air pète-sec.

Je m'installai donc en face de l'œil noir. J'étais résigné. Tout d'abord Giscard badina avec ses voisines. J'entamai de mon côté la conversation avec la jeune et jolie romancière qui se trouvait à ma droite – il s'agissait de Christine Orban – tout en avalant un consommé qui, soit carence du cuisinier soit appréhension de ma part, me sembla n'avoir pas plus de saveur que de l'eau tiède. À dire vrai j'attendais que la balle vînt me frapper. Ce n'était, je le sentais, qu'une question de minutes. Il me semblait entendre le bruit du fusil que l'on arme, le cliquetis du chargeur qui se referme, et cette étrange paix tendue qui sépare l'instant où le doigt appuie sur la gâchette et la détonation. Aussi ne puis-je rapporter aucun des propos de la jeune et jolie romancière.

Soudain Giscard se redressa et haussa la voix, signe qu'il s'adressait à la table tout entière. Je baissai la tête vers mon potage pour amortir le coup.

“Comme je suis heureux, s'exclama-t-il, qu'il y ait un écrivain à cette table… oui, une vraie romancière, Christine Orban, quel sera le titre de votre prochain roman ? ”

Cette question si ostensiblement désagréable à mon égard fit passer sur la table un frisson de désarroi. Les convives qui ignoraient le lourd passif de mes relations avec le président ne comprenaient pas le motif de cette déclaration d'hostilité sans sommation. La maîtresse de maison, voyant s'effondrer ses efforts pour réunir harmonieusement les convives, s'étrangla. Elle poussa un cri :

"Mais Monsieur le Président, vous avez devant vous le plus jeune académicien… Il a été élu hier…" »

« Portraits acides », *Les Aventuriers du pouvoir. De Morny à Macron*, Robert Laffont, « Bouquins », 2019.

Charles-Augustin Sainte-Beuve
(1804-1869)

Ses *Poisons*, Sainte-Beuve les a gardés pour lui. Ils n'ont été publiés qu'en 1926, sous un titre qu'il n'avait pas choisi. Autant les *Lundis* du plus grand critique littéraire du XIXe siècle sont balancés, au point de donner parfois mal au cœur, autant ces textes tirés de ses carnets intimes, plus jetés qu'écrits, ont une alacrité surprenante sous forme de notes, formules et autres jugements. Sainte-Beuve y croque ses contemporains, ennemis déclarés ou supposés amis, sans rien cacher de ses sentiments profonds dont on découvre ici combien ils ont pu être noirs. Ses victimes sont Victor Cousin, qui régna sur l'instruction publique tout au long du règne de Louis-Philippe, et un ministre aujourd'hui oublié, universitaire de profession ayant grandi à l'ombre de Guizot, Saint-Marc Girardin.

Victor Cousin : « Le laquais de Platon »

« Cousin n'est presque pas une personne, c'est un élément, un météore qui passe, un torrent qui roule. Garons-nous et jouissons-en.

Cousin. Son procédé avec moi au sujet de Pascal, Jacqueline, Longueville, Domat, etc., a été une longue et continue indélicatesse.

Il est évident que Cousin s'est dit : "Tout compte fait, et après l'obligation qu'il m'a, je puis me permettre cela avec S.-B." Ma reconnaissance envers lui a été presque aussitôt arrosée d'amertume.

Lamartine, un jour, après avoir été témoin de la mimique de Cousin, dit : "Il y a du Bergamasque dans cet homme-là ! " Et c'était vrai, et littéralement : quelque grand-père ou grand'mère de Cousin était de Bergame. Pas mal pour quelqu'un à qui on conteste tout sens critique.

Cousin a du mime, du comédien en lui ; il y a des moments où il me fait l'effet d'être le successeur direct du sieur Angelo, docteur de l'ancienne troupe italienne.

Béranger dit de Cousin : "C'est le laquais de Platon." Oui, mais Mascarille a quelquefois bien de l'esprit, autant et de plus amusant que son maître.

Cousin. Tous ceux qui l'ont connu dans les Conseils, dans les Assemblées politiques, comme dans les Académies, savent à quel point il est incommode à de certains jours, prompt à donner du coude à ceux qui le gênent, s'adjugeant sans façon la grosse part, *quia nominor Leo*. C'est à la fois calcul, besoin de dominer chez lui, et affaire de tempérament. Doué d'une extrême activité et d'une démangeaison de parler inépuisable, tellement qu'il peut parler sans fatigue depuis neuf heures du matin jusqu'à une heure après minuit, il lui faut dépenser tout cela : et alors il se lance dans chaque question à la traverse et à la rencontre. Il prend la parole avant de savoir sur quoi il contredit, il se fait une opinion à mesure qu'il parle et, une fois qu'il l'a trouvée, il s'y acharne et n'en finit plus. C'est moins encore de l'éloquence par moments qu'une véritable expectoration oratoire qui le tourmente et dont il a à se débarrasser.

Il n'aime guère à parler moins de six quarts d'heure. Dans la première demi-heure il est pénible, il a peine à se mettre en train et à savoir où il en veut venir. Dans la deuxième demi-heure, il est souvent admirable. Dans la troisième, il est presque toujours insupportable.

Cousin, cet homme au linge sale dans sa jeunesse et qui ne se lavait pas les mains, se donne pour avoir connu les femmes, et on le croit aujourd'hui.

Cousin n'a jamais aimé ni bien connu les femmes. "J'ai traversé tout cela comme des auberges", me disait-il un jour. Ou plutôt, il ne me le disait pas, il me le criait en plein quai, en nous promenant, tellement qu'un passant se retourna.

Il y a du *cuistre* dans la manière dont Cousin parle des femmes ; il s'est décrassé tard.

Le style de Cousin est plein de mauvais gestes.

L'article de Cousin sur les femmes du dix-septième siècle a eu grand succès ; c'est plein de talent d'expression, de vivacité et de traits ; pourtant, c'est choquant pour qui a du goût (mais si peu en ont !) ; il traite ces femmes comme il ferait les élèves dans un cours de philosophie ; il les régente, il les range ; toi d'abord, toi ensuite ; Jacqueline par ici, la Palatine par là ; il les classe, il les clique, il les claque ; il leur déclare comme faveur suprême qu'il les admet. Tout cela manque de délicatesse. Quand on parle des femmes, il me semble que ce n'est point là la véritable question à se faire et qu'il serait mieux de se demander tout bas, non pas si on daignera les accueillir, mais si elles vous auraient accueilli.

Cousin a beau faire : il n'est après tout qu'un charlatan de talent et qu'un étourdi de génie.

Cousin.

Tel qui, dans le temps, n'aurait pas été admis à l'antichambre chez Mme de La Fayette ou chez Mme de Maintenon, est homme à célébrer intrépidement les élégances du grand siècle.

Il y a toujours, au fond, quelque chose de ridicule dans la manière dont Cousin parle des grandes dames du dix-septième siècle : il en parle en conquérant.

Mes relations avec les régents de notre âge (les Guizot, les Thiers, les Villemain, etc.) : j'ai trouvé chez quelques-uns ce qui délie à temps, je n'ai rencontré chez aucun ce qui lie à jamais.

Cousin a une éloquence qui fait qu'on lui pardonne toujours tout, dès qu'on l'entend ; en revenant de dîner chez Thiers (31 octobre 1847), il me dit, au milieu d'un torrent de choses vives et justes, ces quelques mots que je retiens...

Quant à Cousin, au sortir de là, chez Mme de Boigne, sur Richelieu, sur Mazarin, et dans le fiacre avec moi sur Casimir-Périer et les autres, quelles belles paroles il répandait, et vraies, je le crois ! disant de grandes choses et de la grande manière. – Mais toujours aussi un air de comédie ! »

Saint-Marc Girardin : « Cette voix jaseuse, jamais sérieuse qu'hypocritement »

« Croquis.

Saint-Marc Girardin, âme ladre et sordide.

Je viens d'assister à une leçon d'ouverture de Saint-Marc Girardin sur Jean-Jacques Rousseau ; j'ai entendu dès l'entrée cette voix glapissante et spirituelle, jaseuse, jamais sérieuse qu'hypocritement, prêchant la morale utile, la règle sociale et les grandes routes que, dit-il, il adore, rabaissant, dénigrant le *sauvage*, comme il l'appelle, ajoutant pourtant, par bonne grâce, qu'il n'est pas *fâché* que ce sauvage soit venu, puis se contredisant sur la fin (par usage et besoin de tout concilier) et préconisant en lui tout d'un coup, le devancier, le préparateur glorieux de 89, ce qui amène l'applaudissement de rigueur et couronne bien des phrases badines par une péroraison un peu plus sonore. Je songeais qu'il y aurait une jolie lettre à lui adresser en réponse, dont le titre serait : *un sauvage à un faquin*. Je dis *faquin*, et sans vouloir être injurieux, mais il n'y a pas dans la langue un mot qui rende si précisément l'impression juste que me fait ce mélange de bel esprit agréable, de familiarité et de sans-gêne affectés dans des sujets graves, de froideur de cœur qui dans l'à-propos s'émoustille, de sophisme, d'égoïsme déguisé sous l'insolence d'un bon sens honnête, lequel fait ses affaires tout en parlant devoir, et conseille aux autres de les faire par le même chemin, cette usurpation enfin de sentiments et de mots généreux par une âme vaine et dans une voix qui détonne. »

Mes poisons, 1926.

Duc de Saint-Simon
(1675-1755)

Les *Mémoire* du petit duc, gardien sourcilleux des hiérarchies et des ordres, témoin horrifié de l'installation d'une monarchie absolue sous le règne de Louis XIV, appartiennent désormais au panthéon de la littérature. Écrites après le dernier sursaut de son influence sous la Régence, elles vont de 1691 à 1723 et couvrent donc l'essentiel du règne du Roi-Soleil. Les épisodes relatés dans ces pages, les multiples portraits tracés sans aménité des grands de la Cour, ont valu à ces *Mémoires* d'être saisies dès le lendemain de la mort de l'auteur pour n'être publiées dans leur version intégrale qu'à partir de la Restauration. On trouve ici les portraits de quelques-unes des principales victimes de Saint-Simon : Mme de Maintenon, épouse morganatique de Louis XIV, Jérôme de Pontchartrain, secrétaire d'État de la Maison du roi et enfin l'abbé Dubois, devenu cardinal et ministre d'État sous la Régence.

Mme de Maintenon : « L'abjection et la détresse lui avaient rétréci l'esprit »

« C'était une femme de beaucoup d'esprit, que les meilleures compagnies, où elle avait d'abord été souf-ferte et dont bientôt elle fit le plaisir, avaient fort polie et ornée de la science du monde, et que la galanterie avait achevé de tourner au plus agréable. Ses divers états l'avaient rendue flatteuse, insinuante, complaisante, cherchant toujours à plaire. Le besoin de l'intrigue, toutes celles qu'elle avait vues en plus d'un genre, et de beaucoup desquelles elle avait été tant pour elle-même que pour en servir d'autres, l'y avaient formée et lui en avaient donné le goût, l'habitude et toutes les adresses. Une grâce incomparable à tout, un air d'aisance, et toutefois de retenue et de respect, qui par sa longue bassesse lui était devenu naturel, aidaient merveilleusement ses talents, avec un langage doux, juste, en bons termes, et naturellement éloquent et court. Son beau temps, car elle avait trois ou quatre ans plus que le Roi, avait été celui des belles conversations, de la belle galanterie, en un mot de ce qu'on appelait les ruelles, et lui en avait tellement donné l'esprit, qu'elle en retint toujours le goût et la plus forte teinture. Le précieux et le guindé ajouté à l'air de ce temps-là, qui en tenait un peu, s'était augmenté par le vernis de l'importance, et s'accrut depuis par celui de la dévotion, qui devint le caractère principal, et qui fit semblant d'absorber tout le reste. Il lui était capital pour se maintenir où il l'avait portée, et ne le fut pas moins pour gouverner. Ce dernier point était son être ; tout le reste y fut sacrifié sans réserve. La droiture et la franchise étaient trop difficiles à accorder avec une telle vue, et avec une telle fortune ensuite, pour imaginer qu'elle en retînt plus que la parure. Elle n'était pas aussi tellement fausse que ce fût son véritable goût, mais la nécessité lui en avait de longue main donné l'habitude, et sa légèreté naturelle la faisait paraître au double de fausseté plus qu'elle n'en avait. Elle n'avait de suite en rien que par contrainte et par force. Son goût était de voltiger en connaissances et en amis comme en amusements, excepté quelques amis fidèles de l'ancien temps dont on a parlé, sur qui elle ne varia point, et quelques nouveaux des derniers temps, qui lui étaient devenus nécessaires. À l'égard des amusements, elle ne les put guère varier depuis qu'elle se vit reine. Son inégalité tomba en plein sur le solide, et fit par là de grands maux. Aisément engouée, elle l'était à l'excès ; aussi facilement déprise, elle se dégoûtait de même, et l'un et l'autre très souvent sans cause ni raison. L'abjection et la détresse où elle avait si longtemps vécu lui avaient rétréci l'esprit, et avili le cœur et les sentiments. Elle pensait et sentait si fort en petit en toutes choses, qu'elle était toujours en effet moins que Mme Scarron, et qu'en tout et partout elle se retrouvait telle. Rien n'était si rebutant que cette bassesse jointe à une situation si radieuse ; rien aussi n'était à tout bien empêchement si dirimant, comme rien de si dangereux que cette facilité à changer d'amitié et de confiance. Elle avait encore un autre appât trompeur. Pour peu qu'on pût être admis à son audience et qu'elle y trouvât quelque chose à son goût, elle se répandait avec une ouverture qui surprenait et qui ouvrait les plus grandes espérances ; dès la seconde, elle s'importunait, et devenait sèche et laconique. On se creusait la tête pour démêler et la grâce et la disgrâce si subites toutes les deux ; on y perdait son temps. La légèreté en était la seule cause, et cette légèreté était telle qu'on ne se la pouvait imaginer. Ce n'est pas que quelques-uns n'aient échappé à cette vacillité si ordinaire, mais ces personnes n'ont été que des exceptions, qui ont d'autant plus confirmé la règle qu'elles-mêmes ont éprouvé force nuages dans leur faveur, et que, quelle qu'elle ait été, c'est-à-dire depuis son dernier mariage, aucune ne l'a approchée qu'avec précaution et dans l'incertitude. On peut juger des épines de sa cour, qui d'ailleurs était presque inaccessible, et par sa volonté, et par le goût du Roi, et encore par la mécanique des temps et des heures, d'une cour qui toutefois opérait une grande et intime partie de toutes choses, et qui presque toujours influait sur tout le reste. Elle eut la faiblesse d'être gouvernée par la confiance, plus encore par les espèces de confessions, et d'en être la dupe par la clôture où elle s'était enfermée. »

Jérôme de Pontchartrain : « Méchant, malin, persécuteur jusqu'aux enfers »

« Sa taille était ordinaire, son visage long, mafflé, fort lippu, dégoûtant, gâté de petite vérole qui lui avait crevé un œil. Celui de verre dont il l'avait remplacé était toujours pleurant, et lui donnait une physionomie fausse, rude, refrognée, qui faisait peur d'abord, mais pas tant encore qu'il en devait faire. Il avait de l'esprit mais parfaitement de travers, et avec quelques lettres et quelque teinture d'histoire, appliqué, sachant bien sa Marine, assez travailleur, et le voulait paraître beaucoup plus qu'il ne l'était. Son naturel pervers, que rien n'avait pu adoucir ni redresser le moins du monde, perçait partout ; il aimait le mal pour le mal et prenait un plaisir singulier à en faire. Si quelquefois il faisait du bien, c'était une vanterie qui en faisait perdre tout le mérite, et qui devenait synonyme au reproche ; encore l'avait-il fait acheter chèrement par les refus, les difficultés, dont il était hérissé pour tout jusque pour les choses les plus communes, et par les manières de le faire, qui piquaient, qui insultaient même, et qui lui faisaient des ennemis de presque tous ceux qu'il prétendait obliger ; avec cela, noir, traître, et s'en applaudissait ; fin à scruter, à suivre, à apprendre et surtout à nuire ; pédant en régent de collège avec tous les défauts et tout le dégoût d'un homme né dans le ministère et gâté à l'excès. Son commerce était insupportable par l'autorité brutale qu'il y usurpait, et par ses infatigables questions. Il se croyait tout dû, et il exigeait tout avec toute l'insolence d'un maître dur ; il s'établissait le gouverneur de la conduite de chacun, et il en exigeait compte. Malheur à qui l'y avait accoutumé par besoin, par lâcheté : c'était une chaîne qui ne se pouvait rompre qu'en rompant avec lui. Outre qu'il était méchant, il était malin encore, et persécuteur jusqu'aux enfers quand il en voulait aux gens. Ses propos ne démentaient point les désagréments dont il était chamarré ; ils étaient éternellement divisés en trois points, et sans cesse demandait, en s'applaudissant, s'il se faisait bien entendre ; avec qui que ce fût, maître de la conversation, interrompant, questionnant, prenant la parole et le ton, avec des ris forcés à tous moments qui donnaient envie de pleurer; une expression pénible, maussade, pleine de répétitions, avec un air de supériorité d'état et d'esprit qui faisait vomir et qui révoltait en même temps ; curieux de savoir le dedans et le dessous de toutes les familles et des intrigues ; envieux et jaloux de tout, et dans sa marine comme un comité sur ses galériens. Aucun officier, même généraux, même pour des riens, n'était à couvert de ses sorties en pleine audience publique, et nul homme ni femme de la cour de ses airs d'autorité. Il disait aux gens les choses les plus désagréables avec volupté, et réprimandait durement en maître d'école sous prétexte d'amitié et en forme d'avis. Son délice était de tendre des panneaux, et la joie de son cœur de rendre de mauvais offices ; en garde surtout contre son père et sa mère et leurs amis, et contre toutes les grâces et tous les plaisirs qu'ils pouvaient désirer de lui ; il s'en piquait même, pour ne pas paraître sous leur férule, au point que le Chancelier et la Chancelière s'étaient fait une règle de ne lui rien demander ni recommander, et ne s'en cachaient point, parce que la négative était certaine. En général, il triomphait de refuser et de faire mystère des choses même les plus futiles, surtout d'être hérissé de difficultés sur les choses qui en souffraient le moins. L'importance lui tournait la tête, son ver rongeur était de n'être point ministre. D'ailleurs incapable de société, d'amusement, de conversation ordinaire; toujours plein de ses fonctions, de ses occupations, et avec qui que ce fût, hommes et femmes, roi de ses moments et de ses heures, et le tyran de sa famille et de ses familiers. Sa première femme, si parfaite en tout, en mourut à la fin à force de vertu; la seconde l'a vengée. [...] La singularité d'un si détestable caractère m'a engagé à m'y étendre; la suite en fera voir encore davantage la nécessité. Avec tant de vices et d'insolence, il était d'une vérité à surprendre sur sa naissance; il n'en disait pas le tout, mais bien qu'ils étaient de petits-bourgeois de Montfort-l'Amaury, et assez pour désespérer La Vrillière, qui était glorieux là-dessus fort mal à propos : j'en ai quelquefois vu des scènes très plaisantes entre eux deux. Comme secrétaire d'État, l'orgueil même ! »

L'abbé Dubois : « L'avarice, la débauche, l'ambition étaient ses dieux »

« L'abbé Dubois était un petit homme maigre, effilé, chafouin, à perruque blonde, à mine de fouine, à physionomie d'esprit, qui était en plein ce qu'un mauvais français appelle un sacre, mais qui ne se peut guère exprimer autrement. Tous les vices combattaient en lui à qui en demeurerait le maître. Ils y faisaient un bruit et un combat continuel entre eux. L'avarice, la débauche, l'ambition étaient ses dieux; la perfidie, la flatterie, les servages ses moyens; l'impiété parfaite son repos, et l'opinion que la probité et l'honnêteté sont des chimères dont on se pare, et qui n'ont de réalité dans personne, son principe, en conséquence duquel tous moyens lui étaient bons. Il excellait en basses intrigues, il en vivait, il ne pouvait s'en passer, mais toujours avec un but où toutes ses démarches tendaient, avec une patience qui n'avait de terme que le succès ou la démonstration réitérée de n'y pouvoir arriver, à moins que, cheminant ainsi dans la profondeur et les ténèbres, il ne vît jour à mieux en ouvrant un autre boyau. Il passait ainsi sa vie dans les sapes. Le mensonge le plus hardi lui était tourné en nature avec un air simple, droit, sincère, souvent honteux. Il aurait parlé avec grâce et facilité, si le dessein de pénétrer les autres en parlant, et la crainte de s'avancer plus qu'il ne voulait, ne l'avait accoutumé à un bégaiement factice qui le déparait et qui, redoublé quand il fut arrivé à se mêler de choses importantes, devint insupportable et quelquefois inintelligible. Sans ses contours et le peu de naturel qui perçait malgré ses soins, sa conversation aurait été aimable. Il avait de l'esprit, assez de lettres, d'histoire et de lecture, beaucoup de monde, force envie de plaire et de s'insinuer, mais tout cela gâté par une fumée de fausseté qui sortait malgré lui de tous ses pores, et jusque de sa gaieté qui attristait par là. Méchant d'ailleurs avec réflexion et par nature et par raisonnement, traître et ingrat, maître expert aux compositions des plus grandes noirceurs, effronté à faire peur étant pris sur le fait, désirant tout, enviant tout, et voulant toutes les dépouilles. On connut après, dès qu'il osa ne se plus contraindre, à quel point il était intéressé, débauché, inconséquent, ignorant en toute affaire, passionné toujours, emporté, blasphémateur et fou, et jusqu'à quel point il méprisa publiquement son maître et l'État, le monde sans exception et les affaires, pour les sacrifier à soi tous et toutes, à son crédit, à sa puissance, à son autorité absolue, à sa grandeur, à son avarice, à ses frayeurs, à ses vengeances. Tel fut le sage à qui Monsieur confia les mœurs de son fils unique à former, par le conseil de deux hommes qui ne les avaient pas meilleures, et qui en avaient bien fait leurs preuves. »

Tout Saint-Simon, Robert Laffont,
« Bouquins », 2017.

Stendhal
(1783-1842)

Son admiration pour Bonaparte était sans limite. Pour Napoléon, elle était plus mitigée. Henri Beyle, dit Stendhal, appartient à une génération qui ne s'est jamais lassée de lire et relire *Le Mémorial de Sainte-Hélène* mais qui gardait ses distances avec l'empereur, quand celui-ci ne courait pas les champs de bataille. La *Vie de Napoléon*, Stendhal l'a écrite à Milan au tout début de la Restauration, avant de la reprendre sous un autre titre vingt ans plus tard. Elle vient en réponse aux *Considérations sur la Révolution française* de Mme de Staël. Elle est pourtant loin d'être d'un seul bloc. Témoins, ce portrait de groupe des ministres de l'empereur placés sous la houlette d'Hugues-Bernard Maret, duc de Bassano et cette évocation très crue des relations compliquées de Napoléon avec les femmes.

Le duc de Bassano : « les favoris ne savaient pas lire »

« Depuis deux siècles, un ministre, en France, est un homme qui signe quatre cents dépêches par jour, et qui donne à dîner ; c'est une existence absurde.

Sous Napoléon, ces pauvres gens se tuaient de travail, mais d'un travail *sans pensée*, mais d'un travail nécessairement absurde. Pour être bien reçu de l'empereur, il fallait toujours répondre au problème qu'il agitait au moment où l'on entrait. Par exemple, à combien monte le mobilier de tous mes hôpitaux militaires ? Le ministre qui ne répondait pas franchement et en homme qui ne se serait occupé que de cette idée toute la journée, était vilipendé, eût-il eu d'ailleurs les lumières du duc d'Otrante*.

Quand Napoléon apprit que Crétet, le meilleur ministre de l'Intérieur qu'il ait eu, allait succomber à une maladie mortelle, il dit : "Rien de plus juste ; un homme que je fais ministre, ne doit plus pouvoir pisser au bout de quatre ans. C'est un honneur et une fortune éternelle pour sa famille."

Ces pauvres ministres étaient réellement hébétés par ce régime. L'estimable comte Dejean fut obligé de lui demander grâce un jour. Il calculait les dépenses de la guerre sous la dictée de l'empereur et était tellement *ivre* de chiffres et de calculs qu'il fut obligé de s'interrompre et de lui dire qu'il ne comprenait plus.

Un autre ministre tomba de sommeil appuyé sur son papier pendant que l'empereur lui parlait, et ne se réveilla qu'au bout d'un quart d'heure toujours parlant à Sa Majesté et lui répondant ; et c'était une des meilleures têtes.

La faveur des ministres avait des phases d'un mois ou six semaines. Quand un de ces pauvres gens voyait qu'il ne plaisait plus au maître, il redoublait de travail, devenait jaune et redoublait de complaisance envers le duc de Bassano. Tout à coup et à l'improviste, leur faveur revenait ; leurs femmes étaient invitées au cercle et ils étaient ivres de joie. Cette vie tuait, mais n'admettait pas l'ennui. Les mois passaient comme des journées.

Quand l'empereur était content d'eux, il leur envoyait une dotation de dix mille livres de rente. Un jour, s'étant aperçu de quelque lourde sottise que lui avait fait faire le duc de Massa, il le renversa avec sa robe rouge sur un canapé et lui donna quelques coups de poing ; honteux de cette vivacité, il lui envoya soixante mille francs le lendemain. J'ai vu un de ses généraux les plus braves (le comte Curial), soutenir qu'un soufflet de l'empereur ne déshonorait pas, que ce n'était qu'une simple marque de mécontentement du chef de la France. Cela est vrai, mais il faut être bien libre de préjugés. Une autre fois, l'empereur donna des coups de pincettes au prince de Neuchâtel.

Le duc d'Otrante, le seul homme d'un esprit vraiment supérieur qui fût parmi les ministres, s'était exempté de l'énorme travail de plume par lequel les autres ministres cherchaient la faveur du maître. Bénévent n'a été que *primus inter pares*, et ses *pares*, les ministres des autres cours n'étaient que des imbéciles. Il n'a eu à agir sur rien de difficile. Le duc d'Otrante a su sauver un gouvernement environné d'ennemis, et en exerçant la tyrannie la plus soupçonneuse laissa beaucoup des apparences de la liberté et n'a pas gêné du tout l'immense majorité des Français. Les ducs de Massa et de Feltre étaient incapables même de ce travail mécanique. L'empereur, ennuyé des inepties du duc de Feltre, faisait examiner son travail par le comte de Lobau. Les ministres de la Marine et de l'Intérieur, comte Decrès et Montalivet, étaient des gens d'esprit qui ne faisaient que des sottises : n'avoir pas lancé deux cents frégates, armées en corsaires, sur le commerce anglais, n'avoir pas formé assez vite des matelots sur le Zuidersee et mille autres inepties. Pour le second, les gardes d'honneur qui ne devaient enlever que cinq ou six cents bavards qui parlaient mal du gouvernement dans les cafés et qui désolèrent, de la manière la plus injuste et la plus odieuse, des milliers de familles. Mais le comte Montalivet voulait être duc. Et cependant c'était un homme supérieur !

En 1810, la voix publique désignait à l'empereur MM. Talleyrand, Fouché, Merlin pour la Justice, Soult pour major-général, Carnot ou le maréchal Davoust pour la guerre, Daru pour les dépenses et marchés de la guerre, Chaptal pour l'Intérieur, Mollien et Gaudin pour les finances, Réal pour la secrétairerie de l'État, Bérenger, Français, Montalivet, Thibaudeau pour les directions ; Le Voyer d'Argenson, Lezay-Marnésia, le comte de Lobau, MM. Lafayette, Say, Merlin de Thionville pour le Conseil d'État. On voit qu'il a suivi cette indication en partie. Cependant il y avait dans son ministère quatre ou cinq hommes d'une telle infériorité, que les souffrir là marque bien sa haine pour les talents. C'eût été bien pis dans quelques années. Les gens qui avaient acquis dans la Révolution la véritable expérience des affaires allaient se dégoûter ou s'éteindre, et les jeunes gens qui les auraient remplacés, ne cherchaient qu'à faire assaut de servilité. Être bien reçu de M. le duc de Bassano était le suprême bonheur. Voulait-on se perdre à jamais dans la cour de ce duc, il fallait montrer de la pensée. Ses favoris étaient des gens accusés de ne pas savoir lire. »

Napoléon Ier : « Les femmes ? Des bâtons boueux qu'on ne touche pas sans se salir »

« Napoléon rappela aux grandes familles qu'elles étaient grandes sans lui ; elles l'avaient oublié. Mais il était obligé, comme il l'a avoué depuis, de céder à cette faiblesse avec la plus extrême prudence : "Car toutes les fois que je touchais cette corde, les esprits frémissaient comme un cheval à qui on serre trop la bride." Il choquait la passion unique du peuple français : la vanité. Tant qu'il n'avait choqué que la liberté, tout le monde avait admiré.

Napoléon, pauvre et tout appliqué à des choses sérieuses dans sa jeunesse, était cependant bien loin d'être indifférent pour les femmes. Son extérieur extrêmement maigre, sa petite taille, sa pauvreté n'étaient pas faits pour lui procurer de la hardiesse et des succès.

Il fallait là du courage en petits paquets. Je ne serais pas étonné de penser qu'il fût timide auprès des femmes. Il craignait leurs plaisanteries ; et cette âme inaccessible à la crainte, se vengea d'elles, au jour de sa puissance, en exprimant sans cesse et crûment un mépris dont il n'eût pas parlé, s'il eût été réel. Avant sa grandeur, il écrivait à son ami, l'ordonnateur Rey, à propos d'une passion qui captivait Lucien : "Les femmes sont des bâtons boueux ; on ne peut les toucher sans se salir." Il voulait indiquer, par cette image inélégante, les fautes de conduite où elles entraînent : c'était une prédiction. S'il haïssait les femmes, c'est qu'il craignait souverainement le ridicule qu'elles distribuent. Se trouvant à dîner avec Mme de Staël, qu'il lui eût été si facile de gagner, il s'écria grossièrement qu'il n'aimait que les femmes qui s'occupent de leurs enfants. Il voulut avoir et il eut, dit-on, par son valet de chambre Constant, presque toutes les femmes de sa cour. Une d'elles, nouvellement mariée, le second jour qu'elle parut aux Tuileries, disait à ses voisines : "Mon Dieu, je ne sais pas ce que l'empereur me veut ; j'ai reçu l'invitation de me trouver à huit heures dans les petits appartements." Le lendemain, les dames lui demandant si elle avait vu l'empereur, elle rougit extrêmement.

L'empereur assis à une petite table, l'épée au côté, signait des décrets. La dame entrait ; il la priait de se mettre au lit sans se déranger. Bientôt il la reconduisait lui-même avec un bougeoir et se remettait à lire ses décrets, à les corriger, à les signer. L'essentiel de l'entrevue ne durait pas trois minutes. Souvent son mameluck se trouvait derrière un paravent. Il eut seize entrevues de ce genre avec Mlle George, et, à l'une d'elles, lui donna une poignée de billets de banque. Il s'en trouva quatre-vingt-seize. Cela fut arrangé par le valet de chambre Constant ; quelquefois il priait la dame d'ôter sa chemise et, sans se déranger, la renvoyait.

Par cette conduite, l'empereur désespéra les femmes de Paris. Les renvoyer au bout de deux minutes pour signer ses décrets, souvent ne pas même quitter son épée, leur parut atroce. C'était leur faire mâcher le mépris. Il eût été plus aimable que Louis XIV, s'il eût voulu se donner la moindre apparence d'une maîtresse et lui jeter deux préfectures, vingt brevets de capitaines et dix places d'auditeurs à distribuer. Qu'est-ce que cela lui faisait ? Ne savait-il pas que, sur les présentations de ses ministres, il nommait quelquefois les protégés de leurs maîtresses ? »

Vie de Napoléon

Gédéon Tallemant des Réaux
(1619-1692)

Les *Historiettes* de Tallemant des Réaux ont longtemps circulé sous le manteau et on le comprend aisément. L'auteur, issu d'une vieille famille huguenote, familier par ailleurs de l'hôtel de Rambouillet, ce haut lieu de l'esprit et de la galanterie dans la première moitié du XVIIe siècle, ne s'est pas contenté de peindre ses semblables, hommes et femmes de lettres ou de salons. Dans son viseur, il y eut aussi Richelieu et surtout Louis XIII, pour lequel il n'avait que mépris.

Louis XIII : « Cruel comme sont la plupart des sournois »

« Louis XIII fut marié encore enfant. En s'allant coucher le soir de ses noces, il dit : "Gare je m'en vais bien lui pisser dans le corps." En effet, on dit qu'il n'y fit que de l'eau toute claire. Je m'en étonne en cette jeunesse-là où l'on est toujours en état. On dit que Blainville qui revenait de l'ambassade d'Angleterre avait avant cela trouvé une fois le roi seul au sortir du bain, qui avait une érection. "Quoi, Sire, lui dit-il (Blainville était maître de la garde-robe), êtes-vous souvent incommodé de cela ? Ô, je m'en vais vous apprendre une recette que j'ai vu pratiquer en Angleterre." Et se mit à lui donner quelques coups de poignet. Sa Majesté continua, et trouva la recette fort bonne. J'ai ouï dire qu'il disait pourtant de ce que vous savez : "Fi, fi, cela sent la morue." Il voulut envoyer quelqu'un qui lui pût bien rapporter comment la princesse d'Espagne était faite. Il se servit pour cela du père de son cocher, comme si c'eût été pour aller voir des chevaux.

Le roi commença par son cocher Saint-Amour à témoigner de l'affection à quelqu'un. Ensuite il eut de la bonne volonté pour Haran, valet de chiens. Le grand prieur de Vendôme, le commandeur de Souvray et Montpouillan-la-Force, garçon d'esprit et de cœur, mais laid et rousseau (il mourut depuis aux guerres des huguenots), furent éloignés l'un après l'autre par la reine mère. Enfin M. de Luynes vint ; nous en avons parlé ailleurs et de d'Esplan aussi. Nogent-Bautru, capitaine de La Porte, n'a jamais été favori, à proprement parler ; mais il était bien dans l'esprit du roi avant que le cardinal de Richelieu fût son ministre. (Il a beaucoup gagné.) Nous parlerons des autres à mesure qu'ils viendront.

Le feu roi ne manquait pas d'esprit ; mais, comme j'ai remarqué ailleurs, son esprit tournait du côté de la médisance ; il avait de la difficulté à parler, et étant timide, cela faisait qu'il agissait encore moins par lui-même. Il était bien fait, dansait assez bien un ballet, mais ii ne faisait jamais que des personnages ridicules. Il était bien à cheval, eût enduré la fatigue en un besoin, et mettait bien une armée en bataille.

Le cardinal de Richelieu, qui craignait qu'on ne l'appelât Louis le Bègue, fut ravi de ce que l'occasion s'était présentée de le surnommer Louis le Juste. Cela arriva lorsque Mme de Guemadeuc, femme du gouverneur de Fougères, se jeta à ses pieds, pleura et lamenta, et qu'il n'en fut point ému, encore qu'elle fût fort belle. À La Rochelle, ce nom lui fut confirmé à cause du traitement qu'on fit aux Rochellois. En riant, quelques-uns ont ajouté *arquebusier*, et disaient : *Louis, le juste arquebusier*. Un jour, mais longtemps après, Nogent, en jouant à la paume ou au gros volant avec le roi, lui cria : “À vous, Sire.” Le roi manqua : “Ah ! vraiment, dit Nogent, voilà un beau Louis le Juste.” Il ne s'en fâcha point.

Il était un peu cruel, comme sont la plupart des sournois et des gens qui n'ont guère de cœur, car le bon sire n'était pas vaillant, quoiqu'il voulût passer pour tel. Au siège de Montauban, il vit sans pitié plusieurs huguenots, de ceux que Beaufort avait voulu jeter dans la ville, la plupart avec de grandes blessures, dans les fossés du château où il était logé (ces fossés étaient secs; on les mit là comme en un lieu sûr), et ne daigna jamais leur faire donner de l'eau. Les mouches mangeaient ces pauvres gens.

Il s'est diverti longtemps à contrefaire les grimaces des mourants. Le comte de La Roche-Guyon étant à l'extrémité, le roi lui envoya un gentilhomme pour savoir comment il se portait : "Dites au roi, dit le comte, que dans peu il en aura le divertissement. Vous n'avez guère à attendre, je commencerai bientôt mes grimaces. Je lui ai aidé bien des fois à contrefaire les autres, j'aurai mon tour à cette heure." Et quand Monsieur le Grand fut condamné, il dit : "Je voudrais bien voir la grimace qu'il fait à cette heure sur cet échafaud."

Quelquefois il a raisonné passablement dans un conseil, et même il semblait qu'il avait l'avantage sur le Cardinal. Peut-être l'autre avait-il l'adresse de lui donner cette petite satisfaction. La fainéantise l'a perdu. Pisieux gouverna un temps, puis la Vieuville, surintendant des finances, fut comme une espèce de ministre, avant la grande puissance du cardinal de Richelieu, et pensa faire enrager tout le monde. Il voulait faire danser des courantes aux dames qui lui allaient parler. Quand on lui demandait de l'argent, il se mettait à faire des bras comme s'il eût nagé, et disait : "Je nage, je nage, il n'y a plus de fonds." Scapin lui alla une fois demander je ne sais quoi; voilà la Vieuville, dès que cet homme paraît, qui se met à faire le zani. Scapin le regarde, et puis lui dit : “Monsou, vous avez fait mon métier ; faites à cette heure le vôtre.” Le roi, après lui avoir fait manger du foin confit, pour le traiter de cheval, le lendemain lui donne la surintendance des finances. Lequel, à votre avis, méritait le mieux de manger de l'herbe ? »

Historiettes, 1834.

Charles-Maurice de Talleyrand
(1754-1836)

Ses mémoires authentiques furent attendues avec crainte, même après sa mort. À tort, cependant. Dans le récit de sa vie et de sa longue carrière d'homme d'État, Talleyrand est resté diplomate. Les bons mots, enrobés de fiel, il les distillait surtout dans la conversation et les portraits qu'il dessine dans ses *Mémoires*, qui sont le plus souvent balancées ou prudentes. Dans cet ensemble, le portait qu'il fait de l'abbé Sieyès, autre homme d'Église saisi par la passion politique, tranche par sa dureté comme si le mépris aristocratique y avait repris le dessus.

Emmanuel-Joseph Sieyès : Un « orgueilleux et pusillanime, nécessairement envieux et défiant »

« Sieyès a l'esprit vigoureux au plus haut degré ; son cœur est froid et son âme pusillanime ; son inflexibilité n'est que dans sa tête. Il peut être inhumain, parce que l'orgueil l'empêchera de reculer et que la peur le retiendra dans le crime. Ce n'est pas par philanthropie qu'il professe l'égalité, c'est par une haine violente contre le pouvoir des autres. On ne peut pas dire cependant que l'exercice du pouvoir lui convienne, car il ne serait à son aise à la tête d'aucun gouvernement, mais il voudrait en être la pensée, et la pensée unique. Exclusif, dominant, il ne s'astreint pas à une action continue et régulière ; dédaignant ce qui est connu, il veut aller au-delà. Tout obstacle le révolte, il méprise toute transaction. Ce qu'il appelle un principe est dans ses mains un sceptre d'airain qui ne se plie ni aux imperfections de la nature ni aux faiblesses de l'humanité. Ce que la sensibilité peut inspirer de vertus ou produire de fautes, il l'ignore également. Son parti une fois pris, aucune affection ne peut l'arrêter. Les hommes sont à ses yeux des échecs à faire mouvoir ; ils occupent son esprit, mais ils ne disent rien à son cœur. Quand il rédige une constitution, il traite le pays auquel elle est destinée comme un lieu où les hommes qui y sont établis n'ont jamais rien senti, jamais rien vu.

Le seul sentiment qui exerce une véritable influence sur Sieyès, c'est la peur. À la Convention, il craignait la mort ; depuis cette époque, c'est la crainte des vengeances de la maison de Bourbon qui le domine.

Sieyès est régulier dans ses mœurs, méthodique dans sa conduite, ténébreux dans sa manière d'être. Sa vie privée n'a rien de philosophiquement remarquable. Dans ses goûts il a quelque recherche, il est difficile à servir, à loger, à meubler. Il n'est pas cupide, mais il n'a pas le cœur assez haut placé pour mépriser la fortune ; son orgueil même n'a pas été assez fort pour l'empêcher de laisser entamer sous ce rapport sa considération politique. Il n'a point d'habileté d'esprit ; il ne discute pas, parce qu'il ne sait que prescrire. Il cause mal ; il n'a point le désir de convaincre, il veut subjuguer. Son humeur est atrabilaire ; il est possible qu'une indisposition naturelle qui lui interdit le commerce des femmes y contribue : et cependant il ne dédaigne pas de plaisanter avec elles ; alors il arrive à une sorte de grâce ; il peut sourire, employer un persiflage malin, mesuré et assez piquant, mais il ne dérogera jamais jusqu'à être aimable. Orgueilleux et pusillanime, il est nécessairement envieux et défiant ; aussi il n'a point d'amis, mais il a des entours soumis et fidèles.

Sieyès peut être chef d'opinion ; il ne sera jamais un chef de parti. Son esprit est plus superbe qu'actif. Il est tout d'une pièce ; si l'on ne fait pas tout ce qu'il veut, il boude dans son coin, et se console en pensant qu'on l'y regarde. Il n'a point une physionomie heureuse ; elle porte l'empreinte d'un caractère dur et méditatif. Son regard a quelque chose de supérieur, de hautain et ne prend de vivacité que quand il sourit. Son teint pâle, sa taille sans précision dans les formes, sa démarche lente et molle, tout son extérieur enfin, semble commun tant qu'il n'a pas parlé, et ce n'est pas qu'il parle bien. Il ne dit que des mots, mais chaque mot exprime une pensée et indique de la réflexion. Dans une conversation sérieuse, il n'est jamais entraînant, mais il impose. »

Mémoires et correspondances
du prince de Talleyrand, 1891.

Alexis de Tocqueville
(1805-1859)

Philosophe, politiste, sociologue à sa façon, Tocqueville est avec Marx l'un des meilleurs observateurs des évolutions sociales de son temps. À ce titre, il est aussi un des plus puissants théoriciens du libéralisme français. Député de la Manche de 1839 à 1851, éphémère ministre des Affaires étrangères d'un des derniers gouvernements de la IIe République, il a laissé des *Souvenirs* qui portent essentiellement sur cette période majeure de son engagement politique, interrompue par le coup d'État de Louis-Napoléon Bonaparte. Resté à l'écart de la vie publique sous le Second Empire, viscéralement opposé au régime d'un emprereur dont il trace ici le portrait à l'aube de sa carrière, Tocqueville a consacré ses dernières années à la rédaction de ses mémoires dont il avait souhaité qu'elles soient publiées *post-mortem*.

Louis-Napoléon Bonaparte : l'aventurier et le prince du hasard»

«Si Louis Napoléon avait été un homme sage, ou même un homme de génie, il ne fût jamais devenu président de la république.

Il se fiait à une étoile ; il se croyait fermement l'instrument de la destinée et l'homme nécessaire. J'ai toujours cru qu'il était réellement convaincu de son droit, et je doute que Charles X ait jamais été plus entiché de sa légitimité qu'il l'était de la sienne ; aussi incapable, du reste, que celui-ci, de rendre raison de sa foi : car s'il avait une sorte d'adoration abstraite pour le peuple, il ressentait très peu de goût pour la liberté. Le trait caractéristique et fondamental de son esprit, en matière politique, était la haine et le mépris des assemblées. Le régime de la monarchie constitutionnelle lui paraissait plus insupportable que celui même de la république. L'orgueil que lui donnait son nom, qui était sans bornes, s'inclinait volontiers devant la nation, mais se révoltait à l'idée de subir l'influence d'un parlement.

Il avait eu, avant d'arriver au pouvoir, le temps de renforcer ce goût naturel que les princes médiocres ont toujours pour la valetaille, par les habitudes de vingt ans de conspirations passés au milieu d'aventuriers de bas étage, d'hommes ruinés ou tarés, de jeunes débauchés, seules personnes qui, pendant tout ce temps, avaient pu consentir à lui servir de complaisants ou de complices. Lui-même, à travers ses bonnes manières, laissait percer quelque chose qui sentait l'aventurier et le prince de hasard. Il continuait à se plaire au milieu de cette compagnie subalterne, alors qu'il n'était plus obligé d'y vivre. Je crois que la difficulté qu'il avait à exprimer ses pensées autrement que par écrit l'attachait aux gens qui étaient depuis longtemps au courant de ses idées et familiers avec ses rêveries, et que son infériorité dans la discussion lui rendait, en général, le contact des hommes d'esprit assez pénible. Il désirait, d'ailleurs, avant tout, rencontrer le dévouement à sa personne et à sa cause (comme si sa personne et sa cause avaient pu le faire naître) ; le mérite le gênait pour peu qu'il fût indépendant. Il lui fallait des croyants en son étoile et des adorateurs vulgaires de sa fortune. On ne pouvait donc l'approcher qu'en passant à travers un groupe de serviteurs intimes et d'amis particuliers, dont le général Changarnier me disait, dès ce temps-là, qu'on pouvait les définir presque tous par ces deux mots qui rimaient ensemble : escrocs et marauds. En somme rien n'était au-dessous de ses familiers si ce n'est sa famille composée en majeure partie de vauriens et de drôlesses.

Tel est l'homme que le besoin d'un chef et la puissance d'un souvenir avaient mis à la tête de la France, et avec lequel nous allions avoir à la gouverner. »

Souvenirs, 1893.

Louis Vallon
(1901-1981)

Chef de file avec son ami André Capitant de ce qu'on a appelé le « gaullisme de gauche », partisan à ce titre de la « participation » censée régler les rapports du capital et du travail, Louis Vallon est un acteur politique élevé à l'ombre du Général. Venu de la SFIO, il fut, dès 1951, député de la Seine. C'est son hostilité farouche à l'égard de Georges Pompidou, porte-drapeau selon lui des milieux conservateurs et du patronat, qui l'a surtout fait remarquer. Son livre *L'Anti-de Gaulle* est une charge publiée à chaud, au lendemain même de l'élection de ce dernier à la présidence de la République, alors que les gaullistes de gauche l'accusaient d'avoir été le principal instigateur de l'échec du référendum de 1969, qui entraîna la démission du fondateur de la Ve. Le portrait qu'il y fait de Georges Pompidou concentre tous les faits et arguments qui, tel du petit bois, serviront ensuite à allumer le bûcher.

Louis Vallon

Georges Pompidou : « un coup de vent »

« Georges Pompidou cherche manifestement à parvenir au plus vite au sommet de l'État, fut-ce aux dépens du Général, son ami, son protecteur. De Gaulle, qui ne peut ignorer totalement l'état d'esprit et les projets de Georges Pompidou, reste calme et comme indifférent. Sans doute estime-t-il avoir les moyens de garder le dernier mot. L'opinion ne perçoit pas ou devine mal le conflit. Dans cette affaire, le goût du Général pour le secret rejoint dans ses effets le souci de dissimulation du député du Cantal. Metternich a écrit dans ses mémoires : "Il est plus facile de prévoir les tempêtes que les coups de vent." C'est ainsi que de Gaulle, homme des tempêtes, a finalement été emporté par un coup de vent ! Depuis déjà quelques années, ceux qui, parmi les leaders politiques de l'UD V^e^, étaient favorables à une promotion future de Georges Pompidou à la présidence de la République, se réunissaient de temps en temps et se concertaient pour établir un plan d'action qui leur fût commun. Il était naturel que des "déjeuners de travail" fissent se rencontrer avec le Premier ministre certains leaders de l'UD V^e^; mais, lorsqu'à partir de juillet 1968, les "déjeuners du lundi", comme les appellent les journalistes parlementaires, eurent lieu en l'absence de Maurice Couve de Murville, Premier ministre, et en présence de Georges Pompidou, député du Cantal et "président d'honneur du groupe UDR à l'Assemblée nationale", leur signification ne fut plus du tout la même. Il s'agissait d'autre chose, disons de manigances, au courant desquelles de Gaulle n'était pas mis.

Depuis octobre 1968, Georges Pompidou avait, à son poste de commandement du boulevard Latour-Maubourg, des contacts espacés avec Valéry Giscard d'Estaing, Jacques Duhamel et divers autres députés influents. Ces hommes, mus par un souci commun, ne souhaitaient pas que le président de la République réussît à retrouver l'appui direct du peuple, gagnât le référendum prévu encore pour une date indéterminée et pût mettre en route, en même temps que la réforme du Sénat et l'organisation nouvelle des régions, la participation dans les entreprises. Certains se donnaient pour mission de combattre directement le référendum, d'autres, contraints de paraître favorables à celui-ci, se réservaient de s'entendre en sous-main avec certains de ses adversaires. L'opération était délicate à conduire. Très vite le secret dont auraient dû s'entourer ces liaisons dangereuses disparut. Il y eut quelques bavures.

Dès que la date approximative du référendum fut prévisible, Georges Pompidou se mit à recevoir assez fréquemment Jacques Duhamel et Valéry Giscard d'Estaing dans les locaux qu'il avait installés 8, boulevard de Latour-Maubourg. L'un et l'autre étaient hostiles au référendum, alors que leur hôte était, du moins théoriquement, favorable à celui-ci. Bref, cette divergence fondamentale ne semblait pas les gêner. On le vit bien au lendemain du référendum perdu par de Gaulle. Leur entente devint alors une alliance au grand jour. Ah ! la divine surprise pour eux que ce référendum perdu !

L'ensemble de la manœuvre a été favorisé par les puissances d'argent; qui pourrait d'ailleurs honnêtement en douter? Voici un passage significatif de la *Revue politique et parlementaire*, n° 800, portant la date de juin 1969 et paru avant le second tour de l'élection présidentielle, à la rubrique "Bourse" : "Dès que les partisans du 'non' parvinrent à convaincre les électeurs que la succession du général de Gaulle ne mettait pas en cause la stabilité du pays, c'est-à-dire dès le début de la campagne référendaire, le 15 avril, la Bourse a joué ouvertement la défaite du chef de l'État. Après un premier temps d'hésitation qui avait ramené l'indice quotidien des valeurs françaises de 131,5, premier record, le 3 avril, à 120,2 le 15 avril, la reprise générale des cours devait porter l'indice à 125,3 le 25 avril, dernière séance boursière de l'ère gaulliste, puis à 127 le 28 avril, première bourse de l'après-gaullisme et à 135,9 le 2 mai, nouveau record. Cette attitude du marché financier ne prête à aucune confusion. 'La bourgeoisie m'a trahi', avait dit le Général bien avant le référendum mais la 'bourgeoisie', dans la mesure où on l'assimile au capitalisme, lui faisant le même reproche, elle ne lui a jamais pardonné la 'participation' qu'elle a toujours considérée comme une atteinte au droit de propriété et on sait qu'à ses yeux ce droit est sacré. La Bourse a donc enterré avec joie cette participation détestée, ce qui est d'ailleurs peut-être prendre un peu vite ses désirs pour des réalités, tout en restant soucieuse de l'avenir. Aussi, malgré son antigaullisme, a-t-elle joué Pompidou gagnant, c'est-à-dire l'homme politique disposant d'une popularité assez forte pour assurer la continuité et assez souple pour concilier le besoin de renouveau et les impératifs de la situation économique et financière." »

L'Anti-de Gaulle, Seuil, 1969.

Table

Philippe Alexandre.. 25
Édouard Balladur : « La bénédiction entre deux bouchées » 26
Raymond Barre : « Ses digestions conflictuelles » 27

Raphaëlle Bacqué.. 31
Philippe Douste-Blazy : « Dès qu'on gratte, on sent tout de suite de Formica » 32

Honoré de Balzac.. 41
François Guizot : « Messieurs, passons à table ! » 42

Jules Barbey d'Aurevilly 45
Benjamin Constant : « Sentimental, fadasse et ennuyé ».. 46
Victor Cousin : « L'homme de la grande pirouette ».. 48
André Dupin : « Le Faune grêlé du Morvan » ... 49
Adolphe Thiers : « Un fou... triquet » 50
François Guizot : Un « corrupteur puritain » 53

Maurice Barrès 59
Joseph Caillaux : « Ses talons rouges dans la fange » 60

Charles Baudelaire 64
Adolphe Thiers et Odilon Barrot : « Le singe et le montreur d'ours » 65

François Bayrou 66
Nicolas Sarkozy : L'« enfant barbare » 67

Georges Bernanos 71
Lucien Weygand : « La sécurité des imbéciles » 72

Patrick Besson 75
Eva Joly : « C'édait te l'humour » 76

Maurice Blanchot 78
Charles de Gaulle : « La mort d'un vieillard spectral » 79

Lucien Bodard 82
Jean Letourneau : « Un bourgeois pacifique à l'ombre du roi Jean » 83

La comtesse de Boigne 86
Monseigneur Maury : « Une vie honteuse et bafouée » 87
François-René de Chateaubriand : « Il va prendre le thé » 89

Pierre Boutang 92
Valéry Giscard d'Estaing : « Ô France à cheveux plats ! » 93

Patrick Buisson (né en 1949) 98
Nicolas Sarkozy : « Dispensé de pauvreté et de chasteté... » 99

Jean Cau 104
François Mitterrand : « Raide de plâtre et d'onction » 105
Valéry Giscard d'Estaing : « Magnifique insecte sans antennes » 108

Louis-Ferdinand Céline 111
Pierre Laval : « Bicot avec sa mèche d'ébène ».. 112

François-René de Chateaubriand 120
Cardinal de Retz : « Vieux réveille-matin détraqué » 121
Honoré-Gabriel de Mirabeau : « Une tête moulée pour l'empire ou le gibet ».... 127
Georges Danton : « Venez brailler *avec nous »*.. 129
Charles-Maurice de Talleyrand et Joseph Fouché : « Le vice au bras du crime » 132

Benjamin Constant... 134
Emmanuel-Joseph Sieyès : « Ses deux passions, la haine et la peur » 135

Léon Daudet.. 138
Pierre Waldeck-Rousseau : « Un regard froid de poisson en gelée » 139

Régis Debray... 145
Nicolas Sarkozy : « En petite culotte, il actionne la pompe à vélo »............................ 146

Stéphane Denis 149
Jean-Pierre Chevènement : Un « animal des cavernes, extrêmement ténébreux » 150
Raymond Barre : « Il faisait des mots sur les malheurs des autres » 152

Matthieu Galey 156
Edgar Faure : « Les doigts dans le nez » 157
François Mitterrand : « Un petit saurien en costume beige » 159

Jean Giono 162
François Ier : « Le glissement pantouflard du professionnel » 163

Françoise Giroud 166
Édouard Balladur : « Les mains sales » 167

Jean-Edern Hallier 168
Valéry Giscard d'Estaing : « Colin froid ! » 169

Victor Hugo 174
La Convention : « Des fauves sur une montagne, des reptiles dans un marais » 175
Charles-Maurice de Talleyrand : « Ce cerveau dans cet égoût » 181
Adolphe Thiers : « Un petit homme à l'état complet » 183
Victor Cousin : « Un esprit tenace et faux » 186
Louis-Napoléon Bonaparte : « Son grand talent, c'est le silence » 187
Charles de Morny : « Tel était ce malfaiteur » 193

Jacques Laurent 194
Michel Debré : « Serviteur avili » 195
Edmond Michelet : « Il mentait avec l'autorité d'un licteur » 198
François Mauriac « L'idolâtrie la plus épaisse» 203

Maurice Martin du Gard 205
Charles de Gaulle : « Une sorte de La Rochefoucauld façonné par Loyola »....... 206

Karl Marx.. 210
Louis-Napoléon Bonaparte : « Le grave polichinelle ».................................... 211
Adolphe Thiers : « Virtuose du parjure et de la trahison ».. 213

François Mauriac 218
André Malraux : « L'esbroufeur myope » 219
André Laniel : « Il y a du lingot dans cet homme-là »... 222
Edgar Faure : « Le nez dans son jeu personnel » 225
Guy Mollet : « Il n'a pas pris la foudre mais des tomates pourries » 227
Félix Gaillard : « Invisible à force d'être incolore » 230
Georges Bidault : « Jamais il n'a dû perdre le sentiment de sa petitesse »............................ 231

Charles Maurras 236
François-René de Chateaubriand : « Oiseau rapace et solitaire » 237

Jules Michelet 241
Le duc d'Orléans : « Fini de corps et de cœur, faible d'esprit » 242
Jean-Paul Marat : « Seul, avec son écritoire, il eût anéanti le monde » 244

François Mitterrand.. 247
Charles de Gaulle : « Par la patience et la ruse » 248

Yann Moix 256
Emmanuel Macron : « Sur l'ambon des Hautes Platitudes » 257
Gérard Collomb : « Une feuille morte remontée dans l'arbre » 260

Arnaud Montebourg.. 265
François Hollande : Un « petit garçon hilare en culottes courtes » 266

Paul Morand.. 270
Jean-Baptiste Colbert : « Ses armes sont à la couleuvre en pal tortillé d'azur » 271

Didier Motchane 274
Lionel Jospin : « Narcisse inconsolable gonflé de frustrations ».............................. 275

Catherine Nay 280
Maurice Couve de Murville : « Tout cela n'est pas très convenable » 281
Alain Poher : « Tout était gris chez lui : le costume, le poil, la moustache » 282

Charles Péguy 284
Jean Jaurès : « Un roulement de tambour pour couvrir cette grande voix » 285

Patrick Rambaud.. 289
Nicolas Sarkozy : « Selon une voyante, il avait son Jupiter bien placé » 290

Lucien Rebatet 293
Charles Maurras : « Des escouades de douairières, des marquises de répertoire... » 294

Charles de Rémusat.. 301
Charles-Maurice de Talleyrand : « Une figure blafarde, inanimée » 302

Cardinal de Retz.. 305
Cardinal de Mazarin : « Il porta le filoutage dans le ministère ».. 306
Anne d'Autriche : « Plus d'aigreur que de hauteur » 307
Gaston d'Orléans : « Frayeur et irrésolution ».. 308
François de La Rochefoucauld : « Jamais capable d'aucune affaire » 308

François de La Rochefoucauld, 1613-1680 310
Cardinal de Retz : « Faux dans la plupart de ses qualités. ».. 311

Jean-François Revel 313
François Mitterrand : « Incapable de distinguer une analyse sérieuse d'une ânerie chimérique » 314

André Ribaud 316
Charles de Gaulle : « Grand combinateur de stratagèmes et d'artifices » 317

Angelo Rinaldi 321
François Mitterrand : « Tournures fautives et pataques » 322

Henri Rochefort 324
Adolphe de Forcade Laroquette : « Tout trahir, tout fouler aux pieds » 325

Jean-Marie Rouart 327
Valéry Giscard d'Estaing : « Un œil aussi noir que le canon d'un fusil de chasse » 328

Charles-Augustin Sainte-Beuve 334
Victor Cousin : « Le laquais de Platon » 335
Saint-Marc Girardin : « Cette voix jaseuse, jamais sérieuse qu'hypocritement » 338

Duc de Saint-Simon 340
Mme de Maintenon : « L'abjection et la détresse lui avaient rétréci l'esprit » 341
Jérôme de Pontchartrain : « Méchant, malin, persécuteur jusqu'aux enfers » 343
L'abbé Dubois : « L'avarice, la débauche, l'ambition étaient ses dieux » 346

Stendhal 349
Le duc de Bassano : « les favoris ne savaient pas lire » 350
Napoléon Ier : « Les femmes ? Des bâtons boueux qu'on ne touche pas sans se salir » 353

Gédéon Tallemant des Réaux 356
Louis XIII : « Cruel comme sont la plupart des sournois » 357

Charles-Maurice de Talleyrand.............................. 361
Emmanuel-Joseph Sieyès : Un « orgueilleux et pusillanime, nécessairement envieux et défiant » 362

Alexis de Tocqueville 365
Louis-Napoléon Bonaparte : l'aventurier et le prince du hasard » 366

Louis Vallon.. 368
Georges Pompidou : « un coup de vent » 369

La photocomposition de cet ouvrage
a été réalisée par
GRAPHIC HAINAUT
30, rue Pierre Mathieu
59410 Anzin

FSC
www.fsc.org
MIXTE
Papier issu de
sources responsables
FSC® C003309

L'éditeur de cet ouvrage s'engage dans une démarche
de certification FSC® qui contribue à la préservation
des forêts pour les générations futures.

Pour en savoir plus :
www.editis.com/engagement-rse/

Imprimé en France par CPI
en février 2022

N° d'édition : 63230/01
N° d'impression : 166863